Susanne Mautz
Praxisbuch Theaterspielen in Krippe und Kindergarten

Susanne Mautz

Praxisbuch
Theaterspielen in Krippe und Kindergarten

BELTZ JUVENTA

Die Autorin

Dr. Susanne Mautz studierte Musikwissenschaft, Literaturwissenschaft, Kunstgeschichte, promovierte in Musikwissenschaft und machte eine Ausbildung zur Theaterpädagogin (BUT). Sie ist als freiberufliche Theaterpädagogin, Dramaturgin, Kuratorin und Lehrbeauftragte tätig. Einer ihrer Arbeitsschwerpunkte ist das Theater im frühkindlichen und Elementarbereich. Sie veranstaltet Theaterkurse für Menschen ab zwei Jahren und entwickelt und spielt Theaterstücke an ungewöhnlichen Orten.

MIX
Papier | Fördert gute Waldnutzung
FSC® C089473

Dieses Buch ist erhältlich als:
ISBN 978-3-7799-7678-3 Print
ISBN 978-3-7799-7679-0 E-Book (PDF)

1. Auflage 2024

Herstellung: Ulrike Poppel
Satz: text plus form, Dresden
Druck und Bindung: Beltz Grafische Betriebe, Bad Langensalza
Beltz Grafische Betriebe ist ein klimaneutrales Unternehmen (ID 15985-2104-100)
Printed in Germany

Weitere Informationen zu unseren Autor:innen und Titeln finden Sie unter: www.beltz.de

Inhalt

Einleitung 7

I. Theater – ein Spiel mit Publikum 13
1. Sehen und gesehen werden 14
2. Bühnenräume im Theater mit den Allerkleinsten 16

II. Bevor es losgeht – die Rahmenbedingungen 21
1. Vorbemerkung 22
2. Die Gruppenbildung 22
3. Der Theaterraum 26
4. Spielformationen 28
5. Die Spielleitung 30

III. Das Spiel beginnt – die Spielesammlung 35
1. Hinweise zum Gebrauch der Spielesammlung 36
2. Rituale – Kennenlernen – Warm-up 37
3. Körperausdruck – Körperhaltung – Bewegung 46
4. Sprache 64
Exkurs: Sprachförderung 74
5. Emotionen 76
6. Klang und Rhythmus 82
7. Gegenstände und Material 88
8. Bühnenauftritt 93
9. Spiele zu verschiedenen Themen 98
9.1 Reise 98
9.2 Tiere 104
9.3 Monster 115
9.4 Ritter:innen, Feen & Co. 122
9.5 Alltagshandlungen 128
9.6 Jahreszeiten – Jahreskreis – Wetter 136

IV. Erste Hilfe 143
1. Vorbemerkung 144
2. *Ich mach' nicht mehr mit:* Wenn Kinder aus dem Spiel aussteigen 144
3. *Der Wolf muss tot sein:* Wenn Gewalt ins Spiel kommt 153
4. *Anna, Elsa und das Alihorn:* Wenn Medienhelden das Theater kapern 161
5. *Der Löwe auf dem Meeresgrund:* Wenn Spielimpulse für Irritation sorgen 166

V. Wege zur Aufführung – Beispiele aus der Praxis 173
1. Vorüberlegungen 174
2. Vom Theaterspiel zum Stück 177
2.1 Ein Theaterspiel enthält eine Geschichte 177
2.1.1 Praxisbeispiel: *Die verschwundene Freundin* 178
2.2 Unterschiedliche Theaterspiele ergeben eine Geschichte 179
2.2.1 Praxisbeispiel: *Die Fliege* 180
2.3 Ein Theaterspiel dient als Inspiration für ein Stück 181
2.3.1 Praxisbeispiel: *Die giftige und die gute Blume* 182
3. Vom Märchen zum Stück 185
3.1 Praxisbeispiel: *Dornröschen* 185
4. Vom Bilderbuch zum Stück 189
4.1 Praxisbeispiel: *Wo die wilden Kerle wohnen* 189
5. Gedanken zum Probenprozess 194

Spieleregister 196
1. Spiele numerisch 196
2. Spiele alphabetisch 200

Literatur 204

Dank 206

Einleitung

Theater spielen mit Kindern ab zwei Jahren – geht das?

2006 startete am Nationaltheater Mannheim das von der Kinderlandstiftung Baden-Württemberg geförderte Projekt „Eine gemeinsame Sprache finden – Theaterspielen mit Kindern ab zwei Jahren". In diesem großangelegten Versuch war ich Teil eines Teams aus Theaterpädagoginnen und Erzieherinnen, die in sieben Kinderhäusern erprobten, wie man mit Kindern zwischen zwei und sechs Jahren Theater spielen kann – auch unabhängig von vorbereiteten und einstudierten Stücken, die bei Sommerfesten oder Weihnachtsfeiern in Kindergärten zur Aufführung kommen. Die Idee dabei war, einen Freiraum für die Themen der Kinder zu schaffen und mit unterschiedlichsten Theaterspielen zu experimentieren, welche die Kinder in ihrer Ausdrucksfähigkeit auf körperlicher, emotionaler und sprachlicher Ebene unterstützen sollten.

Als ich im Rahmen des Projekts zum ersten Mal einer Gruppe Zweijähriger gegenübersaß, um mit ihnen Theaterspiele auszuprobieren, war ich mir sicher, dass es sich um ein kurzes Intermezzo in meinem Theaterdasein handeln würde. Sechs Augenpaare starrten mich an, während ich, Souveränität vorgaukelnd, einen imaginären Floh Kunststücke machen ließ und mich bemühte, nicht zurückzustarren. Insgeheim fragte ich mich, weshalb ich mich auf dieses Projekt eingelassen hatte. Neben der Kernfrage des Projekts „Theaterspielen mit Kindern ab zwei Jahren – wie soll das gehen?" drängten sich mir auch immer wieder die Fragen auf „Warum machen wir das eigentlich?" und „Brauchen so kleine Kinder überhaupt Theater?". Besonders dann, wenn mich die Zweijährigen anschwiegen oder wenn die Vierjährigen außer Rand und Band gerieten und meine Kolleginnen ähnliche Erlebnisse schilderten.

Je häufiger ich jedoch mit den Kindern dieser Altersklasse zu tun hatte, desto mehr übte das Theaterspielen mit ihnen eine Faszination auf mich aus, die ich in dieser Weise bei keiner anderen Altersgruppe erlebt hatte. Es war die Ernsthaftigkeit, mit der die Kinder dieses Spiel betrieben, und ihre absolute, bedingungslose Präsenz dabei, die wie ein Sog wirkte. Sie entfachte eine Magie, die für die großartigsten Theatermomente in meinem Leben sorgte. Ich machte die Erfahrung, dass auch schon ganz kleine Kinder ihre unbändige Fantasie und die Spielbegabung, die uns allen innewohnt, mit uneingeschränkter Authentizität nach außen bringen können, dass sie Meister im Erfinden, aber auch im Verwerfen von alternativen Realitäten sind und im richtigen Rahmen große Lust zeigen, sich vor anderen zu inszenieren.

Mit der Zeit erschloss sich mir, dass das Geheimnis des Theaterspiels mit dieser Altersgruppe nicht primär darauf beruht, Spielkonzepte mit unterschiedlichen Theaterspielefolgen umzusetzen. Vielmehr schien es darum zu gehen, als Spielleiterin den Kindern in ihren Spielweisen, ihrem Spieltempo und ihren Fantasien zu folgen, sie quasi beiläufig in ihren Ausdrucksmöglichkeiten mit adäquaten Theaterspielen zu unterstützen und Kontexte zu schaffen, in denen sie diese Spiele nebenbei erlernen und anderen zeigen konnten, ohne aus dem Spielfluss zu fallen. Dabei erlebte ich eine Kunst des kollektiven Geschichtenerfindens jenseits gedanklicher Hemmnisse und oftmals begrenzender Erwachsenendramaturgien. Kinder erschaffen im Theaterraum die entlegendsten Probleme, um sie anschließend zu lösen. Sie packen die ganze Welt in Geschichten, inszenieren sich als Helden und Antihelden, die von Ereignissen gebeutelt werden, um sich am Ende in ihrer ganzen Größe zu erleben – sei es als Fliege, die vollgefressen von einer Blume herabfällt und sich wieder aufrappelt, als Pfannkuchen, der Piraten bis nach Amerika verfolgt, um ihnen eine gestohlene Pfanne abzujagen, oder als einbeiniger Feuerwehrmann, der in letzter Minute eine lila Katze vom brennenden Lollibaum rettet.

Am Ende des Projektzeitraums waren meine Fragen beantwortet: Ja, Theaterspielen ab zwei Jahren funktioniert – wenn wir uns auf die Kinder, ihren Entwicklungsstand und ihre Bedürfnisse einlassen und adäquate Spielsituationen schaffen. Ja, Kinder brauchen auch in jüngsten Jahren schon das Theater als Freiraum, um sich und andere in ihrer Kreativität zu erleben, um im kollektiven Spiel Erlebnisse zu verarbeiten, um sich frühzeitig ihrer Ausdrucks- und Handlungsmöglichkeiten bewusst zu werden. Besonders spannend dabei ist, den Prozess zu begleiten, in dem die Kinder zwischen zwei und drei Jahren den Entwicklungsschritt vollziehen, das Spiel bewusst als Spiel zu verstehen, indem sie Distanz zu sich selbst nehmen und sich mit dem Bewusstsein, von anderen gesehen zu werden, in unterschiedlichsten Rollen inszenieren können.

Mich ließ diese Art des Theaterspielens nicht mehr los. Deshalb bin ich seit dem Projektende ununterbrochen mit Workshops in Kindergärten unterwegs, um das Theater zu den Allerkleinsten zu bringen und es als Möglichkeitsraum mit ihnen zu erforschen. Im Laufe der Jahre entwickelten sich Spielformen weiter, Aufführungsformate bewährten oder veränderten sich, bekannte Theaterspiele fanden neue Verwendungsweisen und zahlreiche neue Spiele entstanden.

Warum dieses Buch?

Ich erlebe immer wieder, dass Menschen viele Fragen im Zusammenhang mit dem Theaterspiel im frühkindlichen Bereich haben, weil ihnen die Vorstellung fehlt, wie dieses in der konkreten Umsetzung funktionieren kann. Nach langen Jahren des Unterrichtens an Hochschulen und als Leiterin von Fortbildungen möchte ich meine Erfahrungen nun in diesem Buch einer größeren Öffentlichkeit zugänglich machen und eine Hilfestellung leisten, um auf diese Fragen Antworten zu geben. Ich schreibe also aus der Praxis für die Praxis und habe deshalb auf eine fundierte wissenschaftliche Auseinandersetzung mit der Thematik verzichtet. Wissenschaftliche Erkenntnisse fließen dort ein, wo sie für die Praxis von unmittelbarem Nutzen sind.

Für wen ist das Buch?

Beim Schreiben dieses Buches dachte ich an alle, die mit den Jüngsten unserer Gesellschaft zu tun haben und sich auf das Abenteuer Theaterspielen mit den Allerkleinsten einlassen wollen: Theaterpädagog:innen, Erzieher:innen, Schauspieler:innen, Studierende, Eltern. Sie alle finden Theaterspiele samt Tipps und Tricks rund um die Gestaltung einer gelungenen Theaterstunde.

Wie ist das Buch aufgebaut?

Vor dem Einstieg in das Spiel geht es mir in **Kapitel I** darum, zu beschreiben, was das Theaterspiel ausmacht und wo Gemeinsamkeiten und Unterschiede zu anderen Spielformen liegen, um darzustellen, was Theaterspielen in Kinderkrippe und Kindergarten bedeutet.

Kapitel II widmet sich der Frage nach der Vorbereitung eines Theaterkurses und den damit verbundenen äußeren Voraussetzungen, die gegeben sein sollten, damit eine Theaterstunde gelingt.

In **Kapitel III** stelle ich eine Sammlung von Theaterspielen vor, die einerseits nach Einsatzmöglichkeiten und andererseits nach verschiedenen, für Kinder interessante Themen sortiert und beschrieben sind. An zahlreichen Stellen ergänze ich die Spielbeschreibungen durch Praxisbeispiele, die einen Einblick in die Vielfalt der Möglichkeiten und Überraschungen im Workshop-Alltag geben.

Kapitel IV ist mir ein besonderes Anliegen. Hier geht es um Hürden, Stolpersteine und Fettnäpfchen, die uns als Spielleiter:innen im Workshop-Alltag begegnen können und völlig normal sind, aber von uns oftmals als Schwäche unseres Konzepts oder, schlimmer noch, unserer selbst gedeutet werden. Im Sinne einer „Ersten Hilfe“ erläutere ich anhand von Praxisbeispielen, welche Lösungen und Strategien es gibt, um in solchen Krisenmomenten einen guten Umgang mit den Kindern und mit uns selbst zu finden.

In **Kapitel V** zeige ich für alle, die mit ihren Theatergruppen ein Theaterstück für eine Aufführung erarbeiten wollen, wie dies gelingen kann, ohne die Bedürfnisse und das ganz eigene Spieltempo der Kinder aus den Augen zu verlieren. Die Palette der Praxisbeispiele reicht dabei von Mini-Stücken, die sich aus einem einzigen Theaterspiel entwickeln lassen, bis hin zur szenischen Umsetzung eines Bilderbuchs.

Kapitel VI und **VII** enthalten ein numerisch und alphabetisch sortiertes Spieleregister und das Literaturverzeichnis.

Ein Wort zum Schluss

Ich werde häufig für Theaterkurse angefragt, in denen es um Sprachförderung, motorische Förderung, den Ausgleich emotionaler Dysbalancen, Integration oder Gewaltprävention geht, also um einen zweckgebundenen Einsatz des Theaterspiels. Auch nach vielen Berufsjahren bin ich immer wieder aufs Neue verblüfft und bewegt, wenn ich erlebe, was das Theater bei Kindern bewirken kann: Ein Vierjähriger, der zehn Wochen lang schweigend auf dem Boden saß, kommt plötzlich mit ausgebreiteten Armen auf mich zu und sagt: „Heute bin ich ein Drache.“ Ein Mädchen, das keine Körperberührung erträgt, will eine kranke Katze spielen, die von Ärzten gesund gestreichelt wird. Ein traumatisierter Junge, der keine Minute ruhig sitzen kann, verharrt vor Zuschauer:innen als Standbild. Kinder, die sich sonst nur gegenseitig beschimpfen, sitzen einhellig im Kreis und erfinden gemeinsam eine Geschichte. Die Aufzählung ließe sich beliebig fortsetzen.

Trotz dieser äußerst beglückenden Momente verspüre ich auch ein latentes Unbehagen angesichts der Zweckgebundenheit des Theaters. Ich wünsche mir in unserer Gesellschaft ein größeres Bewusstsein für den Wert des Spiels als solches. Ein Spiel, in dem wir uns in der Vollständigkeit unserer komplexen Persönlichkeit erfahren, uns unserer Kreativität und Schöpferkraft bewusst werden und Kunst als selbstverständlichen Teil unseres Alltags begreifen, die uns jenseits aller Nützlichkeitsgedanken durch Höhen und Tiefen unseres Lebens trägt.

In diesem Sinn wünsche ich Ihnen, liebe Leserin, lieber Leser, Freude bei der Lektüre dieses Buches und Inspiration für das Abenteuer „Theater mit den Allerkleinsten“.

I. Theater – ein Spiel mit Publikum

1. Sehen und gesehen werden

Was fällt Ihnen beim Stichwort „Theater" ein? – Wenn ich diese Frage in meinen Theaterseminaren stelle, sind die am häufigsten genannten Begriffe „Schauspieler:in", „Kulissen", „Bühne", „Vorhang", „Kostüme", „Zuschauer:in". Diese Begriffe fügen sich zu einem Bild zusammen, das tief in unserem kulturellen Gedächtnis verankert ist. Vor unserem geistigen Auge entsteht eine Bühne mit Darsteller:innen, die etwas für ein Publikum in einem Zuschauerraum aufführen. Dieses Bild verweist auf das signifikanteste Merkmal des Theaterspiels: die Wechselbeziehung zwischen Spieler:innen und Zuschauer:innen. Die einfachste Definition von Theater fasst dies prägnant zusammen: A spielt, B schaut zu (vgl. Bentley 1967, S. 149). Bei diesem Vorgang erleben wir eine:n Darsteller:in, der/die sich in eine Bühnenfigur verwandelt. Als Beispiel mag Shakespeares berühmter Prinz Hamlet dienen: Hamlet will seinen ermordeten Vater rächen, wodurch er Familie und Freunde ins Unglück stürzt. Der Schauspieler in dieser Rolle spielt diese Geschichte für uns, die Zuschauer:innen, d. h. mit dem Bewusstsein, dass er von anderen gesehen wird. Als Zuschauer:innen wiederum können wir während dieses Spielvorgangs gemeinschaftlich unterschiedlichste Emotionen erleben, indem wir mit Hamlet mitfühlen oder ihn ablehnen; wir beziehen Stellung, positionieren uns und interpretieren den Vorgang im Abgleich mit unserem eigenen Wertesystem. Somit werden wir Teil des Spielvorgangs, während dessen wir auch andere Zuschauer:innen in ihren Reaktionen erleben und dabei erfahren, dass wir mit unserem eigenen Erleben nicht alleine sind. Das ist der Kern des Spiels, das wir Theater nennen.

Wenn wir uns nun in das Theaterspiel mit den Allerkleinsten begeben, müssen wir zunächst ein Bewusstsein dafür entwickeln, dass die klassische Spieler:in-Zuschauer:in-Konstellation einer Modifizierung bedarf, da das Spielen für die Kinder in sehr jungen Jahren weitaus attraktiver ist als das Zuschauen. Je jünger sie sind, desto weniger sind sie am Zuschauen interessiert, weil sich die Spielfähigkeit deutlich früher entwickelt als die Fähigkeit, anderen zuzuschauen. Ich bin immer wieder gefragt worden, ob es überhaupt sinnvoll ist, dass Kinder in diesem frühen Alter Theater spielen und ob es nicht besser sei, sie im Rollenspiel und im Fantasiespiel zu belassen. Diese Frage ist durchaus berechtigt und naheliegend, nicht zuletzt deshalb, weil Fantasiespiel, Rollenspiel und Theaterspiel drei Gemeinsamkeiten haben, durch die sie eng miteinander verbunden sind (vgl. Marquardt 2010, S. 12 ff., Hauser 2020, S. 69 ff.):

- **Die Nachahmung der Wirklichkeit:** In Als-Ob-Handlungen erlernen Kinder bereits im Alter von zwei Jahren, die Wirklichkeit nachzuahmen.

Sie schlüpfen in die Rolle realer und fantastischer Figuren, um spielerisch Situationen zu erkunden und sich als selbstwirksam zu erfahren.

- **Das Spiel mit Symbolen:** Im Als-Ob-Spiel benutzen Kinder körperliche, sprachliche und dingliche Symbole, um ihre Spielwelten zu erschaffen. So können z.B. sich bewegende Finger vor dem Körper Regentropfen symbolisieren und herabgezogene Mundwinkel für die schlechte Laune eines Sonnenmonsters stehen, das in den Regen geriet. Ein Kochlöffel kann zum Regenschirm werden und ein Schrei kann ein Symbol für den Ärger sein, den das Monster zum Ausdruck bringt, weil der Regenschirm kaputt ist.
- **Die spielerische Distanznahme zu sich selbst:** Indem sich ein Kind als ein:e Andere:r inszeniert, nimmt es sich in neuer Weise wahr. Eine beliebte Rolle bei Zweijährigen ist etwa der brüllende Löwe. Indem sie ihn spielen, erleben sie sich durch die eingenommene Körperhaltung und das Brüllen als kraftvoll und stark. Gleichzeitig wird der Löwe, der die Verkörperung der Gefahr ist, in seiner Gefährlichkeit entmachtet. Die den Löwen spielenden Kinder stehen über dem Löwen und damit über der Gefahr. Damit haben sie sich in die Selbstermächtigung gebracht und als handlungsfähig erlebt. Da unser Gehirn nicht zwischen Realität und Spiel unterscheidet, speichert es diese im Spiel erlangte Stärke als Realität ab.

Beim Theaterspiel kommen zu diesen Merkmalen nun noch die **„Zuschauer:innen"** als weiteres zentrales Merkmal hinzu. Damit unterscheidet es sich von anderen Spielformen. Indem, um beim genannten Beispiel zu bleiben, das Kind den Löwen vor anderen spielt, teilt es diesen Moment der Stärke des Löwen mit den Zuschauer:innen. Diese werden, wie oben beschrieben, Teil des Spielvorgangs: Sie können den brüllenden Löwen anschauen, dabei ihre eigenen Gefühle (Angst, Lust, Aggression, Stärke) wahrnehmen und erfahren, dass sie mit diesen nicht alleine sind. Das den Löwen spielende Kind wiederum bemerkt die Reaktionen des Publikums (Lachen, Laute der Überraschung, Erschrecken).

So lebt diese theatrale Spielsituation im Gegensatz zu den anderen Spielformen vom Sehen und Gesehen werden, vom kollektiven Erleben, in dem die Spieler:innen gemeinsame Fantasien spielerisch umsetzen und mit den Zuschauer:innen teilen. Dies gelingt mit der richtigen Spielweise auch Zweijährigen, die nicht nur ein hohes Mitteilungsbedürfnis haben, sondern auch beginnen, spielerische Distanznahme bewusst zu erleben: Wenn in einer Gruppe Zwei- bis Dreijähriger ein Kind den anderen Kindern eine reale Verletzung zeigt (in diesem Moment sind die anderen die Zuschauer:innen), werden diese mit ziemlicher Sicherheit auf ehemalige eigene Verletzungen verweisen, auch wenn sie längst nicht mehr sichtbar sind. Dahinter steht bei allen ein prägendes Ereignis, das verarbeitet sein will. Im Theater wird eine Verarbeitung mit der Unterstützung der Gruppe möglich, indem nun imaginäre Verletzungen vorgeführt, beschrieben und in theatraler Überhöhung z. B. von lautem Jammern begleitet werden. Damit geht sowohl bei den Spieler:innen als auch bei den Zuschauer:innen eine Distanznahme zur Realität einher, nicht zuletzt durch das gemeinsame Gelächter, das durch das Wehklagen ausgelöst wird. Nun kann auch noch kollektiv nach einer Lösung gesucht werden, was dem einzelnen Kind wiederum verschiedene Handlungsmöglichkeiten eröffnet, auf die es alleine vielleicht gar nicht gekommen wäre: Braucht man zur Heilung der Wunde eine spezielle Salbe, die gekocht wird, oder ein magisches Pflaster oder vielleicht eine Ärztin, die sich darum kümmert? Die Spieler:innen können gemeinsam die für sie passende Lösung selbst kreieren und sind dadurch gewissermaßen Lenker:innen ihres Schicksals.

Hierin liegt das große Potenzial beim Theaterspielen mit Kindern. Deshalb sollte es als wertvolle Ergänzung zu anderen Spielformen wie dem Rollen- und Fantasiespiel betrachtet werden. Durch das Erschaffen kollektiver Spielwelten, die die Theater spielenden Kinder miteinander teilen, werden nicht nur körperliche und sprachliche Ausdrucksfähigkeit, Sozialverhalten und Selbstwahrnehmung gefördert, sondern auch in hohem Maße ihre Kreativität, die sie als Erwachsene benötigen werden, um Probleme zu lösen und ihre Ideen in die Welt zu bringen.

2. Bühnenräume im Theater mit den Allerkleinsten

Um nun im Theater mit den Allerkleinsten das Gelingen einer Spieler:in-Zuschauer:in-Situation zu gewährleisten, ist es wichtig, dass Sie als Spielleitung einen angemessenen Rahmen dafür finden. Donata Elschenbroich formuliert in ihrem Buch „Weltwissen der Siebenjährigen", dass ein Kind bis zu seinem siebten Lebensjahr „auf einer Bühne gestanden haben und einem Publikum mit anderen etwas Vorbereitetes vorgetragen haben sollte." (Elschenbroich 2001, S. 23). Die entscheidende Frage hierbei ist, welche Art von Bühne und welches Publikum sich dafür eignen. Wenn der „Vortrag" gelingen soll, muss die Spieler:in-Zuschauer:in-Situation gut ausbalanciert werden, damit das Spiel ein Spiel bleibt und nicht in einer Situation endet, in der die Kinder etwas erfüllen müssen.

Ich war hin und wieder an Theaterprojekten beteiligt, bei denen Drei- bis Vierjährige mit der Assistenz von Erwachsenen auf der Bühne einer Gemeindehalle vor bunten Kulissen standen und Texte in Mikrofone sprachen, damit die Zuschauer:innen sie verstanden. Die Kinder hatten durchaus ein Bewusstsein dafür, dass sie von einem Publikum gesehen wurden, waren auch sehr aufgeregt und am Ende mächtig stolz, dass sie den Auftritt bewältigt hatten. Dieser Effekt ist nicht zu unterschätzen, aber gleichzeitig geht bei solchen Auftritten etwas Wesentliches, wenn nicht sogar *das* Wesentliche verloren: der schöpferische Akt des Spielens, um den es im Theater eigentlich gehen soll. Wenn Kinder in diesem Alter zu viel Text abrufen müssen, den ihnen noch dazu andere in den Mund gelegt haben, geht das immer auf Kosten des Spielflusses. Sie können sich dann nicht mehr als Spielende erleben, stattdessen werden sie zu Ausführenden eines Erwachsenenkonzeptes. Ähnlich habe ich es bei groß angelegten Theateraufführungen in Kinderhäusern erlebt, wenn alle Kinder von zwei bis sechs Jahren ein Stück aufgeführt haben, das Erzieher:innen für diesen Anlass mit ihnen einstudiert hatten. Ein solches Event stärkt das Gemeinschaftserleben und lehrt Disziplin. Beides ist wichtig und hat seine Berechtigung. Allerdings kann das Erlebnis, sich als Schöpfer einer Handlung zu erfahren, die man mit anderen entwickelt hat und dann mit einem Publikum teilt, in diesem Kontext ebenfalls nur bedingt stattfinden. Erschwerend kommt hinzu, dass speziell Zweijährige gerade erst beginnen, eine Spieler:in-Zuschauer:in-Situation zu verstehen, was in einem kleinen Rahmen besser gefördert wird als bei einer großen Aufführung.

Wenn es uns wirklich darum geht, dass auch die ganz kleinen Kinder sich selbst erfahren und in bewusster Beziehung mit ihrem Publikum sein sollen, ist es folgerichtig, dass beim Theaterspielen die Grenze zwischen Spieler:innen und Publikum durchlässig gestaltet wird. So entsteht ein gemeinsam kreiertes Spiel, indem einerseits alle gleichzeitig spielen und andererseits jede:r Einzelne seine kürzeren oder längeren Auftrittsmomente vor den anderen Spieler:innen hat, die in diesem Moment zu Zuschauer:innen werden. In diesem Rahmen ist ein authentisches Theaterspiel möglich, das sich aus den gerade aktuellen Themen der Kinder speist. Die Kinder bestimmen dabei auch selbst, wann sie sich den anderen zeigen möchten. Man kann auch hin und wieder eine Erzieherin oder einen Erzieher zur Theaterstunde einladen, die oder der sich am Spiel beteiligt, gleichzeitig aber auch Publikum ist und in dieser Funktion den Kindern Rückmeldung gibt, um deren Spielfreude zu verstärken.

Möchten Sie für die Kinder einen größeren Publikumsrahmen mit Eltern schaffen, empfehle ich Ihnen zwei vielfach erprobte Formate, die sich im vertrauten Theaterumfeld der Kinder realisieren lassen:

Der Doppelkreis

Im Rahmen des eingangs erwähnten Projekts „Eine gemeinsame Sprache finden" wurde 2009 für die **zwei- bis dreijährigen** Kinder erstmals ein Aufführungsformat erprobt, bei dem sie ihre Theaterspielfähigkeiten in einem angemessenen Rahmen zeigen können: Bei sogenannten „Elternfesten" sind die Verwandten der Kinder eingeladen, die Kinder in ihren Theaterspielgruppen als Akteure zu erleben. Sie sitzen dabei mit ihren Spielleiter:innen und Erzieher:innen in einem Kreis und machen die unterschiedlichsten Theaterspiele, während die Eltern um diesen Kreis herum sitzen und mitverfolgen, wie sich ihre Kinder in Schauspieler:innen verwandeln. Diese Konstellation bietet dem externen Publikum die Möglichkeit, die Allerkleinsten in theatraler Aktion zu sehen, und trägt gleichzeitig dem Umstand Rechnung, dass die Kinder eine Auftrittssituation noch nicht richtig einschätzen können.

Dieses Format kann als Vorstufe für eine mögliche spätere Aufführung vor Publikum gesehen werden. In seiner Anlage erinnert es an die frühesten theatralen Aufführungen im antiken griechischen Theater, die im Rahmen des Dionysoskultes stattfanden. Auf einem runden Platz vor dem gleichnamigen Tempel wurden Tänze und Musik dargeboten, während die Zuschauer:innen im Kreis um den Platz standen. (Zu den Riten des Dionysoskultes vgl. Kotte (2013), S. 36ff.)

Der Spieler:innen-Zuschauer:innen-Kreis

Eine andere sehr schöne Möglichkeit für eine Aufführung mit **Vier- bis Fünfjährigen** ist, das Publikum mit in den Spielkreis hineinzunehmen. Dadurch ergibt sich für die Kinder genau die gleiche Spiel- und Vorspielsituation, die sie aus den Theaterstunden kennen, nur dass der Kreis jetzt viel größer ist und die Kinder auch ihre Eltern sowohl als Zuschauer:innen als auch als Spieler:innen erleben und mit ihnen ihre Fantasien teilen können. Für die Kinder ist es ein großartiges Erlebnis, die Eltern mit auf eine Abenteuerreise zu nehmen und ihnen zu erklären, was etwa zu tun ist, wenn ein Hai gerade die imaginären Rucksäcke sämtlicher Spieler:innen gefressen hat. Gleichzeitig gibt es für sie echte Überraschungsmomente, wenn die Eltern ihre eigenen Fantasien einbringen und dadurch das Spiel der Kinder bereichern. Dieses Aufführungsformat ist anspruchsvoller als das erste, da die Kinder nicht nur mit den eigenen Verwandten, sondern auch mit fremden Menschen konfrontiert sind (weshalb ich für jüngere Kinder lieber vorher genanntes Format wähle). Oftmals verändert sich das Spielverhalten einzelner Kinder deutlich. Manche werden sehr zurückhaltend, andere strotzen plötzlich vor Ideen und Spiellust. Aber in jedem Fall bleibt das Spiel eine Kreation der Kinder.

Bei **fünf- bis sechsjährigen** Kindern ist die Situation eine andere. Sie sind in der Lage, in einer klassischen Bühnensituation zu spielen, weil sie ein Verständnis für die Spieler:innen-Zuschauer:innen-Situation haben und die Ausdauer mitbringen, länger für eine Aufführung zu proben. Dennoch ist es auch hier wichtig, eine angemessene Bühne zu finden. Diese sollte so klein sein, dass die Kinder von den Zuschauenden problemlos gehört werden, d. h. die Distanz zwischen beiden darf nicht zu groß sein. Turnhallen, in denen die Kinder nicht oder nur unter Zuhilfenahme eines Mikrofons verstanden werden, sind keine guten Aufführungsorte. Es braucht auch kein riesiges Publikum. Doppelt so viele Zuschauende wie Spieler:innen sind auch für dieses Alter völlig ausreichend.

Interessanterweise habe ich in langjähriger Theaterpraxis in Kindergärten nur ein einziges Mal erlebt, dass Kindergartenkinder von sich aus den Wunsch hatten, überhaupt aufzutreten. Es handelte sich um eine Gruppe Vorschulkinder, die schon länger miteinander Theater spielten. Eines Tages sagte ein Kind mitten im Erproben eines Theaterspiels, dass man dieses doch den Eltern „vorführen" könnte. Die anderen waren restlos begeistert. Als ich fragte, was man denn noch zeigen könnte, erwähnten sie weitere Spiele. Gleichzeitig überlegten sie, wo sie auftreten würden und wo die Eltern säßen. Da die Motivation auch eine Woche später noch sehr hoch war, fingen wir an, die Aufführung vorzubereiten, bei der sie ein Märchen spielten, das mit verschiedenen Theaterspielen verbunden war (siehe Kapitel V, Praxisbeispiel *Dornröschen*).

Meistens ist es allerdings so, dass Kindergartenkinder innerhalb ihrer Theatergruppe mit großer Begeisterung spielen, aber keinerlei Ambitionen haben, etwas für ein externes Publikum zu proben. Ich frage immer nach, wenn ich das Gefühl habe, dass eine Gruppe in der Lage wäre, eine Aufführung vorzubereiten; die Reaktionen bewegen sich jedoch zwischen Nicht-Reagieren und Ablehnung.

Bei Grundschüler:innen erlebe ich das ganz anders. Ich habe oft mit Kindern gearbeitet, die zunächst überhaupt keine Lust hatten Theater zu spielen *und* auch deutlich äußerten, aber bereits nach wenigen Theaterstunden von sich aus fragten, ob sie dann auch „etwas vorführen" dürften. Die bevorstehende Aufführung wurde hier zu einem hohen Motivationsfaktor für die Proben.

Da sich die Lust des sich Zeigens vor einem größeren fremden Publikum offensichtlich von selbst entwickelt, scheint es mir naheliegend, Kindergarten-

1. Vorbemerkung

Die Voraussetzungen, unter denen wir Theater machen, können das inhaltliche Geschehen während einer Theaterstunde entscheidend beeinflussen. Je kleiner die Kinder sind, denen Sie Theatererfahrungen ermöglichen wollen, desto wichtiger ist es, gute Rahmenbedingungen zu schaffen, damit sowohl Sie als Spielleitung als auch die Kinder ihre Konzentration in das Spiel geben können. Bei der Vorbereitung einer Theatereinheit in Kindergarten oder Krippe empfehle ich deshalb, zunächst mit einer durchdachten Gruppenbildung und einer bewussten Raumgestaltung einen äußeren Rahmen zu schaffen, in dem das meist nicht im alltäglichen Ablauf verankerte Theaterangebot in angemessener Weise stattfinden kann. Außerdem ist es für den Verlauf einer Theaterstunde wichtig, verschiedene Spielformationen und deren Möglichkeiten vor Augen zu haben und uns unserer Rolle als Spielleitung bewusst zu sein.

2. Die Gruppenbildung

Die entscheidende Frage bei der Bildung einer Theatergruppe ist, wieviel Homogenität diese braucht, damit eine für alle Beteiligten befriedigende Spielsituation hergestellt werden kann. Dabei gilt es die Faktoren Gruppengröße, Alter, körperliche Ausdrucksfähigkeit, sprachliche Ausdrucksfähigkeit und unter Umständen auch das Geschlecht der Kinder zu berücksichtigen.

Gruppengröße

Die Faustregel für die Anzahl der Kinder in einer Theatergruppe lautet: Je jünger die Kinder, desto kleiner die Gruppe. Eine Gruppe Zwei- bis Dreijähriger sollte idealerweise aus nicht mehr als sechs Kindern bestehen, eine Gruppe Vierjähriger aus nicht mehr als sieben Kindern und eine Gruppe Fünf- bis Sechsjähriger aus maximal acht Kindern. Damit ist gewährleistet, dass die Kinder zum einen nicht den Überblick über ihre Mitspieler:innen verlieren und zum anderen nicht zu lange warten müssen, bis sie an der Reihe sind, wenn alle einzeln etwas zeigen oder vorspielen. Diese Vorspielmomente sind zwar meist kurz, aber viele Kinder brauchen etwas Anlauf, bevor sie sich zeigen. Das muss von den anderen Kindern mitgetragen werden. Je mehr Kinder also beteiligt sind, desto mehr Ausdauer ist beim Zuschauen gefordert, was gerade für kleinere Kinder nicht so einfach ist und auch nicht erzwungen werden sollte. Mit jedem Jahr des Älterwerdens klappt dies von selbst besser.

Alter

Grundsätzlich ist es sowohl für die Spieler:innen als auch für die Spielleitung von Vorteil, wenn die Gruppe altershomogen ist. Dadurch ist in den meisten Fällen gewährleistet, dass die Kinder ähnliche Interessen haben und damit auch ähnliche Themenschwerpunkte, die beim Theaterspielen relevant werden. Ich arbeite hin und wieder auch mit altersgemischten Gruppen und erlebe dort durchaus schöne Spielsituationen, weil die Älteren gerne auf die Jüngeren achten und die Jüngeren ihrerseits sich gerne an den Älteren orientieren. Aber dennoch bleibt der Umstand, dass die Älteren ganz andere Themen als die Jüngeren haben und im Normalfall auch auf einem anderen sprachlichen Niveau sind. Dann haben Sie als Spielleitung die Wahl zwischen Teufel und Beelzebub. Entweder Sie orientieren sich an den Jüngeren, was Gekichere und Langeweile bei den Älteren hervorrufen kann, oder Sie orientieren sich an den Älteren, was bei den Jüngeren zu kognitiver und emotionaler Überforderung führen kann. So ist etwa der Grusel, den Fünfjährige mögen und auch gerne produzieren, für Dreijährige in den meisten Fällen nicht das richtige Spielfeld. Das bedeutet, dass Sie als Spielleitung den Stress haben, die ganze Zeit einen Mittelweg austarieren zu müssen, der alle Kinder bei der Stange hält, niemanden unterfordert und niemanden überfordert. Das ist keineswegs ausgeschlossen, bietet aber sowohl den Spieler:innen als auch Ihnen als Spielleitung nicht die optimale Entfaltungsmöglichkeit und behindert eventuell das Ausdruckspotenzial der Kinder. Dabei geht es nicht nur um körperliche und sprachliche Aspekte, sondern auch um die Grundenergie, mit der die Kinder zu Gange sind. Wenn ein Dreijähriger ein gefährliches Monster darstellt, wird dieses immer harmloser sein als die Darstellung derselben Figur durch einen Fünfjährigen, der wesentlich lauter und physisch deutlich präsenter agieren wird.

Eine gute Alterskombination ist nach meiner Erfahrung die Mischung von Zwei- bzw. Zweieinhalbjährigen mit Dreijährigen, da die Themen beider Altersgruppen ähnlich sind und die Jüngeren in ihren Theateranfängen enorm von den Fähigkeiten der etwas Älteren profitieren. Es ist immer wieder interessant zu beobachten, wie schnell sie sich durch Imitation Spiele aneignen und mit eigenen Ideen verbinden.

Körperliche und sprachliche Ausdrucksfähigkeit

Wenn wir bei der Gruppenbildung von Altershomogenität sprechen, müssen wir uns klar machen, dass damit nicht automatisch eine Homogenität in der körperlichen und sprachlichen Ausdrucksfähigkeit einhergeht. Häufig gibt es je nach Grunddisposition, Erfahrungen und Vorbildung der Kinder große Diskrepanzen. Ich habe z. B. Spiel Nr. 10 schon mit Dreijährigen gemacht, die keine Probleme damit hatten, während Erstklässler viele Wiederholungen brauchten, bis sie in der Lage waren, eigene Bewegungsideen einzubringen und zu variieren. Hier empfehle ich die Heterogenität zu nutzen, ja sie sogar bewusst einzusetzen. Kinder mit sprachlichen Defiziten profitieren sichtlich, wenn sie mit sprachlich starken Kindern zusammenspielen. Ebenso lernen Kinder, die sich auf körperlicher Ebene nicht so gut ausdrücken können oder wollen, durch Nachahmung bewegungsfreudiger Altersgenoss:innen enorm dazu. Wichtig ist dabei nur, dass die Kinder, die schon weiter sind, ihre Fähigkeiten entsprechend einbringen können. Ich erinnere mich an einen fünfjährigen Jungen, der weder seine Muttersprache noch deutsch gut sprach, was wohl dazu geführt hatte, dass er meistens gar nicht sprach. Im Theater stellte sich heraus, dass er nicht nur ein sehr begabter Darsteller war, sondern auch ein außergewöhnlich gutes Zeitgefühl bei Spielvorgängen hatte. Ich fragte ihn in einer Spieleinheit zum Thema „Kälte", ob er den anderen etwas vorspielen wolle. Er bejahte begeistert und spielte einen äußerst facettenreichen Eisbären, der verschiedenen Tätigkeiten nachging. Durch sein gutes Zeitgefühl gelang es ihm, je nach Situation das Spieltempo zu wechseln. Die anderen Kinder schauten ihm gebannt zu und hatten nach dem Auftritt des Jungen den Wunsch, den Eisbären nachzuspielen. Dem Jungen selbst wurde bewusst, dass er nicht nur ein guter Darsteller war, sondern auch etwas an andere weitergegeben hatte. Er ging in den folgenden Stunden völlig in der körperlichen Darstellung verschiedener Figuren auf, die ihn sichtlich beflügelte, und dann gab es plötzlich einen Moment, in dem er einen Spielvorschlag formulierte. Ab diesem Zeitpunkt wurde im Theater die Sprache ein Ausdrucksmittel für ihn, und die Kinder, die besser sprechen konnten, brachten die Geduld auf, ihm zuzuhören, auch wenn er mehr Zeit als sie zum Formulieren brauchte. Diese Art von Austausch im gemeinsamen Spiel ist sehr oft zu erleben und stellt eine Bereicherung für alle Spieler:innen dar.

Jungs und Mädchen

Was die Geschlechterfrage angeht, so steht es natürlich außer Frage, dass Jungs und Mädchen unbedingt gemeinsam Theater spielen müssen, so wie sie ja auch in ihren Gruppen gemeinsam den Tag verbringen. Zum Thema wird die Geschlechterfrage im Theater nach meiner Erfahrung ohnehin erst bei den ca. Fünfjährigen. In Gruppen dieses Alters kann es dann aber auch zu richtigen Clashs kommen, wenn Jungen, dem ältesten Klischee der Welt entsprechend, wilde Ritter- und Piratengeschichten spielen wollen, während Mädchen gerne mit Feen und Einhörnern unterwegs sind. In diesem Fall braucht es entweder Geschichtenansätze, in denen beide Welten vereint werden können, oder man trennt die Gruppen, um den jeweiligen Welten Raum zu geben.

Aus der Praxis

In einer Theatereinheit von zehn Stunden über zehn Wochen hatte ich eine Gruppe mit vier knapp fünfjährigen Jungs und vier Mädchen, die schon über fünf waren. Ab der zweiten Stunde beharrten die Jungs immer mehr auf Spielen, in denen irgendwelche Ritter harte Kämpfe ausfochten, während die Mädchen ausschließlich zaubernde Feen sein wollten. Darüber gerieten sie in einen Streit und waren beiderseits immer weniger bereit, sich gegenseitig aufeinander einzulassen, geschweige denn überhaupt noch Theater zu spielen. Ich packte die sehr unangenehme Situation in eine Geschichte, in der Zauberfeen in einem Schloss im Dauerstreit mit Rittern in einer benachbarten Burg waren. Beide Behausungen befanden sich nach dem Vorschlag der Kinder auf einer Insel im Meer. Dieses benutzte ich nach der Inszenierung einiger Streitszenen, um ein Meeresungeheuer zum Leben zu erwecken, das sowohl das Feenschloss als auch die Burg bedrohte, sodass sich Ritter und Feen gemeinsam etwas gegen diese Bedrohung ausdenken mussten. Auf diese Weise brachte ich die Theatereinheit gut zu Ende, aber es war ein Kraftakt, der mit vielen Konflikten behaftet war.

In einem anschließenden Theaterkurs war die genannte Gruppe zufällig gesplittet. Die Jungs bildeten mit drei weiteren Jungs, die neu dazukamen, eine Gruppe, während die Mädchen mit zwei weiteren, ebenfalls neu dazugekommenen Mädchen eine andere Gruppe bildeten. Die Themen waren nach wie vor dieselben. Die Jungs waren auf Ritter, Monster und Gefahren aus, die Mädchen auf Zaubergeschichten. Der Konflikt darüber fiel jedoch weg. In beiden Kursen entstand eine hohe Spieldynamik und eine große Begeisterung für das Weiterentwickeln ihrer Geschichten, was für die Entwicklung des Ausdruckspotenzials der Kinder von großem Vorteil war.

Diese Verläufe stellen selbstverständlich keine Norm dar. In sehr vielen Fällen spielen Jungs und Mädchen einmütig, machen gerne dieselben Spiele und interessieren sich für dieselben Themen. Dennoch gibt es die benannte Tendenz immer wieder. Dann kann es durchaus von Vorteil sein, Jungs und Mädchen zeitweise zu trennen, um ihnen jeweils einen Freiraum für ihre spezifischen Bedürfnisse zu eröffnen.

3. Der Theaterraum

Die Gestaltung des Theaterraumes ist von nicht zu unterschätzender Bedeutung und will wohlüberlegt sein. Je angemessener er in seiner Größe und seiner Ausstattung ist, desto besser gelingt das gemeinsame Eintauchen in das Spiel mit der Fantasie. In einer Kinderkrippe oder einem Kindergarten hat jeder Raum eine bestimmte Funktion und ist damit für die Kinder mit einer bestimmten Aktivität konnotiert. Erfahrungsgemäß ist es für sie nicht einfach, diesen Raum ohne weiteres als Theaterraum zu akzeptieren. Damit dies gelingt, sind zwei Dinge nötig: Ein zusätzliches Element, das nicht zur Alltagsausstattung des Raumes gehört, und eine Umgestaltung des Raumes. Als Zusatzelement ist ein rutschfester, farblich auffallender Teppich geeignet, der ausschließlich beim Theaterspielen zum Einsatz kommt. Er muss gar nicht groß sein, 60 × 80 cm ist für Kinder völlig ausreichend. Als Theaterteppich etabliert bildet er den Mittelpunkt des Spiels und dient auch als Bühne für kleine Aufführungssituationen. Und allen Kindern ist klar: Wenn dieser Teppich ausgelegt wird, beginnt das Theaterspiel.

Die Umgestaltung des Raumes muss nicht aufwändig, aber markant sein. Zunächst sollten Möbel und größere Objekte des Raumes entweder nach draußen verlagert oder mit einem Tuch abgehängt werden oder sich in einem klar abgegrenzten Bereich des Raumes befinden, der beim Spielen nicht betreten wird. Letzteres muss dann gemeinsam mit den Kindern als Theaterregel etabliert werden. In einem Schlafraum etwa genügt es nicht, Matratzen und Decken einfach an den Rand zu schieben, denn die Kinder assoziieren entweder Schlafen und legen sich hin, oder sie entdecken sie als Spielzeug. Um beides zu verhindern, müssen die Matratzen entweder in einer Ecke des Raumes gestapelt werden (die Voraussetzung hierfür ist, dass genügend Spielfläche bleibt) oder ganz aus dem Raum geschafft werden. Ähnlich ist es in Spielzimmern. Bücherregale, Spielkisten und Sitzelemente müssen in einem sichtbar abgetrennten Bereich stehen oder außerhalb des Raumes deponiert werden. Ideal ist immer der leere Raum, denn, so formuliert es der Regisseur Peter Brook,

„Leere im Theater gestattet der Fantasie, die Lücken zu füllen. Paradoxerweise ist die Fantasie umso glücklicher, je weniger man sie füttert, denn sie ist ein Muskel, der gerne spielt" (Brook 2001, S. 43).

Es macht zwar Arbeit, den Raum für das Theater vorzubereiten, aber scheuen Sie sich nicht davor. Es lohnt sich, der Fantasie ihren Raum zu geben. Marcela Herrera beschreibt die Vorbereitung des Raumes für das Theater als „Übergangsritual" (vgl. Herrera 2010, S. 49): Indem der Alltagsraum in einen Theaterraum verwandelt wird, entsteht im wahrsten Sinne des Wortes der Freiraum, der nötig ist, um sich auf das Spiel einzulassen und sich der Verwandlung und der Fantasie hinzugeben. Es ist gut, dieses Übergangsritual mit den Kindern gemeinsam zu vollziehen, es als Teil der Theaterstunde zu begreifen, statt zu denken, man müsse schnell den Raum umbauen, damit das Theater beginnen kann. Alles braucht seine Zeit – auch die Vorbereitung des Theaterraumes. Das Übergangsritual findet seinen Abschluss in der bewussten Wahrnehmung des Theaterteppichs in der Mitte des Raumes. Alle setzen sich um ihn herum, er wird angefasst, in seiner Farbigkeit benannt und vielleicht auch in seinem nicht mehr ganz neuen Zustand gewürdigt. Dann beginnt das Spiel.

Aus der Praxis

Mit einer Gruppe Vierjähriger spielte ich in einem großzügigen Raum, der den Kindern für freies Spiel zur Verfügung stand. Da es aus verschiedenen Gründen zu kompliziert war, die Spielsachen vor jeder Stunde nach draußen zu bringen, trennte ich im Raum für alle gut sichtbar einen Teil ab, in den ich mit den Kindern vor jeder Theaterstunde Sitzgelegenheit, Spielsachen und Bücher brachte und auf die Spielgrenze verwies. Im Verlauf einer Theaterstunde erfanden die Kinder eine gefährliche Wasserschlange mit spitzen Zähnen, die auf einem Schatz wohnte. Nachdem alle die Schlange einzeln dargestellt hatten, beratschlagten sie, wie man diese unschädlich machen könnte, um an den Schatz zu gelangen. Plötzlich merkte ich, dass ein Junge über die Spielgrenze gegangen war und völlig abwesend in der Bücherkiste kramte. Ich rief ihn, und weil er keine Anstalten machte zurückzukommen, ging ich zu ihm, und machte ihn darauf aufmerksam, dass er den Theaterbereich verlassen hatte. „Aber hier!", sagte er nachdrücklich und hielt mir ein Buch von Karies und Baktus unter die Nase. „Hier steht drin, wie man der Schlange den Giftzahn ziehen muss." Verblüfft und amüsiert vom Einfallsreichtum des Jungen bekam die Problemlösung ausnahmsweise Vorrang vor der Einhaltung der Regeln. Der Junge setzte sich mit dem aufgeschlagenen Buch zu den anderen in den Kreis und hielt eine Vorlesung über das Ziehen von giftigen Zähnen bei Was-

serschlangen, was dann direkt in die Tat umgesetzt wurde. Manchmal darf die Kunst eben auch Grenzen sprengen ...

4. Spielformationen

Beim Theaterspielen mit den Allerkleinsten gibt es drei Formationen, aus denen sich Spielsituationen entwickeln lassen. Sie eröffnen den Spieler:innen unterschiedliche Erfahrungsräume, in denen je nach Spielverlauf agiert werden kann. Das sind die Spielformation Kreis, die Spielformation Raum und die Spielformation Bühne.

Spiel im Kreis

Der Kreis vermittelt durch seine Geschlossenheit beim Spielen Sicherheit und Orientierung. Alle werden von allen gesehen und gehört. Dadurch entsteht ein Bewusstsein von Zugehörigkeit: Wir, die wir im Kreis sitzen, gehören derselben Gruppe an. Im Theater ist der Kreis Ruhepunkt und Aktionsraum zugleich. Er bietet die Möglichkeit zur Konzentration, aus der heraus agiert werden kann – entweder im gemeinsamen Spiel oder in kurzen Solo-Einlagen der Spieler:innen, beispielsweise indem diese reihum den anderen einen imaginären Gegenstand zeigen oder eine Figur darstellen oder sich einzeln in die Mitte des Kreises begeben, um etwas darzustellen. Der Kreis ist prädestiniert für die ersten Auftrittsmöglichkeiten im Leben eines Kindes. Hier darf es sich individuell zeigen, wird in seiner Aktion von allen gesehen und ist dennoch im Schutz der Gruppe aufgehoben.

Jede Theaterstunde sollte im Kreis beginnen und im Kreis enden. Und er kann auch während des Spiels dazu dienen, von der Bewegung in die Ruhe zu kommen, aus der Öffnung in die Zentrierung.

Spiel im Raum

Beim Spiel im gesamten Theaterraum gibt es keine Spieler:in-Zuschauer:in-Konstellation. Hier sind alle gleichzeitig unterwegs, um entweder in verschiedenen Theaterspielen ihre Ausdrucksmöglichkeiten auf der körperlichen Ebene auszuprobieren (vgl. z. B. Spiel Nr. 31) oder um eine vorher verabredete Situation zu spielen (z. B. rennen alle durch den Raum, weil sie als Feuerwehr unterwegs zu einem Brand sind, oder alle schleichen durch einen vorher gemeinsam erfundenen, imaginären Dschungel, um nicht von einem Tiger entdeckt zu werden). Die Bewegung geht hierbei ins Außen und das Spieltempo wird bisweilen recht schnell. Wenn die Kinder in dieser Situation eigene Spielimpulse einbringen, die sie direkt umsetzen wollen, kann es passieren, dass das Chaos Oberhand gewinnt. Aber das ist in Ordnung, denn Chaos ist ein wichtiges Element im Theater. Durch die zeitweise Aufhebung der Form beim Spielen im Raum werden auch im Kopf Beschränkungen aufgehoben und alles ist möglich. Aus dem Chaos heraus entstehen oftmals die besten Ideen und Fantasien, die dann zu Geschichten und Szenen geformt werden können. Wichtig dabei ist, dass nicht jedes Kind sein eigenes Spiel beginnt und somit eine Paralellspielsituation entsteht. Falls dies dennoch der Fall sein sollte, hilft eine kurze Rückkehr in den Kreis, um dann aus der Ruhe heraus wieder gemeinsam in die verabredete Spielsituation zu starten. Die Spielleitung, die mit den Spielenden im Raum unterwegs ist, bündelt die Aktionen und ermöglicht immer wieder den Fokus auf das gemeinsame Spiel.

Spiel auf der Bühne

Die klassische Bühnensituation besteht, wie eingangs schon beschrieben, aus Spieler:innen, die einer Gruppe von Zuschauer:innen gegenüberstehen, um ihnen etwas vorzuspielen. Hierbei haben wir es mit der am stärksten formalisierten Situation zu tun. Ein Teil der Kinder sitzt in einer Reihe, gegenüber liegt der Theaterteppich, der als Bühne fungiert. Voraussetzung für diese Formation ist, dass die Spieler:innen, die die Bühne betreten, ein Bewusstsein dafür haben, dass sie sich den Zuschauer:innen in einer bestimmten Rolle zeigen. Die Zuschauer:innen wiederum sollen in der Lage sein, den Spieler:innen ihre volle Aufmerksamkeit zu schenken. Das Bewusstsein dafür entsteht bei kleineren Kindern im Lauf der Zeit. Es ist meiner Ansicht nach nicht erforderlich, dies zu üben, wenn die Kinder nicht wirklich bereit dafür sind. Sie entwickeln sich von selbst dahin. Was wäre der Sinn, ihnen vorher etwas anzutrainieren, das sie noch nicht bewältigen können? So wie ein Säugling sich irgendwann von selbst hinsetzt und irgendwann auf seinen Beinen steht, wird sich ein Kind auch früher oder später als Spieler:in und als Zuschauer:in begreifen können und dann Lust auf einen Bühnenauftritt haben. Es muss nichts forciert werden. Verlassen Sie sich als Spielleitung auf ihre Intuition. Sie werden es merken, wenn der Moment für die erste Bühnensituation gekommen ist.

Wenn Sie eine Theaterstunde konzipieren, ist es wichtig, die drei verschiedenen Formationen präsent zu haben. Eine idealtypische Stunde beginnt im Kreis, öffnet sich dann in den Raum, hat im weiteren Verlauf einen Bühnenauftritt für jede:n Spieler:in (sofern die Kinder dazu in der Lage sind) und mündet dann wieder in den Kreis zu einem gemeinsamen Abschluss. Da ein Theaterkurs jedoch eben so wenig idealtypisch verläuft wie das gesamte Leben, empfehle ich Ihnen, nicht prinzipiell an diesem Ablauf festzuhalten. Letztlich sollte immer der Moment entscheiden, welche Spielformation benötigt wird und wann ein Wechsel derselben sinnvoll oder nötig ist. Die oberste Regel lautet: Die Form dient immer dem Spiel und niemals umgekehrt!

Aus der Praxis

In einem Kurs mit sieben vier- und fünfjährigen Kindern, von denen fünf extrem lebhaft und bewegungsfreudig waren, fing ich in der zweiten Stunde an, im Kreis sitzend eine Geschichte zu erfinden, um die übermäßige Energie dieser Kinder etwas zu kanalisieren. Alle hörten zunächst zu, beteiligten sich dann mit vielen Ideen an der Weitererzählung der Geschichte, spannen den Handlungsfaden weiter und diskutierten Optionen des Handlungsverlaufs. Dabei zeigten sie trotz ihres sonstigen Bewegungsdranges kein Interesse daran den Raum zu bespielen. Ich regte an, im Kreis die Figuren der Geschichte darzustellen und kleinere Szenen zu spielen, doch nach kurzer Zeit wollten sie sich wieder setzen und weitererzählen. Die Kinder waren so konzentriert beim Erzählen ihrer Geschichte, dass sich die Kreissituation über sechs Theaterstunden hinweg als genau die richtige erwies. So bestand keinerlei Notwendigkeit, diese aufzulösen. In der siebten Stunde hielt es die Kinder auf einmal nicht mehr im Kreis – das war der Moment, um die Geschichte in Bewegung umzusetzen und den ganzen Raum zu bespielen. Um den sehr dynamischen Spielfluss nicht zu unterbrechen, verzichtete ich auf eine Bühnensituation mit einzelnen Auftritten.

5. Die Spielleitung

Ein letzter Aspekt, der für die Vorbereitung einer Theatereinheit äußerst wichtig ist und leider viel zu selten Berücksichtigung findet, ist die Spielleitung selbst. Wir sind häufig so sehr mit der Organisation von äußeren Umständen, mit der Erstellung von Spieleinheiten und dem Wohlbefinden der Kinder beschäftigt, dass wir darüber vergessen, was wir für uns selbst brauchen, damit wir unsere Arbeit gut machen können.

Theaterpädagog:innen, die Kurse für Krippen- und Kindergartenkinder veranstalten, berichten immer wieder davon, dass sie diese um ein Vielfaches anstrengender erleben als Kurse mit älteren Kindern oder Jugendlichen. Das hängt mit der spezifischen Herausforderung zusammen, die das Theaterspiel mit Krippen- und Kindergartenkindern mit sich bringt: Wir können uns mit den Spieler:innen nicht auf eine Reflexionsebene begeben, um verschiedene Aspekte des Theaterspielens zu erklären, den Sinn von Theaterübungen zu erschließen und Spielkonzepte oder Spielvorgänge zu besprechen. Das bedeutet, dass wir das Theaterspiel mit den kleinen Kindern ausschließlich über das Spielen selbst erschließen können. In Folge dessen müssen wir uns einerseits von der klassischen Anleiter:innenrolle ein Stück weit lösen und zu Spieler:innen bzw. Spielpartner:innen der Kinder werden, gleichzeitig aber einen Rahmen für das Spiel schaffen und innerhalb desselben das Spiel am Laufen halten. Damit dies gelingt, brauchen wir ein hohes Maß an Präsenz, Spontanität beim Einbringen unserer Impulse, Schnelligkeit beim Aufnehmen von Impulsen der Kinder und die Bereitschaft, jederzeit neue Entscheidungen zu treffen. Außerdem müssen wir während des Spiels sensibel auf die einzelnen Kinder und deren Bedürfnisse eingehen, ohne aber die gesamte Gruppe aus den Augen zu verlieren. Das ist ein sehr komplexer Vorgang, der uns als Spielleitung einiges abverlangt.

Die folgenden Tipps zur Gestaltung einer Theaterstunde oder Theatereinheit können zum Gelingen dieser besonderen Situation beitragen:

- Machen Sie Ihre Planung in dem Bewusstsein, dass Sie bei diesem Spiel weitaus weniger konzeptionell vorgehen können, als Sie es gewohnt sind, weil ein vorbereitetes Spielkonzept nur begrenzt eine Struktur in der Theaterstunde schaffen kann. Orientieren Sie sich bei der Planung an den aktuellen Themen der Kinder. Finden Sie diese über verschiedene Spielsituationen heraus.
- Lassen Sie von vornherein neben Ihrem Spielkonzept Absichtslosigkeit und Offenheit für Überraschungen, Verwirrungen und Chaos zu und gestatten Sie sich, die Kontrolle, die das Spielkonzept uns suggeriert, ein Stück weit aufzugeben. Wenn uns dies gelingt, lassen wir das lebendige Leben, das sich im Theater in all seinen Facetten ausdrücken will, in die Theaterstunde – verbunden mit dem Risiko, dass unser Konzept nicht aufgeht und sich nicht die Effekte einstellen, die wir uns erhofft hatten. Wenn Sie bereit sind, damit zu leben, können Sie auf einen Spielflow vertrauen, der dazu führen wird, dass die Kinder dabei alles erfahren und lernen, was man im Theater lernen kann und was bei ihnen individuell gerade ansteht: Körperbewusstsein, sprachliches Ausdrucksvermögen, Selbst-Bewusstsein, Bewusstsein

für die Gruppe, Umgang mit Emotionen und kreative Problemlösung. Möglicherweise geschieht dies nicht genau dann, wenn Sie es erwarten, vielleicht früher oder später, ganz beiläufig oder überraschend. Aber in jedem Fall dann, wenn die Kinder bereit dafür sind.

- Um bei der Planung nicht den Gedanken zu nähren, was passieren könnte, wenn wir nicht unserem Konzept folgen können, empfiehlt es sich, das Augenmerk auf die Frage zu legen, worauf Sie in einer Theaterstunde selbst Lust haben. Nehmen Sie die Aussage, dass Sie mehr Spieler:in als Anleiter:in sind, wörtlich. Entdecken Sie Ihre eigene ursprüngliche Spiellust. Machen Sie Theaterspiele, von denen Sie selbst inspiriert sind. Spiel gehört nicht nur in die Kindheit: Es ist eine Lebensqualität! Suchen Sie nach dieser, anstatt zu denken, dass Sie ihre Kraft darauf verwenden müssen, Konzepte erfüllen oder Kunst machen zu müssen. Kunst entsteht automatisch, wenn Sie sich als Spieler:in auf die Situation einlassen und sich überraschen lassen können.
- Nehmen Sie Ihr gutes, wohldurchdachtes Konzept mit Spielefolgen und Geschichten, die zu Ihnen und den Kindern passen, mit in die Theaterstunde. Sie brauchen es als Rahmen, um den Kindern Impulse zu geben, Fantasieräume zu eröffnen und ihnen den Weg zu ihrem Ausdruckpotenzial zu weisen. Aber was dann während der Theaterstunde daraus wird, entscheidet sich im Moment des Spiels. Dieser ist es, der zählt. Und er lebt häufig besser vom Loslassen eines Plans als von seiner Durchführung.
- Achten Sie gut auf Ihre Spielenergie. Wir können immer nur so viel Power in eine Spielsituation einbringen, wie uns zur Verfügung steht. Andernfalls zehren wir von unseren Kraftreserven und drohen in einen Zustand der Verausgabung zu geraten. Das können wir uns als Spielleitung nicht leisten, doch die Gefahr in unserem vollgepackten Alltag ist nicht gering. Wie oft rennen wir von einer Aufgabe zur nächsten und denken währenddessen schon an die übernächste? Wie oft hetzen wir in Zeitknappheit von einem Projekt zum nächsten und agieren dabei mit unseren Kraftreserven statt mit der Fülle unserer Energie? Ich selbst stand nicht selten gestresst vor einem Kindergarteneingang, nachdem ich dorthin gerannt war, weil ein Zug Verspätung hatte oder etwas anderes vorher überraschend in die Quere kam. Im letzten Moment hielt ich dann inne und machte eine kurze Pause, um mir zu vergegenwärtigen, weshalb ich an diesem Ort war und was ich dort wollte.

Um mit der eigenen Kraft bewusst verbunden bleiben zu können, habe ich eine **Übung** entwickelt, die ich regelmäßig praktiziere und allen Spielleiter:innen zur Vorbereitung einer Theaterstunde wärmstens empfehlen kann:

Setzen Sie sich bequem auf einen Stuhl oder den Boden und schließen Sie die Augen. Nehmen Sie Ihren ganzen Körper wahr – vom Kopf bis zu Ihren Zehen. Achten Sie dabei auf Ihren Atem und lassen Sie ihn fließen, ohne etwas zu wollen. Bleiben Sie einen Moment lang bei Ihrem Körper und Ihrem Atem. Lassen Sie dann vor Ihrem geistigen Auge den Weg zum Theaterraum entstehen. Fragen Sie sich: Wie soll es mir auf dem Weg ins Theater gehen? Verbinden Sie sich mit dem Gefühl, das bei der Antwort entsteht, und laufen Sie in Gedanken mit diesem Gefühl zum Theaterraum. Stellen Sie sich dann vor, wie Sie im Theaterraum sind und fragen sich: Wie möchte ich während des Theaterkurses sein? Wie soll es mir gehen? Verbinden Sie sich wieder mit dem entstehenden Gefühl und imaginieren Sie, wie Sie in diesem Zustand in Aktion treten. Verweilen Sie ein wenig bei diesem Gefühl. Imaginieren Sie zum Schluss, wie Sie sich am Ende des Theaterkurses fühlen möchten. In welchem Zustand wollen Sie die Theaterstunde beenden und in welchem Zustand wollen Sie den Rückweg antreten? Nehmen Sie das dabei entstehende Gefühl intensiv wahr und verweilen Sie für einen Moment. Danach konzentrieren Sie sich ganz bewusst auf Ihren Körper, öffnen langsam die Augen, schauen sich im Raum um und versuchen die Erinnerung an das Gefühl mit in Ihre Aktivität zu nehmen.

Es ist höchst lohnenswert, sich mit dieser Übung zu beschäftigen und sie möglichst oft zu machen. Je öfter Sie sie machen, desto schneller können Sie mit der Zeit den Zustand abrufen, in dem Sie während Ihres Kurses sein wollen. Das ist ein echter Energiebooster!

Wenn Sie wenig Zeit haben, eine Theaterstunde vorzubereiten, empfehle ich Ihnen, nicht allzu lange an der Vorbereitung zu arbeiten und sich stattdessen in die Spielsituation zu imaginieren, um Ihre ureigenste Energie als Spielleiter:in bzw. Spieler:in zu spüren. Probieren Sie es aus!

Aus der Praxis

Mit einer Gruppe Zweieinhalbjähriger hatte ich in einer Theaterstunde verschiedene Tiere des Bauernhofs dargestellt und stimmlich imitiert. Die Kinder waren mit solcher Begeisterung dabei, dass ich beschloss, das Thema beizubehalten und eine kleine Bauernhofgeschichte mit ihnen zu entwickeln. Die folgende Stunde begann mit dem üblichen Ritual und dem Verteilen der Zaubercreme (siehe Spiel Nr. 4), die die Kinder ausführlich bespielten und am Ende in ihre Hosentaschen steckten. Als ich zu den Bauernhoftieren überleiten wollte, holten sie die Zaubercreme wieder hervor, ein Kind warf sie auf den Boden und rief „schmutzig", was die anderen begeistert aufgriffen. Es wäre an dieser Stelle kein Problem gewesen, die Zaubercreme mit einem starken Impuls meinerseits kurz zu reinigen und wieder wegpacken zu lassen, aber die Spielfreude der Kinder mit diesem „Schmutz" war so groß, dass sich daraus etwas entwickeln konnte, was ihnen im Moment näher war als die Bauernhoftiere. So ging es in dieser Stunde darum, die Zaubercreme mit unterschiedlichen Mitteln zu reinigen (Wasser, Seife, Fön, pusten ...) und wieder im Dreck landen zu lassen, bis sie schließlich so sauber und glänzend war, dass wir beschlossen, etwas davon zu essen (siehe Spiel Nr. 5). Dies führte zu verschiedenen Experimenten mit Lautäußerungen, die eine Überleitung zu den Bauernhoftieren hätten sein können, aber das Ende der Theaterstunde war erreicht. So wurde ein einfaches Aufwärmspiel zum zentralen Thema dieser höchst dynamischen Theaterstunde mit dem ursprünglichen Thema „Auf dem Bauernhof".

Mit einer Gruppe Vier- und Fünfjähriger spielte ich mit den Gegensätzen Groß – Klein, Schnell – Langsam. Wir hatten uns gegenseitig imaginäre magische Bälle in verschiedenen Größen gezeigt, mit denen wir auf Reisen gehen wollten. Gerade als alle aufgestanden waren, um mit ihren Bällen die Reise anzutreten, deutete der vierjährige Aron auf eine Stelle am Boden und sagte: „Da sind Krokodile." Ich beschloss, seine Aufmerksamkeit wieder auf die Bälle zu lenken, aber im selben Moment behaupteten alle Kinder, Krokodile zu sehen. Da der Impuls so stark war, gab ich ihm nach. Die imaginären Bälle wurden weggepackt, und wir schlichen leise und langsam zu der Stelle mit den Krokodilen. Jedes Kind nahm sich eines (am Schwanz, damit es nicht beißen konnte) und zeigte es den anderen. Dann hatten sie die Idee, die Krokodile auszusetzen. Also begannen die Reisevorbereitungen für eine Reise nach Afrika. Dort angekommen, wurden die Krokodile ausgesetzt, und die Spieler:innen versteckten sich in einem Busch, um sie zu beobachten. Jedes Kind beschrieb, was die Krokodile machten. Im Zuge dessen erfanden die Kinder einen Bären, der den Krokodilen das Essen wegnehmen wollte. Alle präsentierten einzeln einen hungrigen Bären (die Spielhandlung wurde hierfür also unterbrochen), bevor dieser von den Krokodilen mit einem Fisch weggelockt wurde. Zum Schluss stellten alle ein Krokodil bei einer Tätigkeit dar. So war aus der geplanten Ballreise eine Krokodilrettungsreise geworden.

III. Das Spiel beginnt – die Spielesammlung

1. Hinweise zum Gebrauch der Spielesammlung

Die Gliederung der vorliegenden Spielesammlung soll die Planung eines Theaterworkshops erleichtern. In Kapitel 1 bis 8 finden sich Spiele, die nach **Einsatzmöglichkeiten** und **Zielsetzungen** angeordnet sind. Berücksichtigung finden hier die Kategorien Kennenlernen/Warm-up, Körperausdruck/Körperhaltung/Bewegung, Sprache, Emotionen, Klang und Rhythmus, Spiel mit Gegenständen und Material und zu guter Letzt der Bühnenauftritt.

Kapitel 9 enthält Spiele zu ausgewählten **Themen,** die sich über die Jahre hinweg als sehr geeignet für das Theater im frühkindlichen Bereich erwiesen haben, weil sie den Interessen und der Lebenswirklichkeit der Kinder entsprechen. Sie verstehen sich als Ergänzung zu Märchenstoffen und Bilderbuchvorlagen.

Innerhalb der jeweiligen Kapitel sind die Spiele nach dem erforderlichen Mindestalter angeordnet. Jedes Kapitel beginnt mit einer Einführung, in der auf spezifische Besonderheiten hingewiesen wird, und endet meist mit einem Praxisbeispiel aus dem Workshopalltag.

Die Spiele sind durchnummeriert und am Ende des Buches in einem Register numerisch und alphabetisch sortiert.

Die Spielebeschreibungen sind nach folgendem Schema aufgebaut:

Alter: Hier ist das Mindestalter, das Kinder für das jeweilige Spiel haben sollten, angegeben. Die Angaben beruhen auf langjährigen Erfahrungswerten, wobei je nach Entwicklungsstand der Kinder ein flexibler Umgang damit nicht ausgeschlossen sein soll. Es ist immer der Mut von uns Spielleiter:innen gefragt, zu experimentieren und auszuprobieren, was wir unseren Spieler:innen zutrauen können. Das wichtigste Gebot hierbei ist jedoch, die Kinder nicht zu überfordern. Bevor ein Spiel den Kindern zu viel abverlangt und dadurch deren Fantasie eingeengt wird, ist es besser, es wieder fallen zu lassen und abzuwarten, bis die Zeit dafür gekommen ist.

Formation: Hier ist angegeben, ob ein Spiel im Kreis, im Raum oder auf der Bühne stattfindet.

Was hier im Spiel ist: Hier sind die Einsatzmöglichkeiten und Zielsetzungen der einzelnen Spiele benannt.

➡ Hier ist das jeweilige Spiel beschrieben. In den Spielbeschreibungen wird für die Spielleitung die Abkürzung SL verwendet.

Erweiterung: Hier sind Möglichkeiten beschrieben, wie ein Theaterspiel erweitert und damit komplexer in seiner Umsetzung gestaltet werden kann. D. h. es gibt von diesem Spiel eine einfachere und eine schwierigere Version, die je nach Alter und Fähigkeiten der Kinder erprobt werden kann.

Variation: Hier sind Abwandlungen des Spiels beschrieben.

Hinweis: Hier finden sich Tipps zur Durchführung der Spiele und ggf. Hinweise auf deren Provenienz.

2. Rituale – Kennenlernen – Warm-up

Der Einstieg in eine Theaterstunde sollte mit großer Sorgfalt erfolgen. Das entscheidende Stichwort hierbei ist „Ruhe“. Die beteiligten Kinder kommen meist gerade aus einer anderen Aktivität, die sie für das Theater manchmal sogar unterbrechen müssen. Im Theaterkurs treffen sie dann unter Umständen auf Kinder aus anderen Gruppen, sodass ein Moment des Ankommen-Könnens sehr wichtig ist. Dieser kann wie oben beschrieben mit dem „Übergangsritual“ gestaltet werden, indem alle gemeinsam den Raum vorbereiten und den Theaterteppich ausrollen. Wenn dann alle im Kreis sitzen, wird die Theaterstunde damit eröffnet, dass die Spielleitung jede:n einzelne:n Spieler:in im Kreis wahrnimmt, Blickkontakt zu ihm hat und eine individuelle Begrüßung ausspricht. Je kleiner die Kinder, desto wichtiger ist dieser kurze persönliche Moment. Nach dieser ersten Runde startet das Spiel mit einem Ritual, das jede Theaterstunde einleitet. Das kann ein Rhythmusspiel sein, ein körperbetontes Spiel oder ein Sprachspiel. Wichtig ist, dass das Ritual Raum für Variationen lässt, denn sonst besteht die Gefahr, dass es im Laufe der Zeit zu einer leeren Form gerät, die irgendwie erfüllt wird, aber keinen Spaß mehr macht. Die Kinder selbst sind oftmals sehr einfallsreich, wenn sie Spiele gut kennen und Lust auf etwas Neues haben (siehe Spiel Nr. 12). Scheuen Sie sich nicht, Ideen aufzunehmen, Veränderungen zuzulassen und auch wieder rückgängig zu machen, wenn sie nicht funktionieren. Es ist nichts in Stein gemeißelt.

Ein besonderer Moment ist die allererste Stunde mit Kindern, die noch nie Theater gespielt haben. In dieser Situation müssen wir immer damit rechnen, dass die Kinder zunächst nicht oder nur sehr zögerlich in das Spiel einsteigen.

Je jünger sie sind, desto höher ist die Wahrscheinlichkeit, vor allem dann, wenn Sie als Spielleitung für die Kinder fremd sind. In diesem Fall ist es wichtig, sich dem Zögern der Kinder nicht anzuschließen und nicht zu versuchen, sie mit Ermunterungen zu gewinnen. Das erzeugt nicht nur Stress, sondern verhindert auch, dass das Spiel Fahrt aufnimmt. Wählen Sie in dieser Situation stattdessen Spiele, die Sie zunächst auch alleine bestreiten können. Z. B. „Ein Juckreiz geht um" (Spiel Nr. 11): Statt den Juckreiz weiterzugeben, spielen Sie selbst mit ihm. Auch „Wo bist du?" (Spiel Nr. 3) kann zunächst ohne die Kinder umgesetzt werden und bringt viel Spaß. Früher oder später werden die Kinder garantiert in das Spiel einsteigen.

Die Spiele

1

Guten Morgen

Alter: Ab 2

Formation: Kreis

Was hier im Spiel ist: Körperausdruck, Bewegung, Sprache, Warm-up

➡ Alle sitzen im Kreis und sprechen gleichzeitig „Guten Morgen, guten Morgen, das Theater geht jetzt los!" Dazu klatschen sie im Sprachrhythmus in die Hände. Wenn die Spieler:innen den Spruch gut kennen, kann er in verschiedenen Variationen wiederholt werden – laut oder leise gesprochen, gestampft, auf die Schenkel gepatscht, mit den Zeigefingern gegen den Kopf getippt usw. statt geklatscht. Die Spielvarianten sind zahlreich und wenn die Kinder das Prinzip verstanden haben, lebt das Ganze von immer neuen Ideen, die gemeinsam umgesetzt werden.

Namensmuschel

2

Alter: Ab 2

Formation: Kreis

Was hier im Spiel ist: Namen lernen, Sprache

➡ Alle sitzen im Kreis. Die SL hat eine große Muschel dabei. Sie verkündet, dass diese Muschel eine ganz besondere ist, weil sie die Namen aller Anwesenden erraten kann: Wenn man sie sich dicht ans Ohr hält und alle ganz still sind, hört man, wie sie die Namen flüstert. Die SL hält sich die Muschel ans Ohr, nennt dann einen Namen und fragt etwa: „Haben wir hier im Kreis eine Anjali?“ Die SL wartet, bis die Spieler:innen bejahen und auf Anjali deuten bzw. bis Anjali sich selbst meldet. Dann lauscht sie wieder der Muschel und fragt dann den nächsten Namen ab. Auf diese Weise geht sie alle Namen durch.

Wenn das Spiel etabliert ist, können auch die Spieler:innen reihum die Muschel an ihr Ohr halten und einen Namen sagen.

Variation: Die SL nennt, nachdem sie der Muschel gelauscht hat, auch Namen, die zu keinem der Anwesenden gehören. Wenn die Kinder dann verneinen, zeigt sich die SL ratlos, erstaunt, verwirrt…, schüttelt die Muschel usw. und hält sie erneut an ihr Ohr, um zu testen, ob sie wieder „funktioniert“.

Wo bist du?

3

Alter: Ab 2

Formation: Kreis

Was hier im Spiel ist: Namen lernen, Warm-up

➡ Zu Beginn der Theaterstunde sitzen alle im Kreis. Statt die Spieler:innen zu begrüßen sagt die SL: „Wo ist eigentlich XX?“ (Nennt den Namen eines Kindes.) „XX, Wo bist du? Hast du dich etwa unter dem Teppich versteckt?“ Die SL schaut unter dem Teppich. Dann nennt sie noch andere Orte und sieht nach (hinter der Heizung, auf dem Regal, im Schlüsselloch…). Wird sie von den Kindern darauf hingewiesen, dass XX im Kreis sitzt, freut sie sich sehr, ihn/sie zu sehen und begrüßt ihn/sie. So wird mit allen Namen verfahren. Wenn die Spieler:innen sehr schnell auf das gesuchte Kind zeigen, wird die Aktion entweder abgekürzt oder mit einem „Was? Wo?"-Gestus einfach weitergespielt.

4

Die eigensinnige Zaubercreme

Alter: Ab 2

Formation: Kreis

Was hier im Spiel ist: Warm-up, Körperausdruck, Bewegung

➡ Dieses Spiel ist eine Erweiterung des Spiels „Zaubercreme" aus Marquardt/Jerg (2010. S. 116), das auf Birgit Thomas zurückgeht. In der ursprünglichen Version wird im Kreis eine imaginäre Zaubercreme verteilt, die alle zunächst zwischen den Händen reiben, bis diese ganz warm sind. Dann werden verschiedene Körperteile eingecremt, die die Spieler:innen vorher benennen. Nachdem das Spiel in mehreren Theaterstunden etabliert wurde, kann die SL die folgende Variation einführen: Sobald alle Kinder die Zaubercreme in den Händen haben, fängt die SL an, mit ihren ineinanderliegenden Händen, in denen sich die Zaubercreme befindet, zu wackeln und ein Schüttelgeräusch zu machen. Dann ruft sie: „Die Zaubercreme ist ganz unruhig heute. Sie will gar nicht bei mir bleiben." Im nächsten Moment reißt sie die Arme nach oben und schaut zur Decke und kommentiert: „Die Zaubercreme ist an die Decke gesprungen. – – Achtung sie kommt wieder zurück." Die SL folgt der herabsinkenden Zaubercreme mit dem Blick und einem „Aaaaahhhh", so lange, bis sie sie wieder aufgefangen hat. Nun werden die Zaubercremes aller Spieler:innen unruhig, springen an die Decke und werden von den Spieler:innen gleichzeitig wieder aufgefangen. In mehreren Durchgängen gespielt, sorgt dieses Spiel für beste Stimmung und stärkt das Imaginationsvermögen.

Früher oder später wird mit großer Wahrscheinlichkeit ein Kind den Impuls einbringen, dass die Zaubercreme an der Decke kleben bleibt, statt herabzusinken. Dann gibt es verschiedene Möglichkeiten, sie wieder nach unten zu holen. Z. B.: Jedes Kind organisiert sich eine imaginäre Leiter. Dann steigen alle gleichzeitig (ganz wichtig!) nach oben, schnappen sich ihre Zaubercreme und steigen gemeinsam wieder nach unten. Oder es wird die Feuerwehr angerufen (siehe Spiel Nr. 16).

Erweiterung: Bevor die Zaubercreme, auf welchem Weg auch immer, von der Decke geholt wird, lässt sich ein Emotionsspiel einfügen: Die SL schlägt vor die Zaubercreme herunterzurufen. Alle wenden den Blick nach oben und rufen: „Zaubercreme, komm herunter." Natürlich wird die Zaubercreme nicht so einfach kommen. Es folgen ein oder zwei weitere Versuche im Chor. Dann kommen verschiedene Emotionen ins Spiel. Die SL schlägt vor, die Zaubercreme sehr schmeichelnd zu bitten herunterzukommen. Oder alle werden ganz traurig und weinen, oder sie schimpfen laut mit der Zaubercreme. Wenn sie dann immer noch nicht kommt, wird zur Leiter gegriffen oder die Feuerwehr angerufen.

Hinweis: Dieses Spiel ist ein absoluter Garant für ein gelungenes Warm-up.

Der Geschmack der Zaubercreme

5

Alter: Ab 2

Formation: Kreis

Was hier im Spiel ist: Warm-up, Sprache

➡ Wenn die Zaubercreme als fester Bestandteil der Theaterstunden bei den Kindern etabliert ist, kann es interessant sein, eine weitere Spielvariation hinzuzufügen, indem die Zaubercreme gegessen wird: Die SL fragt die Kinder, ob heute alle zusammen die Zaubercreme essen wollen. Um diesen Moment groß zu machen, muss die SL so spielen, als ob hier etwas ganz Unerhörtes passiert. Die Zaubercreme essen, die doch eigentlich zum Eincremen da ist, das will schon zelebriert sein. Deshalb wird sie auch nicht einfach gegessen, sondern zunächst beschnuppert. Alle riechen gleichzeitig an der Zaubercreme, dann sagen die Kinder der Reihe nach, wonach ihre Zaubercreme riecht. Auf drei nehmen alle ein wenig von ihrer Zaubercreme und stecken sie in den Mund. Die SL fängt nun an, Laute von sich zu geben, so lange, bis die Kinder einsteigen und die Laute imitieren. Erfindet dann ein Kind selbst einen Laut, wird dieser sogleich übernommen. Wenn die Kinder zunächst nicht in die Imitation der Laute einsteigen, macht die SL so lange alleine Laute, wie die Kinder als Zuschauer:innen mitgehen. Dann schlucken alle auf drei die Zaubercreme runter.

6

Lirum larum lei

Alter: Ab 2

Formation: Kreis

Was hier im Spiel ist: Ritual, Bewegung, Sprache

➡ Am Ende der Theaterstunde setzen sich die Spieler:innen in einen Kreis, ballen die Hände zu Fäusten und setzen diese übereinander. Dann sagen alle gleichzeitig: „Lirum larum, lirum larum, lirum larum lei – das Theater ist vorbei.“ Dabei wird bei jedem „Lirum“ bzw. „Larum“ und dem „Lei“ die Position der Fäuste getauscht. Nach „Lei“ nehmen sich alle an den Händen und sagen, die Hände schüttelnd „Das Theater ist vorbei.“.

Wenn das Spiel gut etabliert ist, kann das „Liraum Larum“ beliebig oft wiederholt und das Sprech- bzw. Fäustewechseltempo bis zum Chaos erhöht werden. Die SL muss dann das „Lei“ mit großer Energie einbringen. Darauf folgt ein kurzes Freeze, dann geht es in ruhigem Tempo weiter.

Hinweis: Bei diesem Spiel handelt es sich um eine theatrale Abwandlung des bekannten Schlussritualverses „Nicke nacke Nuss – und jetzt ist Schluss.“.

7

Der goldene Theaterring

Alter: Ab 3

Formation: Kreis

Was hier im Spiel ist: Ritual, Bewegung

➡ Alle stehen im Kreis. Die SL macht darauf aufmerksam, dass im Kreis, direkt vor den Fußspitzen der Spieler:innen, ein großer, goldglänzender Ring liegt – der magische Theaterring. Alle Spieler:innen bücken sich nun gleichzeitig, schieben ihre Hände unter den imaginären Ring und heben ihn gemeinsam ganz langsam hoch, bis er sich über ihren Köpfen befindet. Auf ein Zeichen der SL bekommt er einen sanften Stoß und schwebt nach oben bis zur Decke. Dort bleibt er bis zum Ende der Theaterstunde oder bis zum Ende einer Theatereinheit. Dann wird er vorsichtig wieder heruntergeholt.

Hinweis: Dieses sehr atmosphärische Spiel lernte ich bei Roland Gelfert an der Theaterwerkstatt Heidelberg kennen.

He, hu, ha

8

Alter: Ab 4

Formation: Kreis

Was hier im Spiel ist: Namen lernen, Körperausdruck, Impuls aufgreifen

→ Alle sitzen im Kreis. Die Hände werden zu Fäusten geballt, die Zeigefinger zeigen nach vorne. Dann rufen alle laut „He" und bewegen die Fäuste mit den gestreckten Zeigefingern nach rechts. Auf „Hu" geschieht dasselbe nach links. Mit einem „Ha" werden die Arme über den Kopf gestreckt. Dann gehen sie nach vorne, die Finger zeigen auf jemanden im Kreis und alle rufen dazu: „Der XX, der ist da."

Der ganze Spruch lautet also: „He! Hu! Ha! Die Mara, die ist da." (Bei dreisilbigen Namen ohne Artikel.) Reihum werden so alle Spieler:innen benannt. Das Spiel ist ein echter Muntermacher, weil sich durch die kurzen Rufe, die aktivierenden Bewegungen und den Rhythmus des Spruches eine hohe Dynamik ergibt.

Hinweis: Abwandlung des gleichnamigen Theaterstandardspiels.

9 Begrüßung mit Früchtenamen

Alter: Ab 4

Formation: Kreis

Was hier im Spiel ist: Warm-up, Sprache, Ausdruck von Emotionen

➡ Am Beginn der Theaterstunde sitzen alle im Kreis. Die SL winkt in die Runde und sagt freundlich: „Hallo, du Banane." Dies wiederholt sie so lange, bis die Spieler:innen einsteigen und gemeinsam mit einem Winken die anderen als Banane begrüßen. Sobald ein Kind einen anderen Früchtenamen ins Spiel bringt, greift die SL diesen auf und alle begrüßen sich mit dem neuen Namen. Wenn kein Kind einen anderen Vorschlag macht, bringt die SL selbst einen neuen Früchtenamen ein. Im Verlauf des Spiels wechselt die SL dann den Tonfall und fragt scheinbar erbost: „Habt ihr mich gerade als Banane bezeichnet???" Wenn die Kinder bejahen, fährt sie im gleichen Tonfall fort: „Dann sage ich euch jetzt mal, was ihr seid – ihr Kiwis." Das ist der Wendepunkt, an dem alle anfangen, sich mit Früchtenamen zu beschimpfen, wohl wissend, dass alles nur Spaß ist. Vor Spielende dreht die SL das Spiel wieder in eine freundliche Begrüßung, damit das Ganze in einer positiven Emotion endet.

Hinweis: Dieses Spiel ist für Gruppen geeignet, die schon gemeinsam Theatererfahrung gesammelt haben. Es ist inspiriert von dem Spiel „Obst und Gemüse" von Edda Holl (Holl (2011), S. 29).

10 Ich heiße und ich mache

Alter: Ab 4

Formation: Kreis

Was hier im Spiel ist: Namen lernen, Sprache, Bewegung

➡ Alle Spieler:innen stehen im Kreis. Spieler:in A sagt: „Ich heiße A und ich mache…" Dann macht er/sie eine Bewegung. Daraufhin wiederholen die anderen Spieler:innen im Chor: „Du heißt A und du machst…" und imitieren die Bewegung. So geht es reihum, bis alle sich mit ihrem Namen und einer Bewegung vorgestellt haben.

Hinweis: Theaterstandardspiel

Ein Juckreiz geht um 11

Alter: Ab 4

Formation: Kreis

Was hier im Spiel ist: Warm-up, Körperausdruck, Bewegung

➡ Zu Beginn der Theaterstunde sitzen alle im Kreis. Die SL fängt an, sich am Bein oder am Arm zu kratzen und erzählt, dass sie seit heute früh von einem Juckreiz verfolgt wird. Sie spielt, dass dieser immer intensiver und lästiger wird, dann packt sie ihn mit der Hand und setzt ihn dem Kind neben sich auf Arm, Bein oder Kopf usw. Das Kind fängt nun an, sich an dieser Stelle zu kratzen. Dann packt es den Juckreiz ebenfalls und setzt ihn dem Kind neben sich irgendwohin. So geht es immer weiter. Um das Unwesen des Juckreizes zu beenden, kann er vor die Tür gesetzt oder zum Fenster hinausgeworfen werden.

Rückwärts spielen 12

Alter: Ab 4

Formation: Kreis

Was hier im Spiel ist: Ritual

➡ Dieses Spiel entstand in Gruppen, die schon länger zusammen Theater spielten. Irgendwann kam es vor, dass ein Kind oder mehrere Kinder zu Beginn der Theaterstunde das Abschlussritual machten. Ich fragte, ob sie heute rückwärts spielen würden, was sie mit einem begeisterten „Jaaa!" quittierten. In der

Tat ist es sehr spaßig, den bekannten und eingeübten Rahmen der Theaterstunde zu durchbrechen: Alle sitzen im Kreis. Die SL schickt die Kinder zur Tür, bleibt selbst sitzen und ruft dann beispielsweise: „Tschüss Kinder. Bis nächste Woche." Die Kinder rufen das „Tschüss" zurück, kommen dann schnell in den Kreis und machen ihr übliches Abschlussritual. Die Theaterstunden verläuft dann „normal", und am Ende machen alle das Beginnritual und die übliche Begrüßung.

Hinweis: Dieses Spiel ist nur mit etwas älteren Kindern sinnvoll, wenn Beginn- und Abschlussrituale gut etabliert sind.

Aus der Praxis

Mit einer Gruppe vier- bis sechsjähriger Mädchen und Jungen spielte ich über mehrere Monate hinweg einmal wöchentlich Theater. Zu Beginn der ersten Stunde hatte ich die Zaubercreme (Spiel Nr. 4) eingeführt, um sie als Anfangsritual zu etablieren. In den folgenden Stunden verteilten wir sie reibend und klopfend ausgiebig auf verschiedenen Körperteilen, um anschließend in das Spiel einzusteigen. Mit der Zeit merkte ich, dass der Elan vor allem bei den Älteren nachließ, weshalb ich das Tempo beim Einreiben steigerte und das Ritual dadurch verkürzte. Als sich auch diese Spielart verbrauchte, beschloss ich, die Zaubercreme in den folgenden Stunden wegzulassen und nach einer Begrüßungsrunde direkt in das gerade aktuelle Thema (Reise in verschiedene Landschaften) einzusteigen. Nach drei Wochen merkte der vierjährige Matteo vorwurfsvoll an: „Wir machen ja gar nicht mehr die Zaubercreme." Ich reagierte etwas verhalten, weil ich mir nicht sicher war, ob ich die Sechsjährigen noch einmal dafür gewinnen konnte. Während ich kurz überlegte, sagte Eric, der älteste Junge: „Meine Zaubercreme ist in der Nase" und zog die imaginäre Zaubercreme mit langen Armbewegungen aus seiner Nase. Die anderen brachen in Begeisterungsrufe aus und taten es ihm nach. In diesem Moment wurde das Ritual in variierter Form wiederbelebt, wobei das Herausziehen der Creme aus Nase, Ohren, Augen und Mund in den darauffolgenden Wochen zur Hauptattraktion des Spiels wurde.

3. Körperausdruck – Körperhaltung – Bewegung

Bei Theaterspielen zum Thema „Körperausdruck" geht es zum einen darum, dass Kinder sich in ihrer eigenen physischen Präsenz wahrnehmen und stärken und zum anderen ihr Bewegungsrepertoire kennenlernen und erweitern.

Beides bildet die Voraussetzung dafür, sich auf körperlicher Ebene in vielfältiger Weise bewusst ausdrücken zu können. Dabei kommt uns im Theater die Spieler:in-Zuschauer:in-Situation entgegen: Die Kinder probieren nicht nur ihre eigenen Bewegungsmöglichkeiten aus, sondern sehen auch die Spielleitung und die übrigen Spieler:innen mit ihrem Bewegungsrepertoire. Das ermöglicht ihnen, andere nachzuahmen und dadurch neue Bewegungsabläufe und Verhaltensweisen zu erlernen. Ein Auftritt von einer Gruppe Vierjähriger mag dies veranschaulichen: Das von den Kindern selbstgewählte Thema des Auftritts war, einen hungrigen Tiger darzustellen, der ein Stück Fleisch frisst. Fünf Kinder spielten nacheinander nach demselben Schema: Auf das Fleisch zurennen – sich darauf stürzen – den Mund aufreißen – wilde Fressgeräusche machen. Das sechste Kind schlich sich an, schaute sich um, beschnupperte das Fleischstück, biss vorsichtig hinein und trug es weg. Danach wollten alle Kinder diesen Vorgang nachspielen. In einem solchen Moment bekommen die Kinder nicht nur ein Bewusstsein dafür, dass ein und dieselbe Situation grundsätzlich unterschiedlich dargestellt werden kann, sondern lernen auch, dass differenzierte Vorgänge differenzierte Bewegung benötigen, damit sie von Zuschauenden verstanden werden. Dazu dienen die Spiele zu Körperausdruck, Haltung und Bewegung, denen folgende Prinzipien zugrunde liegen:

- **Wechselnde Bewegungsarten:** Die Spieler:innen wechseln innerhalb eines Spiels mehrmals die Bewegungsart und erfahren dabei gemeinsam, dass Bewegung gestaltbar ist, um unterschiedliche Figuren und Situationen zu kreieren bzw. verschiedene Aspekte einer Figur oder Situation darzustellen (siehe fleischfressender Tiger).
- **Standbilder:** Im Standbild wird eine Bewegung oder Haltung für einen Moment eingefroren, sodass für die Zuschauer:innen ein Bild entsteht. In dieser sehr klaren Form können Figuren, Objekte, Gefühle und Beziehungen dargestellt werden. Die Spieler:innen haben dabei die Möglichkeit, sich in ihrer gewählten Haltung wahrzunehmen und ihr nachzuspüren, während die Zuschauer:innen Zeit haben, sich das Bild anzuschauen und sich eine Meinung dazu zu bilden.
- **Wechsel von Ruhe und Bewegung:** Spiel lebt vom Wechsel zwischen Ruhe und Bewegung. Die Bewegung entsteht aus der Ruhe und die Ruhe erzeugt die Spannung für die folgende Bewegung. Für beides muss ein Bewusstsein entwickelt werden. Das geschieht besonders dann, wenn der Gegensatz unmittelbar spürbar wird, wenn etwa schnelle Bewegung, die mit Geschrei verbunden ist, schlagartig eingefroren wird. Die Stille, die so entsteht, öffnet einen viel größeren Wahrnehmungsraum als eine gleichbleibend ruhi-

ge Situation. Ebenso ist es mit der Bewegung nach der Stille. Wenn sieben Spieler:innen aus der absoluten Stille in eine hochdynamische körperliche Aktion treten, erleben sie die Wirkung um ein Vielfaches stärker und bewusster.

Die Spiele

13

Der verflixte Wecker

Alter: Ab 2

Formation: Kreis oder Raum

Was hier im Spiel ist: Körperausdruck, Bewegung, Impulse aufgreifen

➡ Die Spieler:innen sitzen entweder im Kreis oder im Raum verteilt. Die SL gibt vor, sehr müde zu sein. Sie gähnt lautstark, sackt etwas in sich zusammen und legt sich schließlich auf den Boden. Bevor sie endgültig einschläft, fällt ihr ein, dass sie noch den Wecker stellen muss. Sie setzt sich wieder hin, greift nach ihrem imaginären Wecker und stellt ihn auf eine bestimmte Uhrzeit ein, was sie verbal kommentiert. Dann weist sie die Spieler:innen darauf hin, dass sie ebenfalls einen Wecker stellen, und legt sich mit ihnen auf den Boden. Alle schnarchen lautstark. Irgendwann imitiert die SL ein Weckergeräusch. Alle setzen sich schlagartig auf und hauen mit der Hand auf den imaginären Wecker, damit das Klingeln aufhört. Dann gähnen sie, legen sich wieder auf den Boden, weil sie sooooo müde sind, und schnarchen, bis die SL wieder das Weckergeräusch initiiert, damit sich alle schnell aufsetzen. So geht es mehrere Runden.

Hinweis: Dieses Spiel lässt sich gut am Ende einer Spielfolge verwenden oder jederzeit einsetzen, wenn in einer Geschichte geschlafen wird. Oder, wenn die Spieler:innen müde und kurz davor sind, aus dem Spiel auszusteigen.

Die rote Ampel

14

Alter: Ab 2

Formation: Raum

Was hier im Spiel ist: Körperausdruck, Bewegung

➡ Alle Spieler:innen sind im Raum mit einem von ihnen ausgewählten imaginären Fahrzeug unterwegs. Wenn die SL „Rot!“ ruft, müssen die Autos anhalten, sprich alle sofort ins Freeze gehen. Wenn sie „Grün!“ ruft, bewegen sich alle wieder durch den Raum, bis das nächste „Rot!“ ertönt, usw.

Erweiterung: Möglich ist auch, dass die Fahrzeuge an einen Bahnübergang kommen. Die SL nimmt die Arme nach oben, ruft „Bahnübergang!“, alle gehen ins Freeze, sie führt die Arme mit einem Geräusch seitwärts nach unten wie eine Schranke. Dann macht sie das Geräusch eines fahrenden Zuges, führt die Arme wieder nach oben und die „Fahrt“ geht weiter.

Hinweis: „Die rote Ampel“ ist eine kindgerechte Version des Theaterstandardspiels „Stop and go“, das auf dem Wechsel von Raumlauf und plötzlichem Freeze aller Spieler:innen beruht.

Das Zauberpflaster

15

Alter: Ab 2

Formation: Kreis

Was hier im Spiel ist: Körperausdruck, Sprache

➡ Alle Spieler:innen haben eine imaginäre Verletzung, die sie den anderen zeigen. Für eine schnelle Heilung kann nur ein magisches Pflaster helfen. Dieses wird mit einem Zauberspruch (etwa „Eins, zwei, drei, Zauberpflaster komm herbei“) hergezaubert. Um den magischen Moment des Zauberns zu vergrößern, empfiehlt es sich mehrere Zauber-Durchgänge zu machen. Der erste Durchgang dient dem Üben des Zauberspruches, beim zweiten wird gezaubert, aber es taucht kein Zauberpflaster auf, weil der Spruch nicht magisch genug gesprochen wurde. Beim dritten Versuch wird der Spruch ganz „magisch“ gesprochen und mit Gesten begleitet und dann haben plötzlich alle im Kreis ein Zauberpflaster, das jedes Kind in Größe, Farbe und Form beschreibt. Danach wird es auf die Wunde geklebt.

Hinweis: Dieses Spiel lässt sich gut mit dem Spiel „Das große Aua“ (Nr. 47) verbinden und natürlich in Geschichtenkontexten mit Verletzungen aller Art verwenden.

16 Bei der Feuerwehr

Alter: Ab 2,5

Formation: Kreis, Raum

Was hier im Spiel ist: Körperausdruck, Bewegung, Sprache

➡ Die Spieler:innen sind ein Team von Feuerwehrleuten. Sie sitzen im Kreis in ihrer Feuerwache und machen Frühstückspause. Alle sagen reihum, was sie zum Frühstück mitgebracht haben und legen es vor sich hin. Dann fangen sie gemeinsam an zu frühstücken. Doch gerade als sie den ersten Bissen getan haben, klingelt das Telefon (initiiert durch die SL). Alle hören auf zu essen und holen ihr Handy aus der Hosentasche. Die SL beginnt zu sprechen und greift dabei auch Ideen von Spieler:innen auf: „Was, wie bitte? – Aha, das Haus brennt. Jawoll. Wir kommen. Wie ist Ihr Name? – Müller? Ja, – schon unterwegs.“ Die Feuerwehrleute lassen alles stehen und liegen und ziehen sich an, wobei die Spieler:innen Vorschläge machen, was in welcher Reihenfolge angezogen wird (Helm, Handschuhe, Hose, Jacke usw.). Wichtig ist, dass alle gleichzeitig das jeweilige imaginäre Kleidungsstück anziehen. Auch die folgenden Aktionen werden gleichzeitig ausgeführt: Zum Feuerwehrauto rennen, Türe öffnen und einsteigen, Türe zu machen, anschnallen. Dann fahren alle los, indem sie durch den Raum laufen. Zuerst langsam, dann immer schneller mit lauten Tatütata. Wenn sie am Brandort angekommen sind, erfolgt wieder gleichzeitig die Aktion Abschnallen, Tür öffnen, aussteigen, Tür zuschlagen. Dann wird das Feuer kurz begutachtet, um sogleich den großen Feuerwehrschlauch aus dem Auto zu ziehen. Alle stellen sich mit ihrem Schlauch in eine Reihe. Auf drei wird „Wasser marsch“ gerufen und mit zischenden Geräuschen das Feuer gelöscht. Wenn dies gelungen ist, verabschieden sich die Feuerwehrleute, steigen wie gehabt in ihr Feuerwehrauto und fahren zurück. Dann setzen sie ihr Frühstück fort. Aber gerade als sie den ersten Bissen essen, klingelt das Telefon wieder und das Spiel beginnt mit gleicher oder anderer Problemstellung (Katze vom Baum holen, Auto aus dem See bergen…) von vorne. So können mehrere Aktionen aneinandergereiht werden.

Nach dem letzten Ereignis des Tages, sind die Feuerwehrleute so müde, dass sie schlafen gehen müssen.

Variation: Das Spiel beginnt nicht bei der Feuerwehr, sondern damit, dass das brennende Objekt entdeckt wird und die Feuerwehr gerufen werden muss. Bei dieser Variante nehmen die Spieler:innen einen Rollenwechsel vor.

Hinweis: Das Spiel lebt vom Wechsel zwischen der kurzen ruhigen Frühstückssituation und der Action, wenn der Brand gelöscht wird. Für ältere Kinder ist es dabei sehr witzig, wenn sich bei jedem Anruf das Tempo steigert. Zweijährige hingegen spielen einen Vorgang oftmals so ausgiebig, dass eine Wiederholung auch zu viel sein kann.

Die freche Hand 17

Alter: Ab 3

Formation: Kreis

Was hier im Spiel ist: Körperausdruck, Ausdruck von Emotionen

➡ Alle sitzen im Kreis. Die SL beginnt, den Spieler:innen irgendetwas zu erzählen. Plötzlich haut sie sich mit einer Hand auf den Schenkel oder den Arm. Sie unterbricht ihre Rede abrupt, schaut auf die Hand und fängt an, mit ihr zu schimpfen. Die Hand haut wieder auf den Arm o. ä., die SL schimpft wieder. Die Hand führt also quasi ein Eigenleben und macht freche Sachen, während die SL versucht, dies ermahnend, schimpfend oder bittend zu unterbinden. Dann fragt sie: „Macht eure Hand das auch?“, und die Kinder steigen in das Spiel ein. Dabei werden immer neue Sachen entdeckt, die die Hand macht (wild am Kopf kratzen, kitzeln, ohrfeigen...). Um das Spiel zu beenden, gibt es am Ende eine ganz strenge Ermahnung für die Hand.

18

Oh ja!

Alter: Ab 4

Formation: Kreis

Was hier im Spiel ist: Körperausdruck, Bewegung, Ausdruck von Emotionen

➡ Alle stehen im Kreis. Die SL ruft voller Begeisterung: „Lasst uns auf einem Bein stehen!" Die Spieler:innen rufen in derselben Begeisterung: „Oh ja!!! Lasst uns auf einem Bein stehen". Dann stehen alle auf einem Bein. Die SL macht weitere Vorschläge (auf alle Viere gehen, sich am Kopf kratzen, bellen wie ein Hund, den großen Zeh zur Nasenspitze führen usw.), die von allen mit „Oh ja!!" quittiert und umgesetzt werden.

Damit sich der Spaß einstellt, braucht es ein hohes Tempo und die SL muss ihre eigene (echte!) Begeisterung auf die Spieler:innen übertragen. Wenn das Spiel gut läuft, machen auch die einzelnen Spieler:innen Vorschläge, die jeweils von allen umgesetzt werden.

Hinweis: Theaterstandardspiel, ein echter Muntermacher und Stimmungsaufheller.

19

Das Würfelspiel

Alter: Ab 3

Formation: Kreis

Was hier im Spiel ist: Körperausdruck

➡ Alle Spieler:innen sitzen im Kreis. In der einen Hand halten sie einen imaginären Becher, in der anderen einen imaginären Würfel. Alle legen gleichzeitig ihren Würfel in den Becher, halten diesen mit der freien Hand zu, schütteln ihn und imitieren stimmlich das Schüttelgeräusch mit „dagdagdagdagdag…". Auf einen Impuls, den die SL setzt, hören alle auf zu schütteln und stürzen dann ihren Becher auf drei gleichzeitig auf den Boden, d. h. die Hand, die den Becher hielt, wird auf den Boden gesetzt. Auf drei heben alle den Becher, also die Hand, gleichzeitig hoch und schauen ihren Würfel an. Dann sagen reihum alle Spieler:innen, welche Zahl sie gewürfelt haben.

Variation: Man kann auch einen Farb- oder Bilderwürfel in den Becher legen, oder noch spezifischer einen Tier-/Pflanzen-Würfel.

Der Zauberstuhl

20

Alter: Ab 3

Formation: Kreis, Raum

Was hier im Spiel ist: Körperausdruck, Bewegung

➡ Alle Spieler:innen sitzen im Kreis. Gemeinsam mit der SL zaubern sie einen imaginären Stuhl in die Kreismitte („Abra kadabra, von hoch oben, kommt ein neuer Stuhl geflogen!" oder „Rückenlehne, Sitz, vier Beine – zeig dich, Stuhl, nun und erscheine!" o. ä.). Dabei deutet die SL mit den Händen an, wie der Stuhl von oben herabschwebt und in der Kreismitte landet. Dieser wird ausgiebig betrachtet, alle beschreiben reihum die Farbe und die Größe des Stuhls. Nun nimmt die SL auf dem Stuhl Platz, fühlt sich sichtbar wohl und beschreibt begeistert, wie bequem er ist. Dann steht sie auf und reihum probieren alle, wie es ist, auf dem Stuhl zu sitzen. Wenn alle dran waren, setzt sich die SL wieder auf den Stuhl. Aber dieses Mal fängt er an zu wackeln, steigert sich vielleicht sogar bis hin zum Schwanken, und wenn die SL aufsteht, hüpft sie z. B. wie ein Frosch. Alle Spieler:innen, die sie berührt, fangen ebenfalls an, wie Frösche zu hüpfen, solange, bis die SL sich wieder auf den Stuhl setzt. Dann macht sie Platz für den/die nächste:n Spieler:in. Sobald er/sie sich setzt, beginnt das Wackeln, und wenn er/sie aufsteht, läuft er/sie etwa wie ein Hund, usw.

21

Der unbewegte Ball

Alter: Ab 4

Formation: Kreis

Was hier im Spiel ist: Körperausdruck, Bewegung

➡ Alle Spieler:innen stehen in einem großen Kreis. In der Mitte des Kreises liegt ein Ball (ideal ist ein Stoffball, weil dieser nicht so schnell wegrollt). Auf drei rennen alle ganz schnell zu dem Ball und berühren ihn mit dem Zeigefinger. Der Ball darf sich dabei nicht bewegen. Dann gehen alle wieder auf ihren Platz und die Aktion beginnt von vorne. Nach einigen Wiederholungen wird der Körperteil gewechselt: Die Spieler:innen berühren den Ball mit den Zehenspitzen, oder schwieriger: mit dem Knie oder dem Ellenbogen usw.

Hinweis: Theaterstandardspiel. Wichtig ist hier die Wahrnehmung des Unterschiedes zwischen dem schnellen Laufen und der Ruhe, mit der die Berührung des Balles ausgeführt werden muss, damit er liegen bleibt.

22

In fünf Schritten zum Boden

Alter: Ab 4

Formation: Raum

Was hier im Spiel ist: Körperausdruck, Bewegung

➡ Alle Spieler:innen stehen im Raum verteilt mit großem Abstand zu den anderen. Die SL zählt nun von fünf rückwärts bis eins, wobei alle bei jeder Zahl ein bisschen mehr in die Tiefe gehen, bis sie bei „eins“ flach am Boden liegen. Dann geht es von eins bis fünf wieder zurück in den Stand. Im nächsten Schritt passiert dasselbe in vier Abschnitten, dann in drei und zwei Abschnitten und im letzten Schritt schließlich in einem Abschnitt, d. h. wenn die SL „eins“ sagt, müssen sich alle schlagartig auf den Boden legen.

Hinweis: Bei diesem Spiel handelt es sich um ein Theaterstandardspiel, das üblicherweise in zehn Schritten beginnt. Das ist für Kinder in diesem Alter nach meiner Erfahrung zu langwierig und auch zu anstrengend. Aber einen Versuch ist es natürlich immer wert…

Eine menschliche Maschine bauen

23

Alter: Ab 4

Formation: Bühne

Was hier im Spiel ist: Körperausdruck

➡ Alle Spieler:innen sitzen vor der Bühne in einer Reihe. Spieler:in A steht auf, stellt sich auf die Bühne, nimmt eine Haltung ein und macht irgendeine sich wiederholende Bewegung und ein dazu gehörendes Geräusch. Beides wiederholt er/sie in einer Endlosschleife. Das ist der erste Baustein der Maschine. Spieler:in B geht auf die Bühne, positioniert sich zu A, ebenfalls mit Haltung, Bewegung und Geräusch. Dann kommt Spieler:in C dazu, usw.

Vereinfachung oder Vorübung: Die Kinder denken sich im Kreis oder in der Reihe stehend drei sich wiederholende Bewegungen samt Geräuschen aus, die alle gemeinsam nacheinander ausführen.

Hinweis: Theaterstandardspiel. Es ist recht anspruchsvoll, funktioniert aber sehr gut, wenn es eine inhaltliche Motivation für den Bau einer Maschine gibt (vgl. Praxisbeispiel „Dornröschen“ in Kapitel V.3.1).

24

Der magische See

Alter: Ab 4

Formation: Kreis

Was hier im Spiel ist: Körperausdruck, Ausdruck von Emotionen

➡ Die Spieler:innen sitzen im Kreis und stellen sich gemeinsam einen wunderschönen blauen See mit spiegelglatter Oberfläche vor, so glatt, dass alle ihr Spiegelbild darin erblicken und bewundern können. Aber plötzlich macht der See seltsame Geräusche samt wilden Bewegungen (mit den Händen sichtbar machen) und verändert seine Farbe. Der Reihe nach nennen die Spieler:innen die Farbe, die der See jetzt hat. Die SL schaut daraufhin als erste wieder in den See, erblickt aber nicht sich selbst, sondern etwas anderes (Teufel, Hexe, Monster, Kaktus…), was sie mit einem Schreckensschrei kommentiert. Dann schauen alle nacheinander in den See, erschrecken dabei und benennen das Lebewesen oder das Objekt, das sie als Spiegelbild sehen. Die anderen kommentieren dies ebenfalls mit Erstaunen bis Erschrecken. Dann stellt reihum jede:r Spieler:in das benannte Objekt bzw. Wesen als Standbild dar.

25

Der Dino aus dem Ei

Alter: Ab 4

Formation: Kreis, Raum

Was hier im Spiel ist: Körperausdruck, Bewegung

➡ Alle Spieler:innen sitzen im Kreis. Sie SL beschreibt ein sehr großes imaginäres Ei in der Mitte des Kreises und zeigt seine Größe mit den Händen. Dieses Ei ist kein gewöhnliches Ei, sondern ein Dino-Ei. Reihum benennt nun jede:r Spieler:in die Farbe des Eis. In dem Ei ist ein Baby-Dino, und wenn alle ganz leise sind, hört man ein kratzendes Geräusch (das die SL macht). Alle klopfen vorsichtig an das Ei und bei jedem Klopfen wiederholt sich das Geräusch. Die SL moderiert, dass das Geräusch bedeutet, dass der Dino aus dem Ei heraus möchte, aber noch nicht weiß, wie. An dieser Stelle wird ein Perspektivwechsel vollzogen. Alle Spieler:innen verwandeln sich in den kleinen Dino in seinem Ei. Sie machen sich ganz klein und rund und versuchen das Ei zu sprengen, indem sie mit einem Ellenbogen nach außen stoßen, dann mit dem anderen, schließlich mit den Füßen. Irgendwann macht die SL „Kkkkrrrrr" – das Ei wird gesprengt und der kleine Dino ist auf der Erde gelandet. Nun wird gespielt, wie der Dino anfängt, sich selbst zu entdecken. Er sieht eine Hand (alle schauen ihre Hand an) und er freut sich riesig. Er zählt seine Finger, betrachtet die Nägel, fasst sich mit der Hand ins Gesicht, entdeckt hocherfreut Nase, Mund, Augen und Haare. Auf diese Weise erkundet er seinen ganzen Körper. Dann bewegt er die Extremitäten, stellt irgendwann fest, dass er sich fortbewegen kann, krabbelt, geht in die Hocke, wird größer und größer, steht, hebt die Beine nacheinander und stellt dabei fest, dass er laufen kann. Die Spieler:innen machen Vorschläge, in welchen Gangarten er sich fortbewegen kann, und probieren es aus. Irgendwann bekommt er Hunger. Alle Spieler:innen laufen daraufhin weiter als Dino durch den Raum und suchen etwas zu essen. Dann treffen sich alle Dinos (= Spieler:innen) im Kreis und beschreiben, was sie gefunden haben. Nacheinander wird alles gegessen, wobei der Dino erst lernen muss, wie es funktioniert. So wird etwa eine Banane zuerst mit der Schale gegessen, bis er kapiert, dass diese weg muss. Auf diese Weise probiert er sich durch alle Essenssachen durch und entscheidet, was ihm schmeckt und was nicht. Schließlich wird er ganz müde und sucht sich eine Höhle, wo er wohnen kann. Dort lässt er sich nieder und schläft schnarchend ein.

Erweiterung: Der Moment nach dem Perspektivwechsel kann auch ausführlicher gestaltet werden, indem die SL so viele Kreise wie Spieler:innen auf den Boden zeichnet. Jede:r Spieler:in legt sich als Dino in einen der Kreise. Bevor er nun das Ei „sprengt", imaginiert jede:r für sich, wie er/sie wohl als Dino aussehen wird. Die SL hilft dabei mit Fragen: Wie groß bist du? Wie eine Katze? Wie ein Elefant? Wie ein Hochhaus? Welche Farbe hast du? Eine oder mehrere? Hast du Federn? Oder Stacheln? Hast du Füße oder Krallen? Usw.

26

Von Sonnenplatz zu Sonnenplatz

Alter: Ab 4

Formation: Raum

Was hier im Spiel ist: Körperausdruck, Bewegung

➡ Alle Spieler:innen sitzen in einer Reihe am Rand der Spielfläche mit Blick in den Raum. Jede:r bekommt von der SL ein Springseil. Nacheinander suchen sich alle ihren Sonnenplatz im Raum. An diesem Platz legen sie ihr Springseil in eine geschlossene Form, die ihnen gefällt, und stellen sich hinein. Auf Ansage der SL räkeln sich alle, stehen mit ausgestreckten Armen auf Zehenspitzen, beugen sich nach vorne, setzen sich schließlich hin und schauen zu den anderen Sonnenplätzen. Dann sagt die SL z. B.: „Jetzt fliegen wir alle wie ein Schmetterling." Alle stehen auf, verwandeln sich in einen Schmetterling und „fliegen" durch den Raum. Wenn die SL klatscht, müssen alle so schnell wie möglich zu ihrem Sonnenplatz zurück. In weiteren Runden werden neue Bewegungsqualitäten ausprobiert (laufen, als ob man durch Honig geht, schleichen, als ob einem ein gefährliches Tier auflauert, rennen, als ob der Boden ganz heiß ist usw.).

27

Im Museum

Alter: Ab 4

Formation: Raum, Bühne

Was hier im Spiel ist: Körperausdruck, Bühnenauftritt

➡ Die Spieler:innen sind in einem Museum unterwegs und schauen sich imaginäre Bilder an. Nacheinander zeigen alle auf ein Bild und erzählen den anderen, was darauf zu sehen ist. Dann setzen sich alle in eine Reihe. Auf dem Boden wird ein Bilderrahmen (=Auftrittsstelle) markiert und die SL macht einen Themenvorschlag: „Wir sind jetzt im Raum mit den Früchtebildern (Gemüse, Tiere, Monster, Küchengegenstände…)." Jedes Kind stellt dann in einem

Standbild eine Frucht seiner Wahl dar und die anderen betrachten das Bild, das jeweils durch einen Klatsch der SL aufgelöst wird. Wenn alle dran waren, geht es in den nächsten Raum mit Bildern zu einer anderen Thematik.

Hinweis: Mit diesem Spiel lässt sich ganz „unauffällig" eine Spieler:in-Zuschauer:in-Situation etablieren. Voraussetzung ist, dass die Kinder schon einmal in einem Museum waren.

Bilderdieb:innen

28

Alter: Ab 4

Formation: Raum

Was hier im Spiel ist: Körperausdruck, Bewegung

➡ Des Nachts, wenn alle Museumsbesucher weg sind, schleichen sich die Bilderdieb:innen ins Museum. Zunächst besprechen die Spieler:innen, wie sie als Dieb:innen in das Museum hineinkommen (durch ein offenes Fenster, durch die Tür, die mit imaginärem Werkzeug geöffnet wird usw.). Dann dringen sie dort ein, um das kostbarste aller Bilder zu finden. In jedem Raum, der durchschritten wird, gibt es eine Alarmanlage, die umgangen werden muss, z. B. mit riesigen Schritten, Hüpfen, Zickzacklaufen usw. Jede:r Spieler:in macht einen Vorschlag dazu und dann laufen alle in dieser Weise durch den Theaterraum, respektive Museumsraum. Wenn alle einmal dran waren, kommt der letzte Raum, in dem sich das kostbarste aller Bilder befindet. Die SL schlägt die Gangart vor, und wenn alle loslaufen, geht plötzlich die Alarmanlage los, was die SL mit einem Geräusch initiiert. Sofort müssen sich alle Dieb:innen in ein Kunstwerk verwandeln, um nicht aufzufallen, denn schon kommt der Museumswächter, der von der SL dargestellt wird. Er läuft zwischen den Kunstwerken herum, und wenn ihm nichts Verdächtiges auffällt, kehrt er den Kunstwerken den Rücken zu, um den Raum zu verlassen. Die Kunstwerke fangen an sich zu bewegen, der Wächter dreht sich blitzartig wieder um und alle gehen sofort wieder in ihre Kunstwerk-Haltung. Wenn der Wächter ihnen dann wieder den Rücken zudreht, bewegen sie sich wieder, usw. Dann kann auch eines der Kinder die Rolle des Wächters übernehmen. Am Ende überlegen alle gemeinsam, wie man den Wächter überlisten könnte, und spielen verschiedene Vorschläge.

Hinweis: Dieses Spiel hat gleich zwei Ausdrucksaspekte: Zum einen geht es darum, verschiedene Gangarten auszuprobieren und andere Kinder zu imitieren, zum anderen kann der schlagartige Wechsel zwischen Bewegung und Freeze erprobt werden, was gar nicht so einfach ist, weil die Situation natürlich zum Lachen animiert. Dennoch funktioniert es sehr gut, und es ist immer wieder beeindruckend, wie schnell Kinder gemeinsam in den Wechseln reagieren.

Das Spiel lässt sich an Spiel Nr. 27 anschließen.

29

Ein Zimmer einrichten

Alter: Ab 4

Formation: Bühne

Was hier im Spiel ist: Körperausdruck

➡ Die Spieler:innen bilden vor ihrer Bühne eine Zuschauer:innenreihe. Gemeinsam beschreiben sie ein imaginäres Haus oder eine Wohnung mit verschiedenen Zimmern. Diese gilt es nun nacheinander einzurichten: Die Spieler:innen einigen sich dafür auf einen Raum. Dann fragt die SL, welche Gegenstände bzw. welche Möbel es in diesem Raum gibt. Diese werden von den Kindern auf der Bühne als Standbilder dargestellt. Im Schlafzimmer etwa stellt ein Kind ein Bett dar, ein anderes einen Schrank oder eine Stehlampe, ein weiteres vielleicht eine Bettdecke oder einen Teppich usw. Die SL hilft bei der Anordnung der „Gegenstände". Wenn der Raum komplett eingerichtet ist, schießen die übrigen Zuschauer:innen oder die SL ein imaginäres Foto. Auf einen Klatsch der SL löst sich die Formation auf und ein neuer Raum wird eingerichtet.

Hinweis: Wenn Kinder Schwierigkeiten haben, länger zuzuschauen, kann man das Ganze im Kreis spielen und alle Spieler:innen gleichzeitig jeweils einen Einrichtungsgegenstand darstellen lassen, sodass alle Kinder alle Einrichtungsgegenstände eines jeweiligen Zimmers spielen.

Der Wunschbrunnen

30

Alter: Ab 4

Formation: Kreis

Was hier im Spiel ist: Körperausdruck, Sprache

➡ Alle Spieler:innen sitzen im Kreis und stellen sich gemeinsam in dessen Mitte einen Brunnen vor. Die SL weist dann darauf hin, dass es sich um einen besonderen Brunnen, einen Wunschbrunnen, handelt, was man an der ungewöhnlichen Farbe seines Wassers erkennt: Jede:r, der/die in den Brunnen springt, kann einen Wunsch äußern, der sofort erfüllt wird. Spieler:in A springt nun in den Brunnen, d. h. in die Kreismitte, und sagt laut: „Ich wünsche mir ein/e/n …". Die anderen Spieler:innen stellen sofort das gewünschte Objekt oder die gewünschte Situation als Standbild dar. Die SL löst das Bild mit einem Klatsch auf. Dann ist Spieler:in B an der Reihe und springt in den Brunnen, usw.

Die Alien-Patrouille

31

Alter: Ab 4

Formation: Kreis, Raum

Was hier im Spiel ist: Körperausdruck, Bewegung

➡ Die Spieler:innen sitzen zunächst im Kreis und beschreiben gemeinsam verschiedene Aliens, die auf einem fremden Planeten unterwegs sind. Dann stehen alle auf, verwandeln sich in die imaginierten Aliens und bilden eine Schlange, die sich durch den Raum bewegt. Dabei gibt der/die vorderste Spieler:in eine Bewegungsart vor, die von den anderen so genau wie möglich imitiert wird. So bewegen sie sich durch den Raum, bis die SL mit einem Klatsch bedeutet, dass alle ins Freeze gehen. Nun begibt sich der/die vorderste Spieler:in ans Ende der Schlange. Nach einem weiteren Klatsch der SL setzt sich der Alien-Trupp wieder in Bewegung, wobei der neue erste Alien die Gangart vorgibt.

Hinweis: Bei diesem Spiel handelt es sich um ein Theaterstandardspiel. Den Alien habe ich eingeführt, um Kindern einen Raum für nicht alltägliche Bewegungsabläufe zu eröffnen.

Man kann das Ganze auch mit Musik unterlegen.

32

Die Verfolgung

Alter: Ab 4

Formation: Raum

Was hier im Spiel ist: Körperausdruck, Bewegung, Ausdruck von Emotionen

➡ Ein:e Spieler:in ist ein:e Spaziergänger:in, der/die durch eine vorher definierte Landschaft läuft. Die anderen sind wilde Tiere, die hinter dem/der Spaziergänger:in herschleichen, um ihn/sie aufzufressen. Dabei schauen sie gefährlich und gierig. Irgendwann bleibt der/die Spaziergänger:in abrupt stehen und dreht sich um. Die verfolgenden Tiere gehen sofort ins Freeze und schauen freundlich. Wenn der/die Spaziergänger:in sich wieder umdreht und weiterläuft, nehmen sie die Verfolgung wie gehabt auf. Alle Spieler:innen sind einmal der/die Spaziergänger:in.

Hinweis: Dieses Spiel ist eine theatralisierte Form des Kinderspiels „Ochs am Berg“. Zu Beginn ist es sinnvoll, dass die SL der/die Spaziergänger:in ist, um den Spieler:innen das Spielprinzip klarzumachen.

Der Toaster

Alter: Ab 4

Formation: Kreis

Was hier im Spiel ist: Sprache, Körperausdruck

➡ Die SL stellt einen imaginären Toaster in die Mitte des Kreises. Dann beschreiben die Spieler:innen reihum das Aussehen des Toasters und eventuelle Besonderheiten. Jede:r Spieler:in sieht dabei also seinen/ihren eigenen Toaster, obwohl die Spielverabredung ist, dass nur ein einziger in der Mitte steht. Nach den Beschreibungen wird er in Betrieb genommen. Er hat so viele Stecker wie Kinder im Kreis sitzen. Alle suchen sich eine imaginäre Steckdose an der Wand, nehmen ihren Stecker und stecken ihn gleichzeitig in die jeweilige Steckdose. Dann legen alle einen Toast in den Toaster hinein und betätigen den Hebel. Mit einem „Katsching" werden die Toasts aus dem Toaster geworfen und von den Spieler:innen aufgefangen. Dann beschreibt reihum jede:r Spieler:in, was auf den Toast kommt und alle bestreichen oder belegen ihn je nach Vorschlag. Dann wird er jeweils verspeist.

Erweiterung 1: Die Toastscheibe ist so heiß, dass man sie kaum in den Händen halten kann, weshalb man sie zunächst schnell einem/einer Mitspieler:in zuwirft und dessen Namen ruft.

Erweiterung 2: Wenn der Toast aus dem Toaster geworfen wird, fliegt er so hoch, dass er an der Decke kleben bleibt. Es muss eine Lösung gefunden werden, wie er wieder herunterkommt. Z. B.: Man streckt die Arme ganz nach oben und geht auf Zehenspitzen; man holt eine Leiter und steigt hinauf, um den Toast wieder zu holen; man organisiert sich ein Lasso und fängt ihn wieder ein usw. Wichtig ist, dass alle einen Lösungsvorschlag gemeinsam umsetzen.

34

Der Monstertoaster

Alter: Ab 4

Formation: Kreis

Was hier im Spiel ist: Körperausdruck, Sprache

➡ Bei einer Wiederholung des oben beschriebenen Toasterspiels kann die SL darauf hinweisen, dass es am Toaster noch einen zweiten Hebel gibt. Wenn man eine Toastscheibe in den Toaster steckt und aus Versehen diesen Hebel drückt, kommt nicht der Toast mit einem „Katsching" aus dem Toaster, sondern es springt ein imaginäres Monster oder ein Tyrannosaurus Rex o.ä. mit einem Schrei heraus. Reihum hat nun jede:r die Möglichkeit „Katsching" zu sagen oder einen Schrei auszustoßen. Sagt das Kind „Katsching", wird der Toast aufgefangen, belegt und gegessen wie gehabt, stößt das Kind einen Schrei aus, gehen alle sofort in eine Haltung des Entsetzens und bleiben im Freeze, damit das herausgesprungene Monster nicht merkt, dass jemand da ist. Flüsternd wird dann besprochen, wie das Monster wieder in den Toaster zurückgedrängt werden kann. Z.B. zücken alle leise eine Pistole und schießen in die Luft; oder alle verwandeln sich in einen Ritter, der so böse schaut, dass das Untier in den Toaster flüchtet; oder alle winken dem Untier freundlich zu, um es im nächsten Moment schlagartig in den Toaster zurückzustopfen.

4. Sprache

Spiele und Übungen, die Stimme und Sprache für das Theaterspielen trainieren, sind zahlreich. Es gibt Spiele für den Atem, die Artikulation, die Tragfähigkeit der Stimme, die Erweiterung des Wortschatzes, für spontanes Geschichtenerzählen, den Umgang mit Fantasiesprachen und für das Einstudieren von Texten.

Wenn wir mit den Zwei- bis Sechsjährigen Theater spielen, ist es wichtig, vor Augen zu haben, dass sie gerade dabei sind, Sprache zu erlernen (im Falle der ganz Kleinen) und einen bewussten Umgang mit ihr zu finden (im Falle der Älteren). Sprach- und Sprechspiele müssen dementsprechend die Funktion haben, diesen Prozess spielerisch zu unterstützen und die Freude am Erzählen, Geschichten erfinden und gegenseitigem Austausch zu befördern. Das kann je nach Situation und Alter der Kinder in kurzen Lautäußerungen geschehen, in kleinen Dialogen oder längeren Erzählpassagen. Hierfür eignen sich Spiele, die Spaß an sprachlicher Äußerung vermitteln und Ausdrucks- bzw. Verständigungsmöglichkeiten über das Medium Sprache erschließen. Ganz beiläufig lässt sich auch mit dem Atem spielen, der die Grundlage allen Sprechens ist.

Je kleiner die Kinder sind bzw. je weniger Erfahrung sie im Umgang mit Sprache haben, desto wichtiger ist es im Theater, nichts einzufordern, und keine Bewertung von sprachlichen Äußerungen vorzunehmen. Am einfachsten ist es für viele Kinder, wenn sie sich zuerst im Schutz der Gruppe sprachlich entfalten und nach und nach den Reiz des solistischen Sprechens erfahren können. Geeignete Methoden hierfür sind das Chorische Sprechen, das Responsoriale Sprechen und das Solosprechen in der Gruppe. Das **Chorische Sprechen** bietet sich an, wenn alle Kinder in derselben Rolle oder derselben theatralen Situation sind. Dann sprechen alle denselben Text. Dabei ist niemand alleine, der Schutz der Gruppe gibt beim Sprechen Sicherheit und alle kommen zum Zug. Kinder, die gerne im Vordergrund stehen, können laut sprechen, zurückhaltende Kinder leise. Beim **Responsorialen Sprechen** steht ein:e Spieler:in den anderen gegenüber und sagt etwas, das die anderen im Chor wiederholen. Wie etwa beim Spiel „Oh ja!“ (Nr. 18): So werden den Kindern, die dazu bereit sind, kleine Solo-Auftritte ermöglicht. Beim **Solosprechen in der Gruppe** sind hingegen alle in derselben Situation im Raum unterwegs, z. B. als Abenteurer, die plötzlich einem eitlen Dinosaurier gegenüberstehen und nur an ihm vorbeikommen, wenn sie ihm ein Kompliment machen. Die Spielidee wird gemeinsam erarbeitet, und danach kann dann in der Sicherheit dieser Situation jedes Kind einzeln dem Dino ein Kompliment aussprechen und an ihm vorbei gehen.

Ich unterscheide im frühkindlichen Bereich folgende Arten von Sprachspielen:

- **Spiele, um den Vorgang des Ein- und Ausatmens entdecken zu können:** Um den Atem bewusst und in unterschiedlicher Weise einzusetzen, werden konkrete Anlässe geschaffen. Wenn z. B. ein Monster vertrieben wird, indem man es wegpustet, muss mit mehr Kraft ausgeatmet werden, als wenn von einer sensiblen Zauberblume vorsichtig Wüstensand weggeblasen wird. So machen die Kinder eine spielerische Erfahrung mit ihrer Atmung, ohne dass diese bewusst gesteuert wird.
- **Spiele mit Lauten und einzelnen Wörtern:** Mit Lauten und einzelnen Wörtern lassen sich ganz unkompliziert erste Dialoge kreieren, die nicht nur Spaß bringen, sondern auch ein Bewusstsein für Beziehung über Sprache entstehen lassen.

- **Spiele zur Verständigung mittels Sprache:** Hierzu zählen Spiele, bei denen die Kinder ihre Fantasien und Ideen verbal mit anderen teilen, und Spiele, die mit verschiedenen Sprachen (einschließlich Fantasiesprachen) arbeiten.
- **Spiele für die Gestaltung von Sprache:** Wenn wir Sprache variieren, um eine Figur darzustellen oder verschiedene Emotionen zum Ausdruck zu bringen, gibt es sechs Möglichkeiten unterschiedlichen Sprechens: laut – leise – schnell – langsam – hoch – tief. Das Experimentieren mit verschiedenen Kombinationen eröffnet sprachliche Gestaltungsräume.

Die Spiele

35

Ja und Nein

Alter: Ab 2

Formation: Kreis

Was hier im Spiel ist: Sprache, Ausdruck von Emotionen

➡ Alle Spieler:innen sitzen im Kreis. Die SL sagt ein paar Mal „Ja" und fordert dann die Spieler:innen auf, die nun folgenden „Ja"-Laute jeweils gemeinsam zu imitieren. Wenn das Hin und Her zwischen SL und Spieler:innen gut funktioniert, geht sie dazu über, das „Ja" in verschiedenen Stimmungen zu variieren, was die Spieler:innen jeweils wieder imitieren. Irgendwann wirft sie ein „Nein" in die Runde, und das Spiel geht damit weiter. Wenn „Ja" und „Nein" etabliert sind, geht das Spiel im Wechsel weiter: Sagt die SL „Ja", reagieren die Spieler:innen mit „Nein" oder umgekehrt. Auf ein fröhliches „Ja" der SL folgt also ein fröhliches „Nein" der Spieler:innen. Aus diesem prägnanten Widerspruch können sich sehr witzige Situationen ergeben.

Variation: Das „Ja" und das „Nein" können auch im Kreis von Spieler:in zu Spieler:in weitergegeben werden.

Hinweis: Der Ursprung des Spiels liegt im Theaterstandardspiel „Klatschkreis", bei dem im Kreis ein Klatsch mit „Ja" und „Nein" weitergegeben wird.

Eine Kerze auspusten

36

Alter: Ab 2

Formation: Kreis

Was hier im Spiel ist: Atem, Stimme

➡ Zu Beginn der Theaterstunde sitzen alle Spieler:innen im Kreis. Die SL stellt eine imaginäre Kerze in die Kreismitte und zündet sie an. Nach dem Anfangsritual fordert sie die Spieler:innen auf, die Kerze auf drei gemeinsam auszupusten. Aber es ist vertrackt. Die Flamme will nicht erlöschen. Deshalb werden verschiedene Möglichkeiten des Kerzenauspustens ausprobiert: Ein heftiger Ausatmer, langes Pusten, langsam auf „fffff", dreimal kurz auf „s". Schließlich wird auch noch die Stimme dazu genommen, und alle probieren es mit „Hhhuuuuu". Dann ist die Kerze endlich aus.

Einen Zug fahren lassen

37

Alter: Ab 2

Formation: Kreis

Was hier im Spiel ist: Atem, Stimme

➡ Alle Spieler:innen sitzen im Kreis. Auf ein Zeichen der SL imitieren sie mit dem Laut „sch-sch-sch-sch..." das Geräusch eines Zuges, der langsam anfährt, dann Fahrt aufnimmt, immer schneller wird, sein Tempo wieder verlangsamt und schließlich stehen bleibt. Das jeweilige Zugtempo wird durch die Geschwindigkeit der Laute hergestellt. Diese dürfen bei der Höchstgeschwindigkeit durchaus an Präzision verlieren.

38

Der geheimnisvolle Freund

Alter: Ab 3

Formation: Kreis

Was hier im Spiel ist: Sprache, Ausdruck von Emotionen

➡ Alle Spieler:innen stehen im Kreis. Die SL schaut in die Mitte des Kreises, winkt und ruft „Huhu“, als ob in der Mitte jemand sei, den sie begrüßt. Sie fordert die Spieler:innen auf, es ihr gleichzutun. Dann hält die SL die Hand ans Ohr und ruft „Hä?“, als ob sie nicht verstanden hätte, was der Jemand in der Mitte erwidert hat. Die Spieler:innen werden aufgefordert, das „Hä?“ zu imitieren. Die SL hört weiter zu und erwidert z. B. ein verstehendes „Aha“, ein überraschtes „Ohhh“, ein Gefahr witterndes „O o“, ein angeekeltes „Igitt“, usw. Alles, was sie vormacht, machen die Spieler:innen nach. Zunächst werden nur Laute verwendet, dann vielleicht auch kurze Wörter. Am Ende des „Gesprächs“ winken die Spieler:innen dem imaginären Wesen nach Vorgabe der SL zu und rufen „Tschüüüss“.

Danach rätseln alle gemeinsam, wer oder was das in der Mitte wohl gewesen sein könnte.

39

Feuerspeiender Drache

Alter: Ab 3

Formation: Kreis

Was hier im Spiel ist: Atem, Stimme, Körperausdruck

➡ Alle Spieler:innen stehen im Kreis und verwandeln sich in einen feuerspeienden Drachen, den sie reihum als Standbild darstellen. Dann holen alle in Drachenhaltung gleichzeitig tief Luft durch die Nase und geben sie durch den geöffneten Mund mit einem kräftigen „Hhhhhhhhh“ wieder ab. Dies wird mehrmals wiederholt.

Variation: Die Spieler:innen und die SL stehen sich gegenüber. Die SL speit wie beschrieben Feuer, die Spieler:innen speien zurück usw. So entsteht ein kleiner Kampf zwischen zwei feuerspeienden Drachengruppen.

Süße Torte – saure Zitrone

40

Alter: Ab 3

Formation: Kreis

Was hier im Spiel ist: Stimme, Ausdruck von Emotionen

➡ Alle Spieler:innen sitzen im Kreis. Die SL beschreibt eine imaginäre, riesige, leckere Torte, deren Anblick alle mit einem beeindruckten „Oooohhhhh“ kommentieren. Im nächsten Moment beschreibt die SL eine saure Zitrone, in die alle hineinbeißen. Daraufhin wird ihr Mund bei geschlossenen Zähnen ganz breit und saugt Luft ein. Dann ist plötzlich wieder die leckere Torte da, und alle machen „Oooohhhh“, bis die Zitrone wieder erscheint. So geht es im Wechsel hin und her, wobei sich das Tempo immer weiter steigert.

In einem fremden Land

41

Alter: Ab 4

Formation: Raum

Was hier im Spiel ist: Sprache, Bewegung

➡ Die Spieler:innen befinden sich in einem fremden Land und haben sich verlaufen. Deshalb bewegen sie sich als Gruppe vorsichtig durch die Gegend. Schließlich treffen sie auf einen einheimischen Menschen (von der SL gespielt) und wollen nach dem Weg fragen, aber er versteht sie nicht. Sie versuchen es mit verschiedenen (existierenden oder frei erfundenen) Sprachen, aber keine ist die richtige. Da hilft nur eines: Der einheimische Mensch muss Deutsch (bzw. die Sprache, die im Theaterkurs gesprochen wird) lernen. Die Spieler:innen überlegen sich, welche Wörter er sprechen können sollte, stellen diese pantomimisch dar und sprechen sie laut und deutlich aus, so lange, bis der einheimische Mensch das Wort nachsprechen kann und verstanden hat, was gemeint ist. Wenn der einheimische Mensch genug gelernt hat (es wird sich an der Geduld der Kinder messen, wie lange es dauert…), fängt er an, in kurzen Sätzen zu sprechen und weist der Gruppe den richtigen Weg nachhause.

Hinweis: Es kann auch ein:e Spieler:in die Rolle des einheimischen Menschen übernehmen, aber einfacher ist es, wenn die SL diese Rolle spielt, weil sie dadurch steuern kann, wie lange die Begriffserklärung dauert.

42

Ein Gebäude imaginieren

Alter: Ab 4

Formation: (Halb-)Kreis

Was hier im Spiel ist: Sprache

➡ Die Spieler:innen sitzen im Halbkreis vor einer Wand. Ziel ist es, gemeinsam ein imaginäres Gebäude zu erschaffen, etwa ein Schloss, eine Burg, ein Hochhaus, eine Villa … Damit dieses vor dem geistigen Auge aller entstehen kann, ist eine genaue Beschreibung wichtig. Die SL stellt dazu Fragen: Wo ist die Tür? Die Spieler:innen einigen sich auf eine Stelle an der Wand, wo die Tür ist. Diese wird nun von allen gemeinsam beschrieben. Dann stellt die SL eine nächste Frage: Wie viele Fenster gibt es, wie sehen sie aus? Wieder geben die Spieler:innen eine Beschreibung ab. Weitere Fragen folgen zu Dach, Balkonen, Fassadenfarbe, eventuellen Türmen usw. Ziel ist es, dass alle Spieler:innen eine gleiche Vorstellung von dem Gebäude haben, das Ausgangspunkt für weitere Spiele oder eine ganze Geschichte sein kann. Wenn es Unstimmigkeiten gibt, weil die Vorstellungen der Spieler:innen sehr unterschiedlich sind, hilft die SL moderierend, sodass möglichst viele Ideen untergebracht werden können.

Das Fahndungsfoto

43

Alter: Ab 4

Formation: Raum

Was hier im Spiel ist: Sprache, Bewegung, Körperausdruck

➡ Alle Spieler:innen sind als Gruppe auf einer Reise in einer gemeinsam imaginierten Landschaft unterwegs. Am Abend legen sie sich mit ihren Habseligkeiten nieder und schlafen ein. Die SL durchbricht die Stille mit einem „Pssst. Da war etwas." Alle fahren aus dem Schlaf hoch und stellen fest, dass ihr Reisegepäck gestohlen wurde. Die Dieb:innen können sie gerade noch wegrennen sehen. Oh nein! Zum Glück hatten alle ihr Handy in der Hosentasche und nicht in ihrem Gepäck, sodass jetzt die Polizei gerufen werden kann. Diese kommt auch umgehend. An dieser Stelle verwandeln sich die Spieler:innen in Polizist:innen, die erfragen, was passiert ist. Dann verwandeln sie sich wieder in die Bestohlenen und berichten, dass Dieb:innen da waren. Nun übernimmt die SL die Rolle der Polizei und erfragt bei den Bestohlenen Details darüber, wie die Dieb:innen aussehen. Alle schildern einzeln in dramatischem Gestus einen Dieb oder eine Diebin. Die SL alias Polizei zeigt sich beeindruckt und fertigt von der jeweiligen Beschreibung schnell eine Zeichnung an, die auf dem Boden ausgelegt oder an die Wand gehängt wird. Wenn sich jemand mit der Beschreibung „seines" Diebes oder „seiner" Diebin schwertut, hilft die SL mit Fragen weiter. Sobald alle Dieb:innen beschrieben sind, kann sich die Gruppe entweder ohne die Polizei auf die Suche nach den Dieb:innen machen oder alle schlüpfen in die Rolle der Polizeibrigade, die die Dieb:innen dingfest machen möchte. Ob dies gelingt, entscheiden die Spieler:innen.

Hinweis: Falls die Dieb:innen gegen Ende des Spiels noch auftauchen (z. B. um verhaftet zu werden), sollten sie imaginär bleiben und nicht von den Spieler:innen dargestellt werden, damit die Fahndungsfotos nicht widerlegt werden.

Die Beschreibung der einzelnen Dieb:innen erfordert Geduld von allen Spieler:innen. Wenn sie diese nicht aufbringen können, ist es einfacher, dass alle gemeinsam eine:n einzige:n Dieb:in kreieren.

44

Der Lügenbaron

Alter: Ab 4

Formation: Raum, Bühne

Was hier im Spiel ist: Sprache, Ausdruck von Emotionen

➡ Die Spieler:innen sind im Raum unterwegs und befinden sich auf einer Reise ins Land des Lügenbarons. Ein:e Spieler:in ist der Lügenbaron. Er sitzt auf einem Thron (Stuhl), die anderen Spieler:innen lassen sich vor ihm auf dem Boden nieder. Sie sagen den folgenden Satz im Chor: „Sagst du die Wahrheit, edler Mann, oder lügst du uns nur an?" Der Lügenbaron antwortet: „Ob ich lüge oder nicht, liebe Kinder, wisst ihr nicht." Dann stellen ihm die Spieler:innen eine Frage wie „Hat ein Auto drei Räder?" oder „Ist der Himmel lila?" Der Lügenbaron hat die Wahl, die Wahrheit zu sagen oder zu lügen. Dies kann er freundlich, vehement, streng usw. tun. Die anderen Spieler:innen reagieren in derselben Stimmung mit „Vielen Dank!" und besprechen flüsternd, ob er ein Lügner ist oder nicht. Dann wird die nächste Frage gestellt. Alle Spieler:innen sind einmal der Lügenbaron.

45

Frau Gegenteil

Alter: Ab 4

Formation: (Halb-)Kreis

Was hier im Spiel ist: Sprache, Ausdruck von Emotionen, Körperausdruck

➡ Ein Besuch bei Frau Gegenteil ist immer eine Reise wert, man darf sich nur nicht verwirren lassen. Alle Spieler:innen stehen im Halbkreis und spielen Frau Gegenteil, die Besuch von der SL bekommt. Nach einer Begrüßung sagt die SL z. B. „Ich bin heute stark." und nimmt eine entsprechende Haltung ein. Die Kinder alias Frau Gegenteil reagieren mit „Ich bin heute schwach." Und nehmen ebenfalls eine entsprechende Haltung ein. Weitere Sätze folgen jeweils mit Reaktion von Frau Gegenteil. Dann setzen sich alle, und die SL bittet Frau

Gegenteil um eine Apfelschorle in einem großen Glas. Frau Gegenteil gibt die Schorle aus (alle Spieler:innen reichen der SL ein imaginäres großes Glas) und nimmt selbst ein kleines Glas. Die SL findet die Apfelschorle sehr lecker, Frau Gegenteil findet sie ekelhaft und spuckt sie wieder aus. Dann werden die Rollen getauscht. Die SL sagt als Frau Gegenteil z. B. aggressiv „Ich bin lieb." Die Kinder wiederholen den Satz in freundlichem Gestus. Frau Gegenteil weint und lamentiert: „Ich bin so fröhlich.". Die Kinder wiederholen den Satz in fröhlichem Gestus usw. Zum Schluss verwandeln sich alle in Frau Gegenteil und erfinden gemeinsam Sätze wie beschrieben, die sie im gegenteiligen Gestus sprechen. Irgendwann ist Frau Gegenteil (alle Spieler:innen) so müde, dass sie sich hinlegen muss (von der SL initiiert). Im nächsten Moment ist sie allerdings wieder putzmunter und springt auf. Dann wird sie wieder müde und legt sich hin, springt wieder putzmunter auf usw. Das Tempo steigert sich, bis Frau Gegenteil definitiv einschläft.

Hinweis: Dieses Spiel ist recht anspruchsvoll. In einer vereinfachten Version können zunächst alle Spieler:innen gemeinsam mit der SL zwischen der Rolle von Frau Gegenteil und Besucher wechseln und sich so dem Spiel mit den Gegensätzen annähern.

Kleine blaue Maus

46

Alter: Ab 4

Formation: Kreis

Was hier im Spiel ist: Sprache

➡ Alle Spieler:innen sitzen im Kreis und sprechen gemeinsam mit der SL mehrfach den folgenden Reim: „Eine kleine blaue Maus zog sich mal die Hose aus, zog sie wieder an und du bist dran." Dann wird der Satz in verschiedenen Variationen gesprochen: Ganz schnell, langsam, laut, leise, mit verstellter Stimme… Nach den verschiedenen gemeinsam erprobten Versionen spricht nun ein:e Spieler:in den Satz wie er/sie möchte. Bei „und du bist dran" deutet er auf eine:n Mitspieler:in, der/die dann den Satz spricht und ebenfalls wieder auf eine:n Mitspieler:in deutet usw.

*****

Exkurs: Sprachförderung

Innerhalb des frühkindlichen Bildungsdiskurses ist das Theater als Medium der Sprachbildung nicht mehr wegzudenken (vgl. hierzu Nübel 2024, S. 72 ff.). Das hat sich in den letzten Jahren auch in der Praxis niedergeschlagen, sodass das Theaterspiel immer häufiger Eingang in Sprachförderprojekte findet. Dessen Wirksamkeit zeigen vor allem langfristig angelegte Projekte wie etwa das Stuttgarter Kita-Abo-Modell sehr eindrücklich (vgl. hierzu Rehm 2024, S. 36 ff.; Wilhelm 2024, S. 61 ff.).

Ich selbst mache auch immer wieder die Erfahrung, dass das Theaterspielen in Krippe und Kindergarten die sprachliche Entwicklung bei Kindern entscheidend voranbringen kann, weshalb ich sehr dafür plädiere, dass es fest im Kindergartenalltag verankert sein sollte.

Das Theater bietet im Rahmen der Sprachförderung den Vorteil, dass auf vielen Ebenen kommuniziert werden kann: Über Gestik, Mimik und die gesamte Körpersprache, Klänge und Laute, Objekte und natürlich auch über Sprache. Diese Vielfalt können wir nutzen, um Kindern das Sprechen zu erschließen. Der Schlüssel dazu ist, dass wir im Theater ganze Geschichten erzählen können, ohne zwingend ein einziges Wort sprechen zu müssen. Über diesen Weg ermöglichen wir den Kindern einen Einstieg in die Beschäftigung mit Sprache, bei dem sie nicht sofort mit ihrem Defizit konfrontiert werden. Stattdessen erleben sie sich in ihrer ureigensten Kompetenz, dem Spiel, bei dem sie sich zunächst mit den Mitteln ausdrücken können, die ihnen zur Verfügung stehen. Dabei machen sie die Erfahrung, dass sie fähig sind, in Interaktion mit anderen Spieler:innen und der Spielleitung zu treten, und sich auch selbstbewusst vor anderen zeigen zu können. Das führt zu einer entspannten Grundsituation für jede:n Einzelne:n und damit auch für die ganze Gruppe. So entsteht ein Nährboden, auf dem sich Sprache ideal entfalten kann. Hinzu kommt, dass die Kinder in einer solchen Spielsituation eine hohe Motivation haben zu sprechen. Wenn sie eine Idee einbringen möchten, damit diese von allen umgesetzt wird, führt der Weg über die Sprache. Auf diese Weise sprechen die Kinder nicht nur, sondern sie erfahren auch unmittelbar, dass das Gesagte eine Wirkung zeigt, weil andere es in die Tat umsetzen.

Ich erinnere mich an einen Theaterkurs zur Sprachförderung für vierjährige Kinder in einem Kindergarten. Zu Beginn meinte die begleitende Erzieherin, dass die Kinder große Probleme hätten zu sprechen und dass ich deshalb „gar nichts Besonderes“ machen müsse. Spiele wie „Jedes Kind sagt *Ich heiße X* und gibt dabei einen Ball an seinen Nachbarn weiter“ seien völlig ausreichend. Auf den ersten Blick scheint dieses Spiel aufgrund seiner einfachen Struktur durchaus naheliegend – ein Ball, ein sich wiederholender Satz und die Namen aller Beteiligten. Das sollte für die Kinder kein größeres Problem darstellen. Der Schein trügt jedoch, denn in der Durchführung hat es das Spiel in sich. Stellen Sie sich die Situation vor: Ein vierjähriges Kind, das weder Deutsch noch seine Muttersprache gut spricht, sitzt morgens um 10 Uhr mit anderen Kindern, die ebenfalls nicht gut sprechen können, und einer wildfremden Frau in einem Kreis. Das Kind bekommt einen Ball in die Hand gedrückt, der so interessant ist, dass es damit spielen will. Es muss ihn aber aus Gründen, die es nicht nachvollziehen kann, sofort wieder hergeben. Dann soll es der fremden Frau auch noch in einem ganzen Satz seinen Namen sagen, worauf es vielleicht gar nicht erpicht ist, weil es – völlig zurecht – nicht jedem einfach so seinen Namen verraten möchte.

Das ist alles in allem eine ziemlich anspruchsvolle Situation. Nicht nur für die Spieler:innen, sondern auch für die Spielleitung, weil mehrere Anläufe benötigt werden, bis alle den Satz sprechen können und verstanden haben, dass der Clou des Spiels die Ballweitergabe ist. Bis dahin entsteht keine wirklich entspannte Spielsituation, die Spaß macht, sondern eine Übungssituation, in der sich die Kinder nicht kompetent erleben und die Spielleitung zusehen muss, dass die Aktion nicht zu sehr ins Stocken gerät. Das lässt sich allerdings kaum vermeiden.

Deshalb ist dieses Spiel bei Kindern, die sprechen können und Spielerfahrung haben, viel besser aufgehoben. Sie können dabei ausprobieren, das Sprechen mit einer vorgegebenen Handlung (Ballweitergabe) zu kombinieren, ohne dass eine Unterbrechung des Spielflusses entsteht. Für den Einstieg in ein Sprachförderprojekt hingegen rate ich immer dringend, Spiele mit wenig Sprache oder Spiele, die zunächst auch von der Spielleitung alleine bestritten werden können, auszuwählen (siehe Kapitel III.2). In dieser Situation gilt besonders: Zeigen Sie sich als Spielerin. Das schafft Vertrauen und sorgt für Entspannung. Im weiteren Spielverlauf muss dann gut überlegt werden, in welchem Kontext sich Sprachspiele entfalten können und ihre Wirkung tun, sodass Kinder sich in ihrem Ausdruck kompetent und nicht defizitär erleben. Dies gelingt besonders dann, wenn die Kinder das Theater als Raum erleben, in dem sich ihre Fantasien befreien und ihre Ideen Ausdruck finden dürfen, die sie mit anderen teilen können. Denn in diesem Moment erfahren sie: Ich kann mich verständigen. Mit diesem Selbstbewusstsein wird es ihnen dann auch leichter fallen, ihre sprachlichen Defizite aufzuarbeiten.

5. Emotionen

Streng genommen gehören die Spiele zum Thema „Emotionen“ in die Rubrik „Körperausdruck – Körperhaltung – Bewegung“, da sich die Emotion primär im Körperausdruck manifestiert und jedem Körperausdruck eine Emotion zugrunde liegt. Da das Spiel mit Emotionen bei kleinen Kindern allerdings seine spezifische Herausforderung hat, widme ich diesem Thema ein eigenes Kapitel.

Die Grundlage für das Spiel mit Emotionen ist, dass ein Kind in der Rolle des/der Spieler:in aus einer Distanz heraus mit Emotionen spielen kann, also nicht mit ihnen identifiziert ist. Als Zuschauer:in wiederum braucht das Kind die Fähigkeit, bei den anderen das Spiel mit Emotionen als solches zu erkennen und einordnen zu können. Die Voraussetzung hierfür ist, dass Emotionen für die Kinder bewusst erlebbar sind. Am Ende des zweiten Lebensjahres, wenn ein Kind sich als eigenständige Person zu begreifen beginnt und zwischen Ich und Du unterscheiden lernt, entwickelt sich auch die Fähigkeit, Emotionen zu reflektieren (vgl. hierzu Roos 2020, S. 173 ff.). Ab diesem Zeitpunkt ist das Spiel damit sinnvoll möglich, eingedenk dessen, dass Kinder sich unterschiedlich entwickeln. Manche brauchen dafür Zeit bis über das dritte Lebensjahr hinaus, andere können schon im Alter von zweieinhalb mit Emotionen spielen. Für eine gemeinsame Theateraktion müssen wir uns als Spielleitung vergewissern, dass alle Kinder einer Gruppe in der Lage sind, das Spiel mit den Emotionen als solches zu verstehen.

Am einfachsten gelingt ein Einstieg mit den Basisemotionen Freude, Ärger, Furcht, Trauer, Überraschung und Ekel. Das Spiel mit ihnen findet zunächst über Nachahmung statt und erschließt sich vor allem über Komik durch Übertreibung. Wenn Sie mit Zweieinhalbjährigen eine Bauernhofsituation spielen, in der die Tiere heimlich abgehauen sind, und Sie den verärgerten Bauern spielen, muss Ihr Ausdruck signalisieren „Ich spiele Ärger für euch“, weil die Kinder andernfalls nicht zwischen Realität und Spiel unterscheiden können und Angst bekommen. Das wird z. B. in einer großen Geste des Hände-in-die-Hüfte-Stemmens (der Bauer macht sich groß, um seine Hilflosigkeit zu überspielen), einzelnen Lauten und stammeln (er kann die Hilflosigkeit nicht übertünchen) sichtbar. So können die Kinder ohne Probleme und mit Spaß in das Spiel einsteigen und den verärgerten Bauern der Spielleitung imitieren. Im Wiederholungsfall lässt sich der Bauer dann auch ernsthafter gestalten und irgendwann erschaffen die Kinder dann ihren eigenen ärgerlichen Bauern.

Bei älteren Kindern, die schon eine größere Bandbreite von Emotionen kennen, fällt mir immer wieder auf, dass sie zunächst auch fast ausschließlich die Basisemotionen Freude, Ärger, Trauer, Furcht aufzählen, wenn sie nach Gefühlen gefragt werden, die sie kennen. Hier ist es interessant, gemeinsam über verschiedene Spiele auch andere Gefühle zu erfahren und über diese ins Gespräch zu kommen oder direkt in eine Geschichte einzusteigen. Wichtig ist dabei nur, die Grenzen der Kinder zu respektieren. Es besteht von Seiten der Erwachsenen oftmals der Wunsch, dass beispielsweise schüchterne Kinder aus sich heraus gehen und „wütend“ spielen. Das kann eine interessante und gute Erfahrung sein, aber nur, wenn das Kind bereit dafür ist. Nachdruck und Insistieren scheint mir hier in den meisten Fällen nicht angezeigt. Ich erlebe immer wieder, dass etliche Kinder in einer Gruppe keine negativen Emotionen spielen wollen. Statt sie dazu zu bewegen, ist es ratsam, sie zu fragen, welche Emotion sie gerne zeigen wollen, und sie darin zu bestärken. Die Zeit für die anderen Emotionen wird kommen – alleine schon dadurch, dass sie ihre Mitspieler:innen immer wieder beim Spiel mit Emotionen erleben.

Begünstigt wird das Spiel mit verschiedensten Emotionen durch eine Anbindung der Spiele an eine Situation, die Anlass für das Darstellen einer Emotion gibt, oder an eine Figur, die auf ein Ereignis reagiert, wie z. B. der oben genannte Bauer. Es gibt zwar verschiedene Theaterspiele, mit denen man das Abrufen von Emotionen auch erproben und üben kann, etwa im Kreis sitzend Emotionen weitergeben oder gleichzeitig auf ein Zeichen der Spielleitung in eine bestimmte Emotion gehen (siehe Spiel Nr. 49). Aber nach meiner Erfahrung geht es organischer und leichter im Spielfluss.

Die Spiele

Das große Aua

47

Alter: Ab 2

Formation: Kreis

Was hier im Spiel ist: Ausdruck von Emotionen, Sprache, Körperausdruck

➡ Alle Spieler:innen sitzen im Kreis. Reihum zeigen alle den anderen ein imaginiertes oder echtes „Aua“ an ihrem Körper. Dann fangen, motiviert durch die SL, alle gleichzeitig an dramatisch zu jammern und rufen „Aua, aua, aua“ usw. Nachdem ausgiebig gejammert wurde, überlegen die Spieler:innen gemeinsam: Wie jammert ein Baby, ein alter Mann, ein kleiner Hund, ein Krokodil? Die verschiedenen Varianten werden ausprobiert. Dann werden dem „Aua“ unterschiedliche Emotionen unterlegt: Wie klingt es, wenn man böse ist, weil man ein Aua hat? Wie klingt es, wenn man vom Aua überrascht wird und wie, wenn man es total eklig findet, z. B. bei einem Sturz in den Matsch?

48

Lach- und Weinpulver essen

Alter: Ab 3

Formation: Kreis

Was hier im Spiel ist: Ausdruck von Emotionen, Körperausdruck

➜ Alle Spieler:innen sitzen im Kreis. Die SL hat eine kleine Kiste o. ä. mit mehreren Papiertüten dabei. Sie sagt in die Runde: „Lasst uns Lachpulver essen!“, sucht dann intensiv nach der Tüte mit dem Lachpulver, zieht sie aus der Kiste heraus, öffnet sie langsam, streut etwas von dem imaginären Lachpulver in ihre Hand und gibt die Tüte an das neben sich sitzende Kind weiter. Wenn alle das Lachpulver in der Hand haben, wird es auf drei gegessen und alle brechen in lautes Gelächter aus. Danach werden auch Weinpulver, Gähnpulver, Schreipulver, Grummelpulver usw. ausprobiert.

Hinweis: Wichtig ist, das Heraussuchen der jeweils richtigen Tüte zu zelebrieren, damit zwischen den Gefühlsausbrüchen ein ruhiger, spannungsvoller Moment entsteht, in dem die Aufmerksamkeit der Spieler:innen wieder zentriert wird.

Emotionskreis

49

Alter: Ab 4

Formation: Kreis

Was hier im Spiel ist: Ausdruck von Emotionen, Körperausdruck

➡ Alle Spieler:innen sitzen im Kreis. Gemeinsam mit der SL finden sie heraus, welche Emotionen sie kennen. Sie wählen eine aus und stellen diese auf ein Zeichen der SL gleichzeitig dar und frieren die Haltung für einen Moment ein, bis die SL sie mit einem Klatsch auflöst. So wird mit allen Emotionen verfahren. In einer weiteren Runde stellt Spieler:in A eine Emotion dar, die von Spieler:in B imitiert wird, Spieler:in C stellt eine Emotion dar, die von Spieler:in D imitiert wird, usw.

Variation: Die Spieler:innen stehen in einer Reihe. Ein:e Spieler:in stellt sich gegenüber auf, stellt eine Emotion seiner/ihrer Wahl dar, die von den anderen gleichzeitig übernommen und gehalten wird, bis sie von der SL mit einem Klatsch aufgelöst wird.

Hinweis: Standardspiel aus dem Improvisationstheater.

Emojis

50

Alter: Ab 4

Formation: Kreis

Was hier im Spiel ist: Ausdruck von Emotionen, Sprache, Körperausdruck

➡ Alle Spieler:innen sitzen im Kreis. Die SL hat einen Stapel Karten verdeckt vor sich liegen, auf denen verschiedene Emojis abgebildet sind. Die oberste Karte wird aufgedeckt, die Spieler:innen beschreiben, was sie sehen, und benennen die Stimmung des Emoji. Dann übernehmen alle die Mimik und nehmen dazu auch eine Körperhaltung ein. Danach einigen sich die Spieler:innen gemeinsam auf einen Satz, den das Emoji wohl gerade sagt, und sprechen ihn im Chor. Auf diese Weise wird mit allen Karten verfahren.

Im nächsten Schritt werden die Karten verdeckt auf dem Boden ausgelegt. Ein:e Spieler:in deckt eine der Karten auf, sofort nehmen alle gleichzeitig den entsprechenden Gesichtsausdruck samt Haltung ein und sprechen den zuvor erprobten Satz im Chor. Dann dreht der/die nächste Spieler:in eine andere Karte um usw.

51 Wie geht es dir?

Alter: Ab 4

Formation: Kreis

Was hier im Spiel ist: Ausdruck von Emotionen, Sprache, Körperausdruck

➡ Alle sitzen im Kreis. Die SL fragt Spieler:in A, wie es ihm/ihr geht. Nachdem er/sie geantwortet hat, bittet sie ihn/sie die Stimmung im Körper zu verstärken („Wie sieht es aus, wenn du traurig bist?“). Das heißt, der/die Spieler:in nimmt bewusst eine entsprechende Körperhaltung ein, die die SL in ihrer Besonderheit für die Zuschauenden beschreibt. Diese versuchen nun, die Haltung und den Gesichtsausdruck von Spieler:in A so genau wie möglich zu imitieren. Dann wird Spieler:in B gefragt, wie es ihm/ihr geht usw.

52 Kuscheltier mit Knopfdruck

Alter: Ab 4

Formation: Kreis

Was hier im Spiel ist: Ausdruck von Emotionen, Körperausdruck

➡ Alle Spieler:innen sitzen im Kreis und verwandeln sich nacheinander in ein Kuscheltier ihrer Wahl. Nachdem sich jeder in einer Kuscheltierhaltung präsentiert hat, weist die SL darauf hin, dass jedes Kuscheltier am Bauch einen

Knopf hat. Sie drückt auf ihren Bauch und fängt an zu lachen. Danach probieren alle gemeinsam das Lachen auf Knopfdruck aus. Dann überlegen alle, was das Kuscheltier noch kann, und probieren es aus (weinen, hungrig sein, müde sein, böse sein …).

Fernsehschauen

53

Alter: Ab 5

Formation: (Halb-)Kreis

Was hier im Spiel ist: Ausdruck von Emotionen, Körperausdruck

➡ Alle Spieler:innen sitzen im Halbkreis. Vor ihnen steht ein imaginärer Fernseher. Nun schlagen alle der Reihe nach vor, ob z. B. ein lustiger, ein gruseliger, ein trauriger oder ein „schöner" (i. S. v. heile Welt) Film läuft. Entsprechend des Vorschlags spielen dann alle die entsprechende Reaktion beim Schauen. Wenn alle einen Vorschlag gemacht haben, nimmt die SL eine imaginäre Fernbedienung, zappt durch die Programme und sagt, was jeweils läuft, sodass die Spieler:innen schnell die entsprechende Reaktion spielen müssen.

Hinweis: Es kann hilfreich sein, dass sich die Spieler:innen in einen geschlossenen Kreis setzen, damit sie sich gegenseitig sehen. Dann muss man einen runden Fernseher etablieren.

Während des Spiels passiert es immer wieder, dass Kinder konkrete Sendungen benennen. In diesem Fall muss erfragt werden, wie der Film ist. Wenn mehrmals hintereinander Sendungen genannt werden, die „schön" sind, machen Sie im Anschluss selbst Vorschläge oder gehen Sie dazwischen, damit unterschiedliche Stimmungen und Emotionen ins Spiel kommen.

Aus der Praxis

In einer Gruppe mit Vier- bis Fünfjährigen hatten wir ausprobiert, wie man verschiedene Emotionen, über die wir vorher gesprochen hatten, darstellen kann (böse, fröhlich, lustig, sauer, traurig). Bei „sauer" stiegen alle Kinder aus und wollten partout nicht spielen. Ich wies sie darauf hin, dass sie doch bestimmt manchmal sauer seien, woraufhin der vierjährige Philipp sofort rief: „Nein! Nie!" Die anderen behaupteten vehement, dass sie auch NIIEE sauer seien. Nach einer ratlosen Pause meinerseits sagte die fünfjährige Lynn, dass ihre Mama manchmal sauer sei. Die anderen bestätigten eifrig, dass ihre Mamas gelegentlich auch sauer seien, was mich doch sehr neugierig machte. So erzählten sie von zerrissenen Strumpfhosen, kaputten Computern, kaltem Essen und anderen mir allzu bekannten Alltagsärgernissen, wobei die Reaktionen der Mütter für die Kinder von besonderem Interesse waren. Sie waren so engagiert im Austausch darüber, dass ich sie auf direktem Weg nicht mehr zum Spielen bewegen konnte. Mit einem Gestus von Ich-muss-euch-noch-etwas-ganz-Wichtiges-sagen unterbrach ich schließlich das Gespräch und fing spontan an von einem Piraten zu erzählen (ein aktuelles Thema bei den Kindern), der sehr, sehr sauer war, weil … weil … „sein Schatz verschwunden ist.", ergänzte Lynn. Das war der Aufhänger für eine Geschichte, an deren Anfang zahlreiche Bühnenauftritte von extrem sauren Piraten standen.

6. Klang und Rhythmus

Beim Theaterspielen ist unsere Aufmerksamkeit stark auf das visuell Wahrnehmbare gerichtet. Darüber sollten wir nicht vergessen, dass Klänge und Geräusche ein interessantes Mittel sind, um mit wenig Aufwand spannende Erzählmomente zu gestalten. Klänge und Geräusche können Atmosphäre schaffen, Figuren und Objekte vor unserem geistigen Auge entstehen lassen, Vorgänge imitieren und Orte kreieren: Wir können uns im Kreis sitzend durch die Nachahmung typischer Geräusche in einen nächtlichen Wald, ans Meer oder in eine Großstadt begeben. Ein Summgeräusch verbunden mit einer sich durch die Luft bewegenden Hand kreiert eine Biene, das Knistern einer Alufolie kann uns an ein Lagerfeuer versetzen. Um bei den Kindern dafür ein Bewusstsein zu schaffen, ist es höchst lohnenswert, die klanglichen Möglichkeiten von Instrumenten und Alltagsgegenständen mit viel Zeit und aus der Stille heraus zu erkunden und unseren Körper als Instrument zu entdecken. Von besonderer Bedeutung ist hierbei auch die Stimme, unser aller ureigenes Instrument, das wir immer mit uns tragen und jederzeit einsetzen können.

Klangexperimente mache ich in den meisten Fällen erst mit Kindern ab vier Jahren. Jüngere Kinder sind oft sehr mit der Erkundung des Instruments als Gegenstand beschäftigt und so fasziniert von dessen Materialität, dass der klangliche Aspekt als Mittel zur theatralen Darstellung eines Vorgangs nicht wichtig genug bzw. überhaupt nicht von Bedeutung ist. Eine Ausnahme bilden Klanggeschichten, die einen festen Rahmen für den klar definierten Einsatz von Instrumenten schaffen. Hier können auch Zweieinhalb- bis Dreijährige musikalisch und klanglich aktiv werden.

Die Spiele

Klangwelle 54

Alter: Ab 4

Formation: Kreis

Was hier im Spiel ist: Klang, Rhythmus

➡ Alle sitzen im Kreis. Spieler:in A erzeugt einen Klang oder ein Geräusch mit der Stimme und wiederholt es fortlaufend. Spieler:in B neben ihm/ihr imitiert den Klang und behält ihn ebenfalls bei. Dann steigt Spieler:in C ein usw. Wenn der/die letzte Spieler:in den Klang aufgenommen hat, verstummen auf ein Zeichen der SL alle gleichzeitig. Dann gibt Spieler:in B einen Klang vor, den alle nacheinander aufnehmen bis zum Verstummen, usw. In weiteren Spielrunden werden Klänge mit dem Körper erzeugt.

Wechselklang – Gleichklang 55

Alter: Ab 4

Formation: (Halb-)Kreis

Was hier im Spiel ist: Klang, Rhythmus

➡ Alle Spieler:innen stehen nebeneinander im Halbkreis. Spieler:in A tritt hervor und stellt sich den anderen gegenüber. Er/Sie erzeugt mit deutlicher Bewegung einen Körperklang (z. B. mit den Händen auf die Schenkel patschen, mit den Fingerknöcheln auf den Kopf schlagen, die Hände gegeneinander reiben usw.), den die anderen synchron imitieren. Spieler:in A wiederholt den Klang, die anderen imitieren wieder. So geht es im Wechsel. Spieler:in A reiht sich dann wieder bei den anderen ein und Spieler:in B stellt sich vor den Halbkreis usw. Wenn alle einmal dran waren, stellt sich Spieler:in A mit der SL vor die anderen. Alle erinnern sich an den Klang, den A erzeugt hatte. Dann versuchen sie, den Klang gleichzeitig zu erzeugen. Als nächstes stellt sich Spieler:in B mit der SL vor die Reihe usw.

Hinweis: Eine synchrone Klangerzeugung herzustellen ist recht anspruchsvoll. Bei den Vierjährigen kann man entweder vorher einzählen oder einen Impuls durch ein „Uuuund jetzt!" setzen. Dann aber ist es spannend auszuprobieren, ob es auch ohne Worte geht. Dabei hilft ein starker körperlicher Impuls von der SL.

56

Klänge erraten

Alter: Ab 4

Formation: Kreis

Was hier im Spiel ist: Klang, Rhythmus

➡ Alle Spieler:innen setzen sich in einen Kreis, in dessen Mitte Alltagsgegenstände und Rhythmusinstrumente liegen. Ein:e Spieler:in geht in den Kreis, die anderen drehen sich um 180 Grad, sodass sie mit dem Rücken zu den Gegenständen sitzen. Der/die Spieler:in im Kreis erzeugt nun mit einem Gegenstand einen Klang. Die anderen drehen sich wieder um und versuchen durch Ausprobieren herauszufinden, wie der Klang erzeugt wurde.

Zeitungsmusik

57

Alter: Ab 4

Formation: Kreis, Raum

Was hier im Spiel ist: Klang, Rhythmus

➡ Alle Spieler:innen sitzen im Kreis. Sie bekommen von der SL ein Stück Zeitungspapier. Gemeinsam wird nun erforscht, welche Geräusche man mit Zeitungspapier erzeugen kann, z. B. rascheln, falten, wedeln, reißen, knüllen… Jede:r Spieler:in entscheidet sich für ein Geräusch, das er/sie machen will. Dann setzen sich alle in eine Reihe vor die SL, die die Rolle des/der Dirigierenden einnimmt. Sie deutet abwechselnd auf einen oder mehrere Spieler:innen, die daraufhin ihr Zeitungsgeräusch erzeugen. Die SL entscheidet dabei über das Tempo und die Abfolge der Geräusche in der Zeitungsmusik.

Die Klanglandschaft

58

Alter: Ab 4

Formation: Kreis

Was hier im Spiel ist: Klang, Rhythmus

➡ Alle sitzen im Kreis und stellen sich gemeinsam eine Landschaft vor – einen Wald, einen Strand, Afrika, je nachdem, von welchen Landschaften die Spieler:innen ein Bild haben. Nun erzeugt Spieler:in A einen Klang, der in der Landschaft zu hören ist. Die anderen imitieren ihn. Dann macht Spieler:in B ein Geräusch, das imitiert wird, usw. Danach werden die einzelnen Klänge und Geräusche auf ein Zeichen der SL nacheinander von allen gleichzeitig wiederholt. Im nächsten Schritt erzeugen alle gleichzeitig ihr jeweils erfundenes Geräusch, sodass ein Klang-/Geräuschechor entsteht, der die ausgewählte Landschaft klanglich darstellt.

59 Der klingende Wald

Alter: Ab 4

Formation: Kreis, Raum

Was hier im Spiel ist: Klang, Rhythmus, Körperausdruck

➡ Alle Spieler:innen sitzen im Kreis, in dessen Mitte sich verschiedene Orff-Instrumente und/oder Alltagsgegenstände, mit denen sich Klänge erzeugen lassen, befinden. Zunächst werden die Instrumente und Gegenstände gemeinsam ausprobiert. Jede:r Spieler:in sucht sich ein Instrument aus und wählt dann einen Platz im Raum, an den er/sie sich stellt. Die SL achtet darauf, dass alle gleichmäßig im Raum verteilt sind. Dann verwandeln sich alle in Bäume, die fest verwurzelt im Boden sind und eine große, schöne Baumkrone haben. Die SL läuft nun als Spaziergänger:in durch den Wald und berührt einen „Baum“ mit der Hand. Der/die Spieler:in erzeugt daraufhin einen Klang mit dem Instrument. Die SL geht weiter, berührt einen anderen Baum, ein neuer Klang ertönt. Wenn sie einmal durch ist, ist eine:r der Spieler:innen der/die Spaziergänger:in, der/die durch den Wald geht, um diesen zum Klingen zu bringen. Dabei kann experimentiert werden: Wie ist es, wenn man die Bäume in großem zeitlichem Abstand berührt? Wie ist es, wenn man ganz schnell läuft und die Bäume rasch nacheinander berührt?

Hinweis: Wenn die Gruppe groß genug ist, können auch zwei Spieler:innen im Wald unterwegs sein und mehrere Klänge parallel erzeugen.

Geräuschegeschichte

60

Alter: ab 4

Formation: Kreis

Was hier im Spiel ist: Klang, Rhythmus, Körperausdruck

➡ Alle Spieler:innen sitzen im Kreis. Der Reihe nach erfinden sie ein Geräusch, das sie mit ihrem Körper oder ihrer Stimme erzeugen können, und führen es den anderen vor. Jedem Geräusch wird mit der Frage „Wer oder was klingt so?" eine Figur oder ein Gegenstand zugeordnet und alle gemeinsam machen das entsprechende Geräusch. Die SL fertigt bis zur nächsten Theaterstunde auf Kärtchen Abbildungen der genannten Figuren bzw. Gegenstände an, am besten schwarz-weiß und stark vereinfacht, damit noch genug Raum für die Fantasie der Spieler:innen bleibt. Im Kreis mit den Spieler:innen sitzend legt sie nacheinander die Kärtchen in die Kreismitte. Die Spieler:innen müssen dazu blitzschnell das passende Geräusch machen. Dann werden die Kärtchen gemischt und von neuem gelegt. So gibt es mehrere Runden. Im nächsten Schritt erfindet die SL (alleine oder mit den Kindern) eine Geschichte, in der die verklanglichten Figuren und Gegenstände vorkommen. Sie erzählt die Geschichte den Spieler:innen, die bei der Erwähnung der Figuren/Gegenstände das entsprechende Geräusch machen.

In einer weiteren Spielerunde legt die SL wieder die Kärtchen nacheinander aus. Dieses Mal werden nicht nur die Geräusche erzeugt, sondern auch die Figuren und Gegenstände als Standbild dargestellt. Zuerst von allen gleichzeitig, dann zeigen alle nacheinander ihr Standbild. Danach kann die Geschichte in Szene gesetzt werden.

Hinweis: Es ist wichtig, bei der Erarbeitung der Geräuschgeschichte den Fokus zunächst bei den Geräuschen und beim Zuhören zu lassen. Beginnt man zu früh mit szenischen Aktionen, kommt es schnell zu einer Überforderung, sodass entweder das Szenische oder das Klangliche auf der Strecke bleibt.

7. Gegenstände und Material

Die Verwendung von Gegenständen und Material beim Theaterspiel eröffnet eine weitere Dimension für die Entfaltung der Fantasie bei Spieler:innen und Zuschauer:innen. Dabei gibt es drei Möglichkeiten, wie Gegenstände zum Einsatz kommen können:

- Gegenstände werden in ihrer konkreten Funktion bespielt,
- Gegenstände werden durch die Fantasie der Spieler:innen in ihrer Funktion umgedeutet,
- Gegenstände werden zum Leben erweckt, sodass sie quasi den Status eines Mitspielers bekommen.

Der Einsatz von Gegenständen in ihrer konkreten Funktion ist besonders dann sinnvoll, wenn Kinder sich nicht leichttun, aus dem Nichts zu fantasieren. Hier können Gegenstände eine Hilfestellung sein, um in das gemeinsame imaginäre Spiel zu kommen und Als-ob-Handlungen auszuführen. So kann etwa eine Blechdose einen imaginären Schatz oder imaginäre Süßigkeiten enthalten, eine auf Papier gemalte Schatzkarte wird zur Inspiration für eine Reise zu einem Schatz, aus einer echten Tasse kann ein imaginärer Tee getrunken werden.

Theatral betrachtet wird es dann interessant, wenn die eigentliche Funktion der Gegenstände von den Spieler:innen umgedeutet wird. Dabei lässt sich zwischen zwei Arten von Gegenständen unterscheiden:

- Gegenstände, die in ihrer **Form unveränderbar** sind und in unterschiedlicher Weise benutzt werden, wie etwa eine Blechdose, die als Telefon, als Stuhl oder als Fernglas bespielt werden kann (siehe Spiel Nr. 62 „Kein Kochlöffel").
- Gegenstände oder Materialien, deren Bedeutung sich mit sich mit der **Veränderung ihrer Form** wandelt, wie z. B. ein Regenschirm, der im aufgeklappten Zustand ein Zelt sein kann und in zugeklapptem eine Brücke, über die man läuft. Oder ein Stück Papier, das zusammengeknüllt zum Ball und einmal diagonal gefaltet zum Vogel wird.

So kann eine ganze Geschichte gespielt werden, in der ein einziger Gegenstand oder ein Material in seiner überraschenden Multifunktionalität durch die Handlung führt.

Wenn es darum geht, einem Gegenstand Leben einzuhauchen und ihn als eigenständiges Objekt agieren zu lassen, sodass er gewissermaßen zum Mitspieler bzw. zur Mitspielerin wird, muss er eine Persönlichkeit bekommen, die wir Spieler:innen für ihn erschaffen. Dieser Vorgang ist recht anspruchsvoll, weshalb es im Spiel mit Kindergartenkindern hilfreich ist, dass nicht alle einen eigenen Gegenstand bespielen. Stattdessen widmen sich alle gemeinsam mit der Spielleitung einem einzigen Gegenstand und finden gemeinsam heraus, wie man ihm Leben einhauchen kann: Was kann der Gegenstand? Wie bewegt er sich? Wo wohnt er? Lebt er alleine? Wie macht er sich verständlich? Kann er sprechen? Über solche Fragen nähern wir uns dem Eigenleben des Gegenstandes. (Siehe Spiel Nr. 66, „Die Geschichte einer Wäscheklammer")

Damit das Spiel mit Gegenständen gelingt, ist es wichtig, dass diese möglichst alltäglich und den Kindern bekannt sind, keinen hohen Wert haben, nicht ausdrucksstark sind und für die Kinder keine Gefahr ausstrahlen (vgl. Carrignon (2000), S. 50 ff., Podehl (2008), S. 9). Ich erlebe häufig, dass Kinder ihre Spielsachen, Puppen oder Stofftiere zum Spielen mit in die Theaterstunde bringen wollen. Aber da diese die Funktion von „Lieblingsspielzeug" mit sehr hohem ideellen Wert haben, eröffnen sie keinen Raum für andere Fantasien und lassen sich nicht in anderer Weise bespielen. Ein Kuschelkaninchen als Staubwedel? – Undenkbar! Ein Laserschwert als Rührlöffel? – Geht gar nicht! Deshalb gilt hier die Regel: Spielsachen dürfen während der Theaterstunde eine Pause machen, Puppen und Stofftiere, die als Begleiter notwendig sind, dürfen sich an den Rand der Spielfläche setzen und zuschauen. Auf die Bühne kommen unscheinbare Dinge aus dem Alltag wie Tassen, Gurkenzangen, Löffel, Wäscheklammern, Waschlappen und Kochtöpfe.

Die Spiele

Papiertiere 61

Alter: Ab 3

Formation: Kreis

Was hier im Spiel ist: Hand /Auge Koordination, Übertragung von Emotion auf Material, Körperausdruck

➡ Alle sitzen im Kreis. Die SL hat ein Stück quadratisches Pergamentpapier, das sie beliebig faltet oder knüllt und dann bespielt als ob es ein Tier wäre. Sie fragt die Spieler:innen, was das wohl sein könnte und bespielt es entsprechend weiter. Dann bekommen die Spieler:innen ebenfalls ein Stück Papier, das sie irgendwie falten. Reihum stellen alle ihr Objekt vor, zeigen wie es sich bewegt und welche Geräusche es macht. Dann begegnen sich jeweils zwei Tiere, begrüßen einander, machen eine kurze gemeinsame Aktion und verabschieden sich wieder.

Erweiterung: Nach den Begrüßungen werden die Papiertiere an den Rand des Raumes gesetzt, und die Spieler:innen stellen die zuvor gestalteten Tiere als Standbild dar.

Hinweis: Die Begegnungen der Tiere können ein interessanter Ausgangspunkt für die Entwicklung einer Geschichte sein.

62 Kein Kochlöffel

Alter: Ab 4

Formation: Kreis

Was hier im Spiel ist: Körperausdruck, Bewegung

➡ Die Spieler:innen sitzen oder stehen im Kreis. Die SL hat einen Kochlöffel dabei. Sie sagt: „Das ist kein Kochlöffel, sondern ein …“ und benutzt den Kochlöffel als anderen Gegenstand (z. B. Kamm, Zahnbürste, Stift, Eis…). Die Spieler:innen müssen den Gegenstand erraten. Dann bekommt Spieler:in A den Kochlöffel, sagt den Satz und benutzt den Kochlöffel als anderen Gegenstand, der erraten wird, usw.

Hinweis: Standardspiel aus dem Improvisationstheater.

Tuch mit vielen Gesichtern

63

Alter: Ab 4

Formation: Kreis

Was hier im Spiel ist: Hand-/Auge-Koordination, Übertragung von Emotion auf Material, Körperausdruck

➡ Alle Spieler:innen sitzen im Kreis. Die SL legt ein Gästehandtuch oder ein Stück Stoff ähnlicher Größe in die Mitte. Reihum nehmen alle das Handtuch und machen durch Falten oder Knoten daraus ein anderes Objekt (z. B. ein Kissen, eine Tasche, eine Zunge, eine Krawatte, ein Tier, eine Schatzkarte…) und bespielen es. Das wandelbare Handtuch kann mit auf eine Reise genommen werden und unterwegs verschiedene Funktionen erfüllen.

Variation: Alle bekommen ein Handtuch, und probieren jeweils gleichzeitig den Vorschlag eines/einer Spieler:in aus.

Objekte nachbilden

64

Alter: Ab 4

Formation: Kreis, Bühne

Was hier im Spiel ist: Körperausdruck

➡ Alle sitzen im Kreis. Die SL legt verschiedene Alltagsgegenstände in die Mitte (so viele wie Spieler:innen im Kreis sitzen). Die Spieler:innen beschreiben die Objekte in Größe Form, Farbe und Materialität. Dann setzen sich alle in eine Reihe, gegenüber liegt der Theaterteppich. Neben diesen wird einer der Gegenstände gelegt. Nun gehen die Spieler:innen nacheinander auf den Teppich und bilden das Objekt mit ihrem Körper nach. Dann wird das nächste Objekt neben den Teppich gelegt, usw.

Hinweis: Abwandlung eines Standardspiels aus dem Improvisationstheater.

65 Auf einem anderen Stern

Alter: Ab 5

Formation: Raum

Was hier im Spiel ist: Sprache, Körperausdruck

➡ Die Spieler:innen sind im Raum verteilt. Die SL legt drei Alltagsgegenstände im Raum aus, die zu einem fremden, Lichtjahre entfernten Stern gehören, auf dem alle soeben gelandet sind. Was könnte das sein? Die Spieler:innen setzen sich um einen der Gegenstände und beginnen ihn als Objekt des fremden Sternes zu beschreiben, das auf der Erde nicht existiert. Sie geben ihm einen Namen, besprechen seine Funktion und beschreiben bzw. probieren aus wie er verwendet wird. Dann gehen sie zum nächsten Gegenstand und verfahren in gleicher Weise. Wenn die Funktion der außerirdischen Objekte geklärt ist, verwandeln sich die Spieler:innen nacheinander in Sternbewohner und führen jeweils eines der Objekte vor.

Hinweis: Abwandlung eines Standardspiels aus dem Objekttheater. Man kann auch so viele Gegenstände wie Spieler:innen bereitlegen, sodass am Ende jede:r Spieler:in einen Gegenstand vorführen kann, aber das braucht sehr viel Geduld.

66 Die Geschichte einer Wäscheklammer

Alter: Ab 5

Formation: Kreis

Was hier im Spiel ist: Sprache, Körperausdruck

➡ Alle Spieler:innen sitzen im Kreis. Die SL legt eine Wäscheklammer in die Mitte, die zunächst in ihrem Äußeren beschrieben wird. Dann wird die Klammer reihum gegeben, und alle probieren kurz aus, was man mit der Klammer machen kann. Dann die SL stellt Fragen, die die Spieler:innen gemeinsam beantworten. Was kann die Wäscheklammer? Wie bewegt sie sich? Welche

Geräusche macht sie? Wo wohnt sie? Wer lebt da noch? Hat sie einen Freund? Was mag sie? Was mag sie nicht? Spricht sie? Wenn ja, wie klingt ihre Stimme? So wird die Wäscheklammer nach und nach lebendig. Dann erfinden die Spieler:innen eine Geschichte aus deren Leben. Am Ende erzählt die SL, die Wäscheklammer bespielend, die Geschichte aus der Wäscheklammerperspektive.

Hinweis: Abwandlung eines Spiels aus dem Objekttheater

Aus der Praxis

Mit einer Gruppe Dreijähriger war ich auf einer imaginären Waldwanderung, bei der wir – wie so oft – auf ein gefährliches Raubtier stießen. Wir versteckten uns, bis es Abend war und das Raubtier einschlief. Nun war die Aufgabe, dass alle Spieler:innen leise über das Tier stiegen oder sprangen. Ich wollte nicht, dass eines der Kinder das Raubtier spielt, weil mir aus ähnlichen Spielsituationen bekannt war, dass die anderen sich an dem liegenden Kind stießen oder sich auf es setzten. Kurzerhand nahm ich meine braune Plüschjacke, faltete sie, legte sie auf den Boden, drapierte die Kapuze als Kopf und machte den Anfang beim Übersteigen des Raubtiers alias Jacke. Vier der fünf Kinder auf der anderen Seite wichen zurück und schauten mich mit großen Augen an. Die Jacke auf dem Boden war für sie so realistisch, dass sie Angst bekommen hatten. Sie ließen sich auch nach einer Erklärung meinerseits auf nichts ein. Erst als ich die Jacke nahm, sie anzog und wieder auszog, waren sie beruhigt, hatten aber keine Lust mehr, sie als Raubtier zu bespielen. Stattdessen wollten sie selbst alle das schnarchende Raubtier spielen (selbst gefährlich sein!), und ich musste gefühlte hundert Mal leise und angstvoll über sie drübersteigen.

Der Fehler bei dieser Aktion war, dass die Kinder die Verwandlung der Jacke nicht mitgestaltet hatten. In der folgenden Theaterstunde verwandelten wir die Jacke gemeinsam in das Raubtier und die Kinder hatten kein Problem mehr damit.

8. Bühnenauftritt

Es gibt zahlreiche Spiele, mit denen man aus einer inhaltlichen Situation heraus eine klassische Bühnensituation kreieren kann, bei der die Kinder einen kurzen Solo-Auftritt (oder einen zu zweit) haben, ohne dass dieser explizit thematisiert wird. Die SL baut dafür aus dem Spielfluss heraus die „Bühne", indem sie die Spieler:innen in einer Reihe positioniert, den Theaterteppich in einigem Abstand dazu hinlegt und nahtlos von der vorherigen Spielsituation in die Auftrittssituation wechselt. Beim Spiel „Im Museum“ (Nr. 27) etwa, laufen die Spieler:innen durch den Raum und schauen imaginäre Bilder an, die sie den anderen beschreiben. Im nächsten Moment kündigt die SL an: „Jetzt sind wir im Raum mit den Früchtebildern.“ Alle setzen sich in eine Reihe und nacheinander stellen diejenigen Spieler:innen, die sich zeigen möchten, eine Frucht als Standbild dar. Es gibt hierbei keine Ankündigung des Bühnenauftritts und auch keine Anweisungen für Spieler:innen und Zuschauer:innen. Alles geschieht selbstverständlich im Fluss. Das erleichtert es vielen Kindern, sich alleine vor anderen zu zeigen.

Nun gibt es natürlich auch die Möglichkeit, eine Bühnensituation ohne Kontext zu etablieren und den Kindern bewusst zu vermitteln, dass sie vor anderen auftreten dürfen. Um für diesen Auftritt sowohl bei den jeweiligen Spieler:innen als auch bei den Zuschauer:innen ein Bewusstsein zu wecken, ist die Vorbereitung sehr wichtig:

- Entscheiden Sie, ob die Spieler:innen von vorne, also aus der Zuschauer:innenreihe, die Bühne betreten oder von hinten aus einem Off, das sich mit einer Stellwand oder einem Paravent gestalten lässt.
- Verweisen Sie explizit auf den Theaterteppich oder einen anderen markierten Raum als Bühne. Wer hier steht, ist Schauspieler:in und stellt für die anderen etwas dar. Die Zuschauer:innen sitzen in einer Reihe gegenüber der Bühne und sind aufmerksam.
- Führen Sie das Ritual ein, dass die Zuschauer:innen am Ende des Auftritts Beifall spenden.
- Ganz wichtig: Sagen Sie den Spieler:innen, dass sie nicht einfach auf die Bühne springen, sondern einen bestimmten Weg gehen, der bereits zum Auftritt gehört. Auf diesem Weg wird der/die Spieler:in von den Zuschauer:innen gesehen. Er/sie rennt nicht und macht keinen Quatsch. Entscheiden Sie, ob die Spieler:innen von rechts oder von links auftreten, und dementsprechend sollen sie dann den Weg nehmen. Der Abgang erfolgt in gleicher Weise.
- Wenn ein Kind etwas gezeigt hat, verlässt es die Bühne nicht sofort, sondern bleibt stehen und nimmt den Beifall der Zuschauer:innen entgegen, indem es sich verbeugt. Erst dann verlässt es die Bühne und reiht sich bei den Zuschauer:innen ein.

Um Auftritte vor Publikum erstmals auszuprobieren und zu üben, sind die drei folgenden **Spiele** sehr dankbar:

Sei, wer du willst

67

Alter: Ab 3

Formation: Bühne

Was hier im Spiel ist: Bühnenauftritt, Bewegung, Körperausdruck

➞ Alle Spieler:innen sitzen in einer Reihe. Vor ihnen liegt mit einigem Abstand der Theaterteppich, der als Bühne dient. Die SL fragt Spieler:in A „Wer (oder was) möchtest du sein?“ Spieler:in A sagt daraufhin, wen oder was er/sie darstellen will, geht auf die Bühne und stellt die Figur bzw. den Gegenstand als Standbild dar. Dann löst er/sie die Haltung auf, bleibt einen Moment lang stehen, nimmt den Beifall entgegen, verbeugt sich und verlässt dann die Bühne. Die SL richtet ihre Frage nun an Spieler:in B usw.

Variation: Der/die Spieler:in sagt vor dem Auftritt nicht, wen oder was er/sie darstellen wird, und das Publikum muss das Standbild erraten. Je größer die Ausdrucksmöglichkeiten der Spieler:innen sind, desto interessanter ist diese Variante. Es kann bei diesem Spielvorgang sinnvoll sein, dass das auftretende Kind der SL vor dem Gang zur Bühne ins Ohr flüstert, was es zeigen will, denn es kommt nicht selten vor, dass einzelne Kinder, wenn keine Ansage verlangt wird, ohne Idee auf die Bühne gehen, irgendeine Haltung einnehmen und erst im Laufe des Rateprozesses beschließen, wer oder was sie sind.

Mach, was du willst

68

Alter: Ab 3

Formation: Bühne

Was hier im Spiel ist: Bühnenauftritt, Körperausdruck, Bewegung

➞ Alle Spieler:innen sitzen in einer Reihe. Vor ihnen liegt mit einigem Abstand der Theaterteppich, der als Bühne dient. Die SL fragt Spieler:in A „Was möchtest du machen?“. Spieler:in A sagt den Zuschauern, welche Handlung er/

sie zeigen will, geht auf die Bühne und führt die Handlung aus (z. B. eine Blume pflücken, die Zähne putzen, sich kaputtlachen – es ist alles erlaubt). Danach bleibt er/sie einen Moment lang stehen, nimmt den Beifall entgegen, verbeugt sich und verlässt dann die Bühne. Die SL richtet ihre Frage nun an Spieler:in B usw.

Variation: Der/die Spieler:in sagt vor seinem Auftritt nicht, welche Handlung er/sie zeigen wird, und das Publikum muss erraten, was er/sie tut.

Hinweis: Dieses Spiel stellt im Vergleich zu Spiel Nr. 67 eine Steigerung dar, da ein gespielter Vorgang aus mehreren bewegten Bildern besteht und in seiner Darstellung eine große Genauigkeit braucht, damit er vom Publikum richtig gedeutet werden kann. Wenn Kinder beispielsweise „Händewaschen" spielen, reiben sie häufig schnell die Hände aneinander, und bevor man es realisiert hat, rufen sie schon „Fertig!". Für das Publikum kann das Händereiben alles Mögliche sein. Damit das Händewaschen erkannt wird, muss z. B. gespielt werden, wie ein Wasserhahn aufgedreht, Seife benutzt, der Wasserhahn zugedreht und ein Handtuch benutzt wird. Wenn die Hände in einem See gewaschen werden, muss etwa das Eintauchen der Hände in den See, die Bewegung der Hände im See, das Herausnehmen und das Trocknen der Hände gespielt werden.

69 Die Tasche im Park

Alter: Ab 4

Formation: Bühne

Was hier im Spiel ist: Bühnenauftritt, Körperausdruck, Bewegung

➡ Alle Spieler:innen sitzen in einer Reihe. Auf der Bühne liegt eine Tasche. Ein:e Spieler:in tritt als Spaziergänger:in auf, der/die plötzlich die herrenlose Tasche entdeckt. Er/sie überlegt, ob er/sie sie aufheben soll oder nicht. Die Neugierde siegt und er/sie nimmt die Tasche an sich, um einen Blick hinein zu tun. Was er/sie in der Tasche entdeckt, ist ganz außerordentlich und löst eine starke Reaktion aus. Der/die Spieler:in entscheidet selbst, ob der Tascheninhalt etwa erfreulich, entsetzlich oder verwirrend ist. Genauso entscheidet er/sie, ob er/sie die Tasche schnell wieder fallen lässt und weggeht oder sie mitnimmt.

Hinweis: Bei diesem Spiel handelt es sich um ein Theaterstandardspiel, das von Stefanie Jerg für den Gebrauch mit Kindern beschrieben wurde (s. Marquardt/ Jerg (2010), S. 141).

Es stellt eine weitere Steigerung zu den vorherigen Spielen dar, da der/die Spieler:in mehrere Schritte vollziehen muss, die nicht nur aus äußeren, sondern auch aus inneren Handlungen bestehen und jeweils eine Reaktion auf das Vorangegangene darstellen (Tasche entdecken – überlegen – Inhalt begutachten – mit Emotion reagieren – Entschluss fassen – weglaufen).

Die SL kann die verschiedenen Vorgänge im Spiel mit mehr oder weniger konkreten Fragen unterstützen: Wie nähert man sich einer Tasche, die einem nicht gehört? Wie reagiert man, wenn in der Tasche etwas Ekliges ist? Was macht man, wenn eine Katze darin ist? Wie läuft man weg, wenn man die Tasche mitnimmt, die einem gar nicht gehört? Usw.

Zum Einstieg in dieses Spiel kann es hilfreich sein, wenn Sie als SL zu Beginn selbst eine oder mehrere Möglichkeiten vorspielen. So bekommen die Kinder zum einen Ideen, was sie spielen können, und zum anderen eine Vorstellung von der nötigen Genauigkeit, die beim Spielen der Vorgänge nötig ist. Es passiert nicht selten, dass Kinder eine Zeit lang das Vorgespielte nachahmen, bevor sie eigene Ideen entwickeln und diesen Ausdruck verleihen. Das ist völlig in Ordnung und sollte nicht unterbunden werden. Oftmals ist es die häufige Wiederholung, die uns beim Spiel den Raum für Neues und Anderes öffnet.

Zum Schluss noch eine Anmerkung zu den Altersangaben: Die ersten beiden der drei Spiele können Dreijährige in ihrer Aufgabenstellung problemlos umsetzen. Die Herausforderung liegt hier mehr in der Einhaltung der Spielregeln des Bühnenauftritts. Als Spielleitung brauchen Sie für die Spieler:innen Zeit, bis diese den Vorgang verstehen, während die Zuschauer:innen oftmals mäßig geduldig sind, weil sie warten müssen und, das muss man der Ehrlichkeit halber auch dazu sagen, auf der Bühne nicht wirklich etwas Spannendes passiert. Was für uns als Spielleitung spektakulär sein kann, wenn ein Kind auf der Bühne etwas macht, womit wir nicht gerechnet hätten, muss für die zuschauenden Kinder keineswegs fesselnd sein. Deshalb empfehle ich an dieser Stelle noch einmal: Erzwingen Sie nichts und bleiben Sie im Fluss. Wenn das Spiel mit der Bühnensituation für die Dreijährigen zu mühsam ist, erproben Sie es mit den Vier- oder Fünfjährigen.

9. Spiele zu verschiedenen Themen

9.1 Reise

Das Thema „Reise“ ist ein so wichtiges wie dankbares Element beim Theaterspielen mit den Allerkleinsten. Es ermöglicht uns, jederzeit an einen anderen Ort zu gelangen, in Bewegung zu kommen und unterschiedlichste Spielaktionen miteinander zu verbinden: In Afrika kann man auf gefährliche Tiere treffen, im Apfelland kann man dem Früchtekönig helfen, seinen verlorengegangenen Geschmack wieder zu finden, auf der Pirateninsel will ein Schatz gefunden werden, den sich eine dreiste Piratin unter den Nagel gerissen hat. Das Reisen ist dabei gewissermaßen der immer wiederkehrende, in seiner Form gleichbleibende „Refrain“, auf den jederzeit zurückgegriffen werden kann, um eine Spielsituation zu verlassen und sich in eine neue zu begeben. Je nach Dauer einer Spielaktion kann es innerhalb einer Theaterstunde mehrere Ortswechsel geben, oder jede Theaterstunde einer Einheit hat ein bestimmtes Ziel, das mit An- und Abreise endet. Die Reise findet entweder statt, indem sich alle durch den Raum bewegen (in einem imaginären Flugzeug, Zug, Bus, Auto, Boot usw.) oder indem alle auf einer Decke o. ä. sitzen, die das entsprechende Transportmittel symbolisiert.

Wenn das Reiseziel geklärt ist, besprechen die Spieler:innen, ob, und wenn ja, welches Reisegepäck benötigt wird (siehe Spiel Nr. 70). Danach müssen sie sich auf ein (oder mehrere) Transportmittel einigen und dann kann die Reise auch schon losgehen. Die Reiseziele können während des Spiels entweder komplett imaginiert oder, falls das für die Kinder nicht so einfach ist, mit Tüchern oder Matten im Raum symbolisiert werden. Für den Verlauf des Spiels ist es meist einfacher, wenn ein Ort die gesamte Spielfläche umfasst, damit für eine Erkundung oder die dort stattfindenden Ereignisse mehr Raum ist. (Zum Thema Reise vgl. auch Jerg (2012), S. 18 f.)

Die Spiele

Den Reiserucksack packen

70

Alter: Ab 2

Formation: Kreis

Was hier im Spiel ist: Körperausdruck

➡ Die Spieler:innen versammeln sich im Kreis, um eine Reise anzutreten. Bevor es losgeht, wird besprochen, was dafür eingepackt werden muss: Alle stellen sich reihum einen Rucksack vor, der für die anderen in Größe und Farbe beschrieben wird. Dann nennt jede:r eine Sache, die von allen eingepackt wird. Wenn also ein:e Spieler:in eine Wasserflasche mitnehmen möchte, greifen alle Spieler:innen zu einer imaginären Wasserflasche und stecken sie in ihren Rucksack. Und wenn jemand ein Käsebrot mitnimmt, greifen alle gemeinsam zu imaginärem Brot und Käse, machen daraus das belegte Brot, verpacken es und geben es in den Rucksack. Wenn alle einmal dran waren und noch wichtige Dinge fehlen, gibt es eine zweite Runde. Sobald alles eingepackt ist, werden die Rucksäcke geschlossen – und schon kann die Reise losgehen.

Hinweis: Dieses Spiel ist eine theatralisierte Form des Spiels „Ich packe meinen Koffer".

Die defekte Bustür

71

Alter: Ab 2

Formation: Raum

Was hier im Spiel ist: Körperausdruck, Bewegung

➡ Wenn eine Reise ansteht und ein Omnibus das Verkehrsmittel der Wahl ist, wird der Bus an einer Stelle im Raum visualisiert. Die Spieler:innen gehen zum Bus. Die Bustür öffnet sich mit einem Zischlaut, indem alle die Arme vor den Körper nehmen und mit dem Zischlaut auseinanderstrecken. Dann steigen die Spieler:innen ein, die Tür schließt sich auf dieselbe Weise, indem die Arme zusammengeführt werden. Sobald die Fahrt losgeht, sitzt jedes Kind in seinem eigenen Bus. Das ist zwar nicht ganz konsequent, stellt aber für das Vorstellungsvermögen der Kinder kein Problem dar und erleichtert das Gehen im Raum, da es vor allem für Zwei- und Dreijährige schwierig ist, in einer Schlange zu laufen und das Tempo zu halten. Alle haben also ein imaginäres Lenkrad in der Hand und gehen brummend kreuz und quer durch den Raum. Plötzlich lässt sich die SL auf den Boden fallen und ruft: „Oh nein. Die Bustür hat sich geöffnet, und ich bin rausgefallen." o. ä. Sie weist darauf hin, dass alle Bustüren offen sind, und lädt die Kinder ein, sich ebenfalls zu Boden fallen lassen. Dann steht die SL wieder auf und drängt darauf, dass alle schnell wieder in den Bus steigen, bevor er weiterfährt. Die offene Tür wird unter Ächzen zugeschoben. Dann geht die Fahrt wie gehabt weiter, bis die SL wieder auf den Boden fällt, usw. Wichtig ist eine flotte Abfolge der Vorgänge, damit die Kinder, wenn sie auf dem Boden liegen, nicht auf die Idee kommen, aus dem Spiel auszusteigen. Außerdem ist der Spaßfaktor hoch, wenn es alle gleichzeitig schaffen, denselben Bewegungsablauf (laufen, hinfallen, aufstehen, großer Schritt, ächzen mit Armbewegung) zu vollziehen.

72

Zugfahrt

Alter: Ab 3

Formation: Raum

Was hier im Spiel ist: Körperausdruck, Bewegung

➡ Die SL lädt die Spieler:innen zu einer Reise mit dem Zug ein. Da dieser gleich losfährt, müssen alle schnell zum Bahnhof rennen und in den Zug einsteigen. Die SL zeigt dabei auf eine Stelle im Raum, wo der imaginäre Zug steht. Wenn alle eingestiegen sind, verwandelt sich die SL in den/die Schaffner:in, der/die Tickets kontrolliert, die Reisenden darauf aufmerksam macht, dass sie ihr Gepäck verstauen müssen, und die Türen schließt. Dann beginnt die Fahrt. Die Spieler:innen bilden dabei eine Schlange und fassen mit den Händen jeweils die Schultern ihres Vordermanns. Ganz vorne ist die SL, die den Zug steuert. Er beginnt ganz langsam sich in Bewegung zu setzen, was von allen mit sch-sch-sch-sch begleitet wird. Dann wird der Zug schneller (ebenso das Geräusch), macht plötzlich eine Linkskurve, kurz danach eine scharfe Rechtskurve. Plötzlich geht es steil bergauf. Der Zug wird immer langsamer und langsamer. Oben angekommen geht es wieder steil bergab, der Zug rast nach unten, was von lautem Geschrei begleitet wird. Dann wird er wieder langsamer und hält schließlich am Reiseziel. Der/die Schaffner:in alias SL öffnet die Tür, weist die Reisenden darauf hin, dass sie nichts vergessen sollen, und verabschiedet alle einzeln.

Der wilde Ritt

73

Alter: Ab 3

Formation: Kreis

Was hier im Spiel ist: Körperausdruck, Bewegung, Warm-up

➡ Alle Spieler:innen stehen im Kreis, heben einen Sattel auf ein imaginäres Pferd (oder Einhorn oder…) und legen diesem Zaumzeug an. Dann steigen sie gleichzeitig auf und der Ritt beginnt. Dabei springen die Spieler:innen auf der Stelle schnell von einem Bein auf das andere und patschen mit den Händen im Wechsel auf die Oberschenkel. Wenn die SL „Hindernis" ruft, machen alle einen hohen Sprung. Wenn sie „Tunnel" ruft, bücken sich alle schnell. Wenn sie „Foto" ruft, machen alle im Ritt ein Foto, indem sie mit ihren Händen eine Kamera formen, diese vors Gesicht halten und „klick" rufen. Das Tempo der Bewegung und der Ansagen steigert sich, bis der Ritt schlagartig endet und alle von ihren Pferden absteigen.

Hinweis: Abwandlung des Bewegungsspiels „Pferderennen".

74 Reisefotos

Alter: Ab 3

Formation: Kreis, Bühne

Was hier im Spiel ist: Körperausdruck, Sprache

➡ Im Anschluss an eine Reise oder an das Spiel „Der wilde Ritt“ (Nr. 73) können sich die Reisenden gegenseitig ihre Reisefotos zeigen. Dazu sitzen alle im Kreis. Wer an der Reihe ist, zeigt den Umsitzenden seine Handinnenfläche und sagt: „Auf meinem Foto ist ein ......zu sehen“. Die Beschreibung darf ausführlich sein mit Landschaftsbeschreibung und Details, kann aber auch kurz sein und nur ein einziges Fotomotiv benennen.

Wenn alle Spieler:innen ihr Foto gezeigt haben, setzen sie sich in Zuschauerposition, und auf der Bühne wird ein Foto nach dem anderen mit so vielen Spieler:innen wie nötig als Standbild dargestellt.

Hinweis: Dieses Spiel ist eine Abwandlung des Spiels „Urlaubsfotos“ von Birgit Thomas (s. Marquardt/Jerg (2010), S. 157).

75 Raketenreise zu fernen Planeten

Alter: Ab 3

Formation: Raum

Was hier im Spiel ist: Körperausdruck, Bewegung, Klang

➡ Die SL kündigt den Spieler:innen eine Reise zu fernen Planeten und Sternen an. Alle stellen sich in einen Kreis und machen einen Schritt nach vorne: Die Rakete wird bestiegen. Der Reihe nach schließen die Spieler:innen die imaginäre Tür, durch die sie in die Rakete gelangt sind. Mit einem Schritt bewegen sie sich in Richtung Kreismitte, wo der Startknopf der Rakete ist. Er wird von allen Spieler:innen gleichzeitig mit dem Zeigefinger gedrückt. Dann gehen sie auf ihre Plätze zurück und beginnen mit den Handflächen im Wechsel auf die Schenkel zu patschen. Dies wird von einem „Raketengeräusch“, das alle mit der Stimme erzeugen, begleitet. Das Schenkelpatschen wird schneller, das Geräusch lauter. Nun fangen alle an, auf der Stelle mit den Füßen zu trippeln, werden dabei immer noch schneller, so lange, bis die SL den Impuls gibt, die Arme nach oben zu nehmen und hochzuspringen. Der Sprung zeigt die Landung der Rakete an. Die Türen werden vorsichtig geöffnet, und ebenso vorsichtig steigen alle aus, um sich umzusehen. Die SL weist flüsternd darauf hin, dass sie auf dem Planeten der gefräßigen Roboter gelandet sind. Um nicht weiter aufzufallen, bewegen sich alle wie Roboter und machen gierige Geräusche. Irgendwann stolpert die SL, weshalb sie von den Robotern als Fremde:r erkannt wird (wird von der SL gespielt). Also müssen alle schnell zur Rakete zurück, einsteigen – Türe schließen – Startknopf drücken usw. Die Reise führt zu einem weiteren Planeten. Hier sind riesige Schokopuddinge unterwegs, die alles überrollen, was nicht Pudding ist. Also verwandeln sich die Spieler:innen blitzschnell in Pudding, um unauffällig zu bleiben. Weil die Puddinge aber so lecker riechen, beschließen die Spieler:innen auf Anregung der SL ein klein wenig davon zu stibitzen. Das führt dazu, dass sie enttarnt werden (wird von der SL initiiert oder alle wechseln für diesen Moment die Rolle) und schnell zur Rakete zurück müssen. Diese wird wie vorher gestartet. Auf dem nächsten Planeten leben die wuseligen Schluckaufs, die alles Fremde niederwuseln. Also tarnen sich die Spieler:innen wieder und bewegen sich wie die Schluckaufs, die in winzigen Schritten ganz schnell rennen, plötzlich stehen bleiben, gleichzeitig einen Schluckauf haben und dann bis zum nächsten Schluckauf wieder weiterwuseln usw. Irgendwann bekommt die SL einen Hustenanfall, was zur Enttarnung (wie gehabt) und damit zur Flucht in die Rakete und deren Start führt. Bei der Landung auf weiteren Planeten schlägt nun jeweils ein:e Spieler:in vor, wem oder was man dort begegnet.

Hinweis: Dieses Spiel hat sich aus dem Bewegungsspiel „Die Rakete starten lassen“ entwickelt.

76

Die Höhlenwanderung

Alter: Ab 3

Formation: Raum

Was hier im Spiel ist: Körperausdruck, Bewegung

➡ Die SL kündigt den Spieler:innen eine Höhlenwanderung an. Wenn alle eingepackt haben, was dafür nötig ist, beginnt die Reise zur Höhle. Dort angekommen, markiert die SL den imaginären Höhleneingang, der sehr niedrig ist, sodass man hindurchkriechen muss. Alle folgen ihr in einer Schlange. Auf dem weiteren Weg verändern sich der Höhlenraum (z. B. eng, niedrig, hoch) sowie die Bodenbeschaffenheit (z. B. Steine im Wasser, Schlamm, heißer Sand). Die Veränderungen werden von der SL angesagt und dann von allen durch entsprechende Körperhaltung und Bewegung umgesetzt.

Für das Ende der Wanderung gibt es zwei Möglichkeiten: Entweder wird ein Ausgang gefunden oder die Gruppe geht denselben Weg zurück. Dabei müssen sich die Spieler:innen an die zurückgelegte Wegstrecke erinnern.

Hinweis: Theaterstandardspiel

9.2 Tiere

Tiere sind ein beliebtes Thema bei Kindern aller Altersstufen. Bereits Zweijährige ahmen Tiere, die sie aus der Realität oder aus Bilderbüchern kennen, mit Begeisterung nach. Sie lassen sich durch eine simple Haltung und einen eindeutigen Laut leicht darstellen: Ein Kind, das im Vierfüßlerstand „Miau" sagt, wird von Zuschauer:innen sofort als Katze identifiziert; eines, das im Vierfüßlerstand faucht, als Raubtier, und eines, das auf dem Bauch liegt und „sssss" macht, als Schlange. Kommt noch eine Bewegung dazu, kann die Charaktereigenschaft, die Kinder manchen Tieren gemeinhin zuschreiben, zum Ausdruck gebracht werden: Dass eine Katze lieb ist, kann sichtbar gemacht werden, indem das miauende Kind im Vierfüßlerstand lächelt und seinen Kopf an einer anderen Person reibt. Die Gefährlichkeit eines Raubtiers zeigt sich, indem das Kind im Vierfüßlerstand die Arme vom Boden hebt, die Finger krümmt, den Mund aufreißt und brüllt. Der/die Darsteller:in der Schlange kann die Hände vor seinem Gesicht öffnen und schließen und hinter jemandem herkriechen. Das signalisiert für die Zuschauer:innen, dass gleich jemand gefressen wird, die Schlange also ebenso wie das Raubtier gefährlich ist.

Für die Kinder sind bei der Gestaltung von Tierszenen drei Charaktereigenschaften von Tieren besonders interessant:

- **Gefährliche Tiere** (z. B. Tiger, Wolf, Löwe, Krokodil, Hai): Ihre Darstellung bietet die Möglichkeit des kraftvollen körperlichen Spiels, bei dem sich Kinder stark und unangreifbar erleben und dies auch von den Zuschauenden gespiegelt bekommen (siehe Kapitel I).
- **Beschützenswerte Tiere** (Hunde, Katzen, Eulen und sämtliche „Baby-Tiere“): In dieser Darstellung steckt das Thema Versorgen und Versorgt werden, das Kinder mit großer, bisweilen endloser Hingabe spielen und oftmals recht abrupt in Geschichten einbringen, in denen es eigentlich um etwas ganz anderes geht.
- **Lustige und freche Tiere** (z. B. Affe, Eichhörnchen): Die Darstellung derselben ermöglicht es den Kindern, andere zum Lachen zu bringen oder Dinge zu tun, die im Alltag nicht erlaubt sind. Der/die Darsteller:in eines Eichhörnchens etwa kann andere Spieler:innen mit Nüssen bewerfen (eine häufig gewählte Aktion), die als Reaktion darauf einen großen Schmerz spielen und dadurch eine komische Situation kreieren. Ebenso etwa der/die Darsteller:in eines Affen, der eine Bananenschale vom Baum wirft, auf der ein Tiger ausrutscht.

Des Weiteren gibt es natürlich jede Menge Tiere, die im Verständnis von älteren Kindern (ca. ab vier Jahren) keine eindeutige Haupteigenschaft haben und je nach Situation charakterlich gedeutet werden. Ein Elefant beispielsweise kann gefährlich sein und alles niedertrampeln oder lustig sein und andere mit Wasser bespritzen. Ein Pferd kann lieb sein und sich streicheln lassen oder wild sein und durch die ganze Welt galoppieren.

Die folgenden **Spiele** laden ein zum theatralen Experimentieren mit Tieren zu Lande, zu Wasser und in der Luft:

77 **Die Fliege**

Alter: Ab 2

Formation: Kreis, Raum

Was hier im Spiel ist: Körperausdruck, Klang

➡ Alle Spieler:innen sitzen im Kreis. Die SL greift überraschend mit dem Satz „Oh, eine Fliege!" in die Luft und schnappt die gerade entdeckte imaginäre Fliege, indem sie die Faust schließt. Mit Summgeräuschen lässt sie die Fliege Kapriolen schlagen (die durch die Bewegung der Hand sichtbar werden) und setzt sie dann dem/der Spieler:in neben sich auf den Arm, das Bein oder den Kopf o. ä. Der/die Spieler:in nimmt die Fliege und lässt diese mit oder ohne Kapriolen und einem Summgeräusch zum/zur Spieler:in neben sich fliegen, usw.

Hinweis: Standardspiel aus dem Improvisationstheater. Es kann sein, dass dieses Spiel für kleinere Kinder zu Beginn unheimlich ist, wenn sie nicht sofort verstehen, dass die Fliege nur imaginär ist. Dann empfiehlt es sich, dass die SL die Fliege mehrfach bei sich selbst landen lässt (Kopf, Schulter, Nase, Bauch usw.) und jeweils eine Reaktion dazu spielt. Dadurch verstehen die Kinder, dass die Fliege nur imaginiert ist, und können es genießen, erst einmal nur zuzuschauen.

78 **Die Spinne**

Alter: Ab 2

Formation: Kreis

Was hier im Spiel ist: Körperausdruck

➡ Die Spieler:innen sitzen im Kreis. Die SL macht auf ein leises Geräusch aufmerksam, das sie selbst erzeugt. Sobald alle mit ihrer Konzentration bei dem Geräusch sind, setzt sie ihre Hand neben sich auf den Boden und krabbelt mit ihr in Richtung Kreismitte. Dabei moderiert sie, dass offensichtlich eine

Spinne unterwegs ist. Diese ist sehr neugierig, nähert sich den Spieler:innen und betastet sie ein wenig. Dann weist die SL darauf hin, dass noch mehr Spinnen unterwegs sind, zeigt auf die Hände der Spieler:innen und motiviert diese, ihre Hände ebenfalls als Spinnen über den Boden krabbeln zu lassen. Die Spinnen kommen sich näher, ziehen sich wieder zurück, essen vielleicht etwas, das sie auf dem Boden gefunden haben. Plötzlich rennt die Spinne der SL auf deren Knie und fängt an sie zu kitzeln. Die SL fängt an zu kichern. Wenn die Spinne aufhört zu kitzeln, endet auch das Kichern und die SL geht ins Freeze. So geht es ein paar Mal hin und her. Die anderen Spinnen tun es der Spinne der SL gleich, sodass alle im Wechsel zwischen kitzeln/kichern und Ruhe/Stumm-sein unterwegs sind. Dann läuft die Spinne weiter zu Bauch, Armen, Gesicht, Kopf usw. und kitzelt immer intensiver. Das Kichern steigert sich zu lautem Gelächter und die Situation wird immer chaotischer. Schließlich wälzen sich alle auf dem Boden vor Lachen. Irgendwann ruft die SL „Stoooop!“ und hält die Spinnenhand mit der anderen Hand fest. Alle setzen sich wieder in den Kreis, beschließen, die Spinne vor die Tür oder vor das Fenster zu setzen und schütteln die Spinnenhand dann entsprechend aus.

Erweiterung: Es ist auch möglich, dass die Spinne am Ende auf ein anderes Tier trifft, etwa auf die Fliege aus Spiel 77, und die beiden beschließen z. B., gemeinsam etwas zu unternehmen. Das kann ein schöner Ausgangspunkt für ein Reisespiel sein.

Die Katze aus dem Koffer

79

Alter: Ab 2

Formation: Kreis

Was hier im Spiel ist: Körperausdruck, Bewegung

➡ Vor der Theaterstunde stellt die SL an unauffälliger Stelle im Raum einen kleinen Koffer ab. Nach der Begrüßung im Kreis fängt die SL an Miau-Geräusche zu machen, die sie selbst mit einem „Psst. Habt ihr das gehört?“ unterbricht. Das macht sie ein paarmal, bis sie die Aufmerksamkeit der Spieler:innen damit in Richtung Koffer lenkt, diesen entdeckt und behauptet, dass die Geräusche von dort kommen. Sie holt den Koffer und stellt ihn in den Kreis.

Dann macht sie noch einmal Katzengeräusche, öffnet den Koffer vorsichtig und stellt erstaunt und erfreut fest, dass lauter kleine Katzen im Koffer sind. Sie hebt eine der imaginären Katzen heraus und fragt die Spieler:innen, ob sie auch eine haben möchten. Dann darf sich jede:r Spieler:in eine Katze nehmen. Der Koffer wird weggestellt. Alle Spieler:innen führen nun den anderen ihre Katze vor, indem sie die Größe zeigen und die Farbe benennen. Danach werden die Katzen auf den Boden gesetzt und gestreichelt, bis die SL feststellt, dass diese hungrig sind. Alle stellen eine imaginäre Schüssel vor sich hin, gießen gleichzeitig Milch oder Wasser oder das Getränk, das die Spieler:innen vorschlagen, hinein, setzen ihre Katze davor und machen Trinkgeräusche. Dann wird die Katze wieder gestreichelt und schläft ein.

Es ist auch möglich, dass die Spieler:innen sich beim Milchtrinken selbst in Katzen verwandeln, trinken, sich putzen, schlafen oder als Katzen zu einem Abenteuer starten.

Hinweis: Um am Anfang die Katzen im Koffer zu etablieren, braucht es ein flottes Spieltempo von Seiten der SL, damit die Kinder nicht auf die Idee kommen, sich beim ersten oder zweiten Miaugeräusch in Katzen zu verwandeln. Falls sie dies dennoch tun – Kofferspiel verwerfen und direkt in ein Katzenabenteuer starten.

80 **Affenpicknick im Sturm**

Alter: Ab 2

Formation: Kreis, Raum

Was hier im Spiel ist: Körperausdruck, Bewegung

➡ Die Spieler:innen sitzen im Kreis und stellen sich gemeinsam mit der SL einen Wald vor, in dem Affen leben. Dann verwandeln sich alle in Affen, die auf Bäumen unterwegs sind und von Ast zu Ast springen. Die SL regt in der Rolle als Affe an, dass alle Affen ein Picknick auf dem höchsten Baum im Dschungel machen. Dafür sammeln sie zunächst unterschiedliche Dinge, die beim Picknick gegessen werden können. Dann klettern sie gemeinsam oder nacheinander den imaginären höchsten Baum hinauf und lassen sich in dessen Krone nieder. Diese kann vom Theaterteppich markiert werden, um den alle herumsitzen. Nun zeigt reihum jeder Affe, was er zu essen mitgebracht hat, und legt es in die Mitte des Kreises. Dann fangen alle gleichzeitig an z. B. eine Banane zu essen. Danach essen alle gleichzeitig eine Nuss usw. Aber gerade als die Affen alle schön beim Essen sind, kommt ein starker Wind auf (von der SL initiiert), der den Baum und damit auch die Affen zum Schwanken bringt, d. h. alle bewegen sitzend den Oberkörper hin und her. Der Wind entwickelt sich zu einem Sturm, wobei die Hin- und her-Bewegungen immer ausladender werden, und schließlich fallen die Affen vom Baum (d. h. die sitzenden Spieler:innen kippen um). Nach ausgiebigem Jammern stellen sie fest, dass der Wind sich beruhigt hat, und sie klettern wieder auf den Baum. Kaum sitzen sie, kommt wieder Wind auf und das Spiel beginnt von vorne. Am Ende des Sturms genießen die Affen ihr Picknick und springen schließlich von Ast zu Ast wieder nachhause.

Hinweis: Wenn Kinder bei der Beschreibung der gesammelten Nahrungsmittel etwas vorschlagen, das es nicht in der Natur gibt, wie Käse oder Salami, empfehle ich, dieses gelten zu lassen, um den Fluss der Fantasie nicht zu unterbrechen.

Die Fliege ohne Flügel

81

Alter: Ab 3

Formation: Kreis

Was hier im Spiel ist: Körperausdruck, Bewegung

➡ Alle Spieler:innen sitzen im Kreis und lassen eine imaginäre Fliege reihum kreisen (s. Spiel Nr. 77). Wenn die Fliege eine Runde gedreht hat und wieder bei der SL gelandet ist, lässt diese sie mit lautem Summen nach oben fliegen. Dann gerät das Summen ins Stocken, der Arm der SL sinkt langsam herab – die Fliege stürzt ab. Ursache: Sie hat einen Flügel verloren, wie die SL den anderen mitteilt. Das wird zunächst von allen Spieler:innen kräftig bedauert. Dann machen sie sich ganz vorsichtig, den Boden abtastend, auf die Suche nach dem verlorenen Flügel. Wenn er gefunden ist, machen die Spieler:innen Vorschläge, wie man ihn wieder an die Fliege anbringen kann (anschrauben, ankleben …), was dann von allen gleichermaßen ausgeführt wird. Danach verwandeln sich nacheinander alle Spieler:innen in die Fliege und „fliegen" einmal um den Kreis herum, um den reparierten Flügel zu testen. Vielleicht krabbelt die Fliege zunächst nur oder bewegt den Flügel ganz vorsichtig oder macht vor Begeisterung einen Speed-Start. – Das bleibt jedem/jeder Spieler:in überlassen.

Hinweis: Dieses Spiel lässt sich sehr gut an Spiel Nr. 77 anschließen.

82

Guter Bär – böser Bär

Alter: Ab 3

Formation: Raum

Was hier im Spiel ist: Körperausdruck, Bewegung

➡ Ein:e Spieler:in stellt einen kleinen Bären dar, der, in der Mitte des Raumes sitzend, sehr freundlich aussieht und niedliche Geräusche macht. Die anderen Spieler:innen betrachten ihn aus einiger Entfernung und beschließen, motiviert durch die SL, ihn zu streicheln. Sie nähern sich ruhig und langsam an, und beginnen, ihn ganz vorsichtig zu streicheln. Der kleine Bär genießt die Zuwendung. Aber dann, ganz plötzlich fängt er an zu knurren und zu grollen, sodass die Bärenstreichler:innen schnell wegrennen. Der Bär schaut wieder lieb und unschuldig, sodass die Spieler:innen beschließen, sich ihm wieder anzunähern, usw. Jede:r Spieler:in ist einmal der Bär.

Hinweis: Dieses Spiel lebt vom plötzlichen Wechsel von langsam zu schnell, von leise zu laut und hat einen großen Spannungsmoment, weil niemand weiß, wann der Bär sich wandelt. Mit älteren Kindern lohnt es sich auszuprobieren, den Wandel mal schneller, mal langsamer zu vollziehen, damit sie bewusst erleben, wie Spannung erzeugt wird. Für die jüngeren liegt der Spaß vor allem im Wegrennen, das meist von ohrenbetäubendem Geschrei begleitet wird. Die Streichelaktion gestaltet sich daher häufig relativ kurz, was völlig in Ordnung ist.

Der Fisch im Netz 83

Alter: Ab 3

Formation: Bühne, Kreis

Was hier im Spiel ist: Körperausdruck, Bewegung

➡ Die Spieler:innen sitzen in einer Reihe. Nacheinander gehen sie auf die Bühne und verwandeln sich in einen Fisch im Meer. Die Zuschauer:innen beschreiben, was sie beobachten, also etwa, wie der Fisch sich bewegt, wie er schaut usw. Dann begeben sich alle in die Mitte des Raumes, bilden im Stehen einen Kreis und halten sich an den Händen. Ein:e Spieler:in geht in die Mitte des Kreises. Er/sie verwandelt sich wieder in den vorherigen Fisch im Meer. Dieser ist in ein Fischernetz geraten (die Spieler:innen im Kreis) und muss nun versuchen sich zu befreien, indem er ein Loch im Netz findet, durch das er schwimmen kann, d.h. er muss irgendwie eine Lücke zwischen den Spieler:innen finden, die das Netz bilden. Wenn er es geschafft hat, sich zu befreien, ist der/die nächste Spieler:in der Fisch.

Der Hai kommt 84

Alter: Ab 3

Formation: Raum

Was hier im Spiel ist: Körperausdruck, Bewegung

➡ Die Spieler:innen begeben sich mit der SL auf eine Unterwasserreise (indem sie tief Luft holen und gemeinsam untertauchen oder mit einem U-Boot unterwegs sind oder sich eine Taucherausrüstung anlegen und ins Meer rennen usw.). Am Meeresgrund angekommen, beobachten die Spieler:innen zunächst verschiedene Tiere und Pflanzen, erzählen sich gegenseitig, was sie sehen, und stellen die entsprechenden Tiere und Pflanzen gemeinsam dar.

Dann stellt sich ein:e Spieler:in in eine Ecke des Raumes, die die SL als Haihöhle definiert hat, während die anderen sich durch die Unterwasserwelt bewegen. Der:die Spieler:in in der Haihöhle ist nun der Hai. Wenn die SL ruft: „Der Hai kommt!“, müssen sich alle ganz schnell in eine Wasserpflanze (fest auf dem Boden stehen, Oberkörper und Arme bewegen sich) oder einen Stein, der auf dem Meeresgrund liegt, verwandeln. Der Hai kommt angeschwommen, schwimmt zwischen den Pflanzen und Steinen hindurch, findet aber nichts Interessantes und schwimmt wieder in seine Behausung zurück. Wenn er weg ist, verwandeln sich alle wieder zurück. Dann ist ein:e andere:r Spieler:in der Hai.

85

Das Aquarium

Alter: Ab 4

Formation: Bühne, Raum

Was hier im Spiel ist: Körperausdruck, Bewegung

➡ Alle Spieler:innen sitzen in einer Reihe. Gemeinsam mit der SL stellen sie sich ein großes Aquarium auf der Spielfläche vor und beschreiben es. Dann fragt die SL jede:n Spieler:in, was für ein Fisch er/sie ist. Die Kinder werden entweder konkret eine Fischart benennen oder einen Fisch nach Farbe und Größe beschreiben. Beides ist ok. Wenn sie sich schwertun, von sich aus einen Fisch zu beschreiben, kann die SL zu Farbe, Größe, Bewegungsart usw. Fragen stellen. Sobald alle Spieler:innen einen Fisch beschrieben haben, geht eine:r nach dem/der anderen in das Aquarium und schwimmt dort als dieser Fisch (oder frisst, schläft…), während die anderen Spieler:innen diesen beobachten.

Im nächsten Schritt begeben sich alle Spieler:innen in das Aquarium. Die SL beobachtet sie und beschreibt die „Fische“ in ihrer Tätigkeit. Plötzlich ruft sie: „Oh nein. Das Aquarium verliert Wasser.“ Mit der Hand deutet sie den sinkenden Wasserstand an und ruft: „Den Fischen wird ganz schlecht und sie können sich gar nicht mehr bewegen.“ Daraufhin gehen die Spieler:innen in einer Mir-ist-ganz-übel-Haltung ins Freeze, bis die SL einen Schlauch findet und das Aquarium wieder mit Wasser füllen kann. Dann bewegen sich die Fische wieder, bis die SL erneut kundtut, dass das Aquarium kein Wasser mehr hat usw.

Erweiterung: Wenn die Kinder sich fragen, weshalb das Aquarium Wasser verliert, können sie sich von Fischen in Aquariumswärter:innen verwandeln, die gemeinsam die Ursache finden und beseitigen müssen. Meistens nennen die Kinder ein Loch, das dann irgendwie geflickt werden muss.

Hinweis: Dieses Spiel ist sehr gut geeignet, um an einen Bühnenauftritt heranzuführen.

Streit im Dschungel

86

Alter: Ab 4

Formation: Kreis, Raum

Was hier im Spiel ist: Körperausdruck, Bewegung, Sprache

➡ Die Spieler:innen sitzen im Kreis und stellen zunächst gemeinsam mit der SL einen Dschungel mit verschiedenen Geräuschen dar – Tierlaute, Wind, Blätterrascheln usw. Dann überlegt sich jede:r, welches Dschungeltier er/sie darstellen möchte, führt es den anderen vor, und diese imitieren es gemeinsam. Wenn alle ihr Tier gefunden haben, bewegen sie sich als dieses durch den Raum und geben entsprechende Laute von sich. Plötzlich fordert die SL zum Stopp auf, denn sie hat ein Geräusch gehört – die knurrenden Mägen der Dschungeltiere, die großen Hunger haben, aber nichts zu essen finden. Hungrig bewegen sie sich durch die Gegend, und dann liegt da plötzlich ein riesiges, saftiges Stück Fleisch (ein Stück Holz, das die SL in die Mitte des Raumes legt). Die Tiere gruppieren sich darum. Auf ein Zeichen der SL stürzen sich zwei einander gegenübersitzende Tiere auf das Fleisch, packen es, ziehen es hin und her und rufen dabei im Wechsel „Meins! – Meins!". Dann legen sie es wieder ab und die nächsten beiden Tiere sind an der Reihe usw. Wenn alle einmal dran waren, beginnt das Spiel von vorne. Dieses Mal allerdings ohne das Stück Holz. Die SL lenkt dafür den Blick der Spieler:innen in die Kreismitte und beschreibt ein leckeres imaginäres Fleischstück. Dann streiten sich wieder je zwei Spieler:innen um dieses imaginäre Fleischstück, tun dies aber im gleichen Rhythmus und mit der gleichen Körperlichkeit wie zuvor beim Holzstück.

Am Ende lädt die SL alle ein, sich gleichzeitig als Tiere auf das imaginäre Fleischstück zu stürzen, daran zu zerren und „Meins!" zu rufen, bis sie ein Zeichen gibt, dass das Fleischstück zerreißt. Die Tiere fallen nach hinten, schnappen sich dann ihr Fleischstück und suchen sich irgendwo im Raum einen Ort, an dem sie es schmatzend verschlingen.

Aus der Praxis

Mit einer Gruppe vierjähriger Mädchen und Jungen spielte ich das Spiel „Guter Bär – böser Bär" (Nr. 82). Nacheinander spielten alle einmal den Bären, der sich zunächst streicheln ließ und dann die anderen mit Grollen erschreckte, sodass sie unter lautem Geschrei wegrannten. Als letzter war Bilal an der Reihe, der in allen bisherigen Theaterstunden durch hohe Energie, körperlichen Krafteinsatz und Spaß an allem, was laut ist, aufgefallen war. Ich verkniff es mir, ihn darauf hinzuweisen, dass er sich in der Rolle des bösen Bären mäßigen solle, war aber in Hab Acht-Stellung, um sofort dazwischen zu gehen, falls er im Moment des Stimmungswechsels über das Ziel hinausschießen sollte. Bilal saß nun auf dem Theaterteppich, die anderen Kinder näherten sich langsam und fingen vorsichtig an ihn zu streicheln. Er lächelte, schloss die Augen, ließ sich streicheln und es passierte – gar nichts. Nach einiger Zeit flüsterte ich ihm zu, dass er jetzt dann mal böse werden müsste, weil ich damit rechnete, dass den anderen Kindern die Geduld ausgehen würde. Bilal seufzte, lächelte weiter und genoss sichtbar die Streicheleinheiten. Ich wies ihn nochmals auf den bösen Bären hin, aber nichts geschah. Hilflos lachend äußerte ich schließlich, dass der Bär wohl gar nicht böse sei, worauf Felix rief: „Er braucht etwas zu fressen!". Sofort rannten alle los und brachten dem Bilal-Bären etwas Imaginäres zu fressen, das dieser genüsslich verspeiste. Die nächste Idee war, dass der Bär etwas zu trinken bräuchte und ein Spielzeug und eine Decke. Am Ende lag Bilal auf dem Rücken, alle anderen saßen um ihn herum und streichelten ihn voller Hingabe. Mir wurde dann die Rolle der bösen Spielzerstörerin zuteil, als ich nach gefühlten fünf Stunden auf das Ende der Theaterzeit verwies. „Was??? Wieso aufhören???" schmetterte es mir empört entgegen.

Natürlich wäre es auch möglich gewesen, das Spiel wieder in andere, theatralere Bahnen zu lenken, aber es war so faszinierend zu erleben, wie dieser Junge, der sich so sehr über Kraft und Aktion definierte, das Loslassen und das sich Hingeben genoss und eine andere Seite seiner Persönlichkeit auslebte. Welcher Ort wäre dafür besser geeignet als der geschützte Bühnenraum?

9.3 Monster

Das Spiel mit Monstern gewinnt nach meiner Erfahrung bei Kindern ab ca. dreieinhalb Jahren an Bedeutung und ist eng mit dem Thema Angst verbunden. Im Gegensatz zu Tieren sind Monster in ihrem Äußeren nicht klar definiert und bilden als Fantasiewesen eine riesige Projektionsfläche für Ängste aller Art. Im Alter zwischen zwei und fünf Jahren müssen Kinder erst noch lernen, ihre Ängste als solche zu erkennen, zu reflektieren und in Worte zu fassen. Bis sie dazu in der Lage sind, bietet der Bühnenraum eine wunderbare Möglichkeit, außerhalb der Reflexionsebene Szenarien zu erschaffen, in denen innerhalb eines sicheren Rahmens mit Angstsituationen gespielt werden kann, die von den Kindern selbst geschaffen und wieder aufgelöst werden.

Bei der gemeinsamen Erschaffung eines imaginären Monsters bestimmen die Kinder den Grad der erwünschen Bedrohung selbst: Ist das Monster riesig? Frisst es Menschen? Verspritzt es Gift? Hat es einen Schwachpunkt? Kann man ihm entgegentreten oder muss man sich verstecken? Den Antworten auf solche Fragen lässt sich gut entnehmen, wie weit die Lust am Spiel mit der Angst in einer Gruppe geht. Als SL müssen wir dabei genau austarieren, wo Lust am Grusel in echte Angst umschlagen kann, da bei den Kindern aufgrund unterschiedlicher Vorerfahrungen und Veranlagungen oft sehr unterschiedliche Meinungen darüber herrschen, wie stark der Grusel sein darf. Damit im Spiel alle die Kontrolle behalten und kein Kind in eine gefühlt reale Bedrohungssituation gerät, muss sich das Spiel mit Monstern selbstverständlich immer an den ängstlichsten Kindern orientieren.

In einer Spielsituation sind die Kinder entweder selbst das Monster, das furchteinflößend sein kann, oder sie sind Gegenspieler:innen, die eine konflikthafte Begegnung mit einem Monster haben. Diese kann dann aufgelöst werden. Das Monster ist dabei entweder imaginär oder es wird von der SL dargestellt. Letzteres bietet den Vorteil, dass auch die schwachen Seiten eines Monsters sichtbar werden können. Wenn die Kinder etwa beschließen, sich gegen ein Monster zu wehren, indem sie ihm einen Stein an den Kopf werfen, können wir als SL das Monster lächerlich erscheinen lassen, indem wir etwa Schwindel spielen und torkeln. Beim Zuschauen und anschließendem Nachahmen dieser Reaktion erleben die Kinder dabei die Entmachtung einer Bedrohung.

Die ausgewählten Monster-**Spiele** bieten einen großen Spielraum bei der Gestaltung einer Begegnung mit einem Monster:

87

Hüpfende Minimonster

Alter: Ab 2

Formation: Kreis, Raum

Was hier im Spiel ist: Körperausdruck, Bewegung

➡ Alle Spieler:innen sitzen im Kreis. Die SL initiiert ein Kichern und verweist im nächsten Moment darauf, dass dieses den winzigsten aller Monster, den hüpfenden Minimonstern gehört, die über den Boden hüpfen. Die SL zeigt auf den Boden. Hier und hier und hier sind sie unterwegs. Oh nein – da heißt es schnell aufspringen und weglaufen, bevor sie über die Spieler:innen herfallen. Aber die Minimonster sind schneller, und bevor sich die Spieler:innen in Sicherheit bringen können, hüpfen sie diesen in die Hosenbeine und unter den Pullover, sodass sich die Spieler:innen kräftig schütteln müssen, um die Monster wieder loszuwerden. Nun hüpfen die Monster auch noch in die Nasen der Spieler:innen, sodass diese heftig niesen müssen. Diesen ganzen Vorgang moderiert die SL. Dann gilt es schnell zu überlegen, wie man die Minimonster wieder loswerden kann. Vielleicht in ein Marmeladenglas sperren, oder einsaugen oder …? Hier sind die Ideen der Spieler:innen gefragt, die dann von allen gemeinsam umgesetzt werden.

88

Spaziergang im Monsterwald

Alter: Ab 3

Formation: Raum

Was hier im Spiel ist: Körperausdruck, Bewegung, Sprache, Klang

➡ Die Spieler:innen machen sich gemeinsam mit der SL zu einem Waldspaziergang auf. Während sie durch den Wald laufen, beschreiben sie, motiviert durch die SL, den Untergrund des Waldweges, den Holzgeruch der Bäume und das eine oder andere Tier usw. An einer Lichtung (den Ort im Raum definiert die SL) setzen sich alle und lauschen den Geräuschen des Waldes. Jede:r

Spieler:in nennt ein Geräusch, das im Wald zu hören ist, und erzeugt es mit Körperklängen (Wind, raschelnde Blätter, zwitschernde Vögel, knackende Äste …). Die anderen Spieler:innen imitieren das jeweilige Geräusch im Chor. Nach dieser Rast gehen alle weiter und jede:r macht sein zuvor erprobtes Geräusch, bis die SL stehen bleibt und den Spieler:innen mit großer Geste bedeutet ganz leise zu sein. Denn plötzlich ist nichts mehr so, wie es gerade noch war: Man hört seltsame Geräusche, sieht Farben, die es in keinem Wald gibt, und entdeckt skurrile Tiere und Gegenstände. Das kann nur eines bedeuten: Die Gruppe ist im Monsterwald gelandet. Das Entstehen dieses Monsterwaldes vor dem geistigen Auge der Spieler:innen erfolgt dahingehend, dass die SL auf die Veränderungen hinweist und den Spieler:innen Raum gibt, diese zu benennen. Z. B.: Der Himmel ist nicht mehr blau, sondern … (gelb). Die Bäume riechen nicht mehr nach Holz, sondern nach … (Bratwurst). Auf dem Baum sitzt kein Eichhörnchen, sondern ein … (Schwein), die Blätter rascheln nicht mehr, sondern … (wimmern), die Vögel zwitschern nicht mehr, sondern … (husten) usw.

Leise und vorsichtig bewegen sich dann alle in diesem Wald und achten auf seine Besonderheiten. Schließlich lassen sie sich in einem Gebüsch nieder und sind mucksmäuschenstill, um die Monster des Waldes zu beobachten. Jedes Kind nennt ein Monster, das es sieht (Minimonster, Käsemonster, Schlafmonster …). Danach werden die unterschiedlichen Monster dargestellt. Entweder von allen im Kreis oder in einem Einzelauftritt.

Hinweis: Wenn die Kinder die Lücken in der Beschreibung des Monsterwaldes zunächst nicht selbst füllen, macht die SL Vorschläge, damit der Spielfluss erhalten bleibt.

Den Schlaf des Gutselmonsters bewachen 89

Alter: Ab 3

Formation: Raum

Was hier im Spiel ist: Körperausdruck, Bewegung

➡ Alle Spieler:innen sitzen im Kreis. Eine:r von ihnen legt sich in die Mitte des Kreises. Er/sie stellt ein gefährliches Monster dar, das die wunderbarsten Leckereien bei sich versteckt. Wenn das Monster in seiner Höhle schläft, gibt es für die anderen Spieler:innen Entwarnung. Sie können leise aufstehen und im Raum umherschleichen – immer die Monsterhöhle im Blick behaltend. Denn Achtung! Wenn das Monster aufwacht und sich erhebt, müssen alle anderen sich blitzschnell so klein wie möglich machen, damit das Monster niemanden sieht. Wenn das Monster wieder müde wird und sich hinlegt, kann leise weitergegangen werden.

Erweiterung: Wenn das Monster die Höhle verlässt, machen sich alle über seine Leckereien her.

Hinweis: Dieses Spiel stammt von Birgit Thomas und findet sich in Marquardt/Jerg (2010), S. 176. Zu Beginn des Spiels ist es hilfreich, dass die SL das erwachende und wieder einschlafende Monster selbst spielt.

90

Das schrecklichste Monster von allen

Alter: Ab 4

Formation: Raum oder Bühne

Was hier im Spiel ist: Körperausdruck, Bewegung, Sprache

➡ Die Spieler:innen sind als Gruppe auf einer Reise durch den Raum unterwegs. Plötzlich ist ein schreckliches Geräusch zu hören (das die SL macht). Es kommt vom schrecklichsten aller Monster, das ganz in der Nähe hinter ein paar Bäumen in seiner Höhle schnarcht. Man kann es auch schon riechen, „igitt!". Der Geruch lässt das Schlimmste befürchten. Aber wie es wohl aussieht? Ein:e Spieler:in wird losgeschickt. Er/sie schleicht leise und vorsichtig bis zu dem großen Stein vor der Höhle (markiert durch einen Stuhl o. ä.), um einen Blick auf das Monster zu erhaschen. Wenn er/sie es sieht, erschrickt er/sie furchtbar, rennt zu den anderen zurück und berichtet dramatisch, was er/sie Schreckliches gesehen hat („Es hat gaaanz spitze Krallen." „Es hat ein einziges rotes Auge." „Es hat einen Riesenpopel an einer winzigen Nase." …). Die anderen nehmen die Beschreibung mit Ehrfurcht bis Entsetzen auf. Dann geht der/die Nächste los und liefert einen weiteren Teil der Beschreibung. So setzt sich nach und nach das Bild des schrecklichen Monsters zusammen. Nach dem Bericht des letzten Kindes beginnt das Monster aufzuwachen (Geräusche von der SL), sodass alle blitzschnell und unter Angstgeschrei wegrennen und sich verstecken.

Hinweis: Dieses Spiel stammt von Birgit Thomas und findet sich in Marquardt/Jerg (2010), S. 177. Es ist sinnvoll, als Spielregel einzuführen, dass jedes Kind nur ein bis zwei Merkmale des Monsters benennt. Andernfalls werden einzelne Kinder komplette Beschreibungen liefern. Der Reiz des Ganzen liegt aber darin, dass aus den genannten Einzelteilen das Bild eines einzigen Monsters entsteht. Unterstützend hierbei ist, dass die SL nach jedem Bericht die bisher genannten Monstermerkmale aufzählt – natürlich flüsternd und mit dem gebührenden Respekt vor dem Monster.

Monster-Leckerei 91

Alter: Ab 4

Formation: Kreis, Raum

Was hier im Spiel ist: Körperausdruck, Bewegung

➡ Alle Spieler:innen sitzen im Kreis und stellen sich einen riesigen Kochtopf in dessen Mitte vor. In diesem soll eine spezielle Monstersuppe mit ekelhaften Zutaten gekocht werden. Reihum nennt jede:r Spieler:in eine abscheuliche Zutat, die dann von allen in den Topf gegeben wird. Dazwischen wird immer mal daran gerochen, um zu prüfen, ob die Suppe schon ekelhaft genug ist. Am Ende einigen sich die Spieler:innen noch gemeinsam auf eine letzte Würzung des Ganzen. Alle riechen noch einmal daran und rufen „igittigittigitt!“. Dann tragen sie den großen Topf gemeinsam zum Höhleneingang des schrecklichsten aller Monster, stellen ihn auf drei leise ab und rennen ganz schnell weg. Aus sicherer Entfernung lauschen sie den Schmatzgeräuschen und den danach einsetzenden Schnarchgeräuschen des Monsters.

Hinweis: Dieses Spiel stammt von Birgit Thomas und findet sich in Marquardt/Jerg (2010), S. 177.

92 Das Spielzeugmonster

Alter: Ab 4

Formation: Raum, Bühne

Was hier im Spiel ist: Körperausdruck, Bewegung, Sprache

➡ Alle Spieler:innen sind als Gruppe auf einer Reise im Raum unterwegs. Plötzlich weist die SL auf ein imaginäres Haus hin, in dem ein Spielzeugmonster wohnt. Alle schauen vorsichtig durch das Fenster und beobachten ein kleines Monster, das Unmengen von Spielsachen in eine Kiste räumt. Dann quietscht die Haustür (Geräusch von der SL) – das Monster verlässt das Haus und alle verstecken sich schnell, um nicht gesehen zu werden. Sobald das Monster weg ist, schleicht sich die Gruppe in das Haus (durchs offene Fenster, durch den Kamin …) und schaut sich um. Im Zimmer mit der Spielzeugkiste setzen sich alle in eine Reihe. Dann öffnet eine:r nach dem/der anderen die imaginäre Spielzeugkiste, holt ein imaginäres Spielzeug heraus, zeigt und beschreibt es den anderen und spielt damit. Wenn alle ihr Spielzeug gezeigt und bespielt haben, spielen alle gleichzeitig im Raum mit den Spielsachen, bis sie müde sind und, ihre Spielzeuge eng umschlingend, einschlafen.

93 Im Schrank des Monsters

Alter: Ab 4

Formation: Raum

Was hier im Spiel ist: Körperausdruck, Stimme

➡ Eine Gruppe auf Reisen ist in das Haus eines abwesenden Monsters eingedrungen, um sich auszuruhen oder etwas zu essen oder, wie in Spiel Nr. 92, mit den Spielsachen des Spielzeugmonsters zu spielen. Plötzlich ist ein quietschendes Geräusch zu hören. – Oh nein! Das Monster kehrt in sein Haus zurück. Alle verstecken sich schnell in einem imaginären Schrank, schließen die Türen und sind mucksmäuschenstill (Freeze). Die SL verwandelt sich in das zurückkehrende Monster, das sehr wohl merkt, dass jemand sich in seinem Haus zu schaffen gemacht hat. Es öffnet den imaginären Schrank und erblickt die Eindringlinge. Diese beginnen ganz laut zu schreien. Das Monster knallt vor Schreck die Schranktüren zu, und es ist schlagartig wieder leise. Dann öffnet es die Tür wieder und alle schreien, bis die Tür geschlossen wird, usw. Wenn das Spielprinzip klar ist, können die Spieler:innen nacheinander die Rolle des zurückkehrenden Monsters übernehmen.

Hinweis: Dieses Spiel lässt sich gut an Spiel Nr. 92 anschließen, aber auch unabhängig davon verwenden. Man kann es durchaus schon mit Dreijährigen ausprobieren, wobei der schlagartige Wechsel zwischen Geschrei und kollektivem Freeze, auf dem das Spiel beruht, für sie häufig noch nicht so ohne Weiteres herzustellen ist.

Aus der Praxis

Mit einer Gruppe vier- und fünfjähriger Mädchen und Jungen hatte ich einen Wald beschrieben, in dem verschiedene Tiere leben. Jedes Kind wählte für sich ein Tier aus, das es zunächst für die anderen darstellte. Dabei fiel auf, dass es sich bei allen um gefährliche Tiere handelte. Diese waren dann im Raum bzw. Wald unterwegs, um Futter und eine Höhle zu finden. Jedes Tier blieb dabei für sich, da die Kinder beschlossen hatten, dass die Tiere sich nicht mochten und sich gegenseitig gefährlich werden könnten. (Ein Szenario, das ich bei Kindern in diesem Alter als ungewöhnlich bezeichnen würde.) Um eine Handlung in Gang zu setzen, kündigte ich an, dass alle Tiere innehalten sollten, wenn ein Geräusch zu hören sei. Kurz darauf erzeugte ich ein leises, absolut harmloses Geräusch, woraufhin die Kinder ins Freeze gingen. In die Stille hinein fragte ich, was das wohl für ein Geräusch sei, und ein Mädchen rief: „Das ist ein Monster!“ Die anderen griffen diese Idee sofort auf und entschieden, dass dieses Monster gefährlicher sei als alle gefährlichen Tiere zusammen und dass es diese fressen wolle. Dieser Umstand führte dazu, dass die Tiere sich zu einem gemeinsamen Treffen auf einem großen Stein (Turnbank) verabredeten. Dort beschlossen sie, dem Monster ganz viel Essen in den Rachen zu werfen, sollte es sie fressen wollen. Da die Gefahr also vom Maul des Monsters ausging, legte ich zwei quadratische Matten aufeinander, hob die obere an einer Seite an und legte sie wieder hin, sodass es wie ein sich öffnendes und wieder schließendes Maul aussah. Jedes Kind war nun einmal an der Reihe, das Monstermaul zu bedienen und gruselige Geräusche dazu zu machen, während die anderen in der Rolle ihres Tieres jeweils nacheinander etwas Imaginäres zu essen in das offene Maul warfen und in Jubel ausbrachen, weil sie dem Monster entkommen wa-

ren. In der folgenden Theaterstunde wollten die Kinder diese Fressszene wiederholen, weshalb wir dasselbe Spiel noch einmal spielten. Danach gab ich den Impuls ins Spiel, dass das Monster nun ziemlich müde und vollgefressen sei, woraufhin ein Junge sagte, dass man es jetzt besiegen könne. Ich stellte die beiden Matten hochkant gegeneinander (wie ein Zelt), dann nahm jedes Kind in der Rolle seines Tieres Anlauf und warf sich auf die Matten, sodass diese umfielen. Dieser sehr körperliche Einsatz, verbunden mit dem Erlebnis, dass dabei etwas zerstört wurde, sorgte für absolute Hochstimmung bei den Kindern, die ich nutzen wollte, um eine Party mit Stopptanz aller Tiere zu inszenieren. Doch noch bevor ich die Musik anstellen konnte, rannten die Kinder ohne Verabschiedung zu ihrer Erzieherin und berichteten in heller Aufregung und mit großer Ernsthaftigkeit, dass sie ein riesiges Monster besiegt hätten.

Dies war eine der vielen Situationen, in denen ich erlebte, welche Energien und Kräfte freigesetzt werden, wenn Kinder über das kollektive Spiel in die Selbstermächtigung kommen.

9.4 Ritter:innen, Feen & Co.

Ritterinnen, Ritter und Feen vereinen die Eigenschaften einer Heldenfigur in sich. Sie sind Gewinnertypen, Alleskönner, Retter, Kämpfer und nicht selten mit Zauberkräften ausgestattet. Damit stellen sie einen Gegenentwurf zu uns „normalen" Menschen dar, die mit den Widrigkeiten des Lebens kämpfen, Ängste haben, falsch handeln, sich schwach oder gar ohnmächtig fühlen. Häufig verkörpern sie das Gute, das sie mit ihren körperlichen und geistigen Fähigkeiten und gelegentlich mit Zauberei verteidigen. Wo sie unterwegs sind, kann jedem Übel abgeholfen werden. Sie vermitteln die Sicherheit, dass Herausforderungen gemeistert und Hindernisse beseitigt werden und der gute Ausgang eines Abenteuers gewährleistet ist. Allerdings haben diese Figuren auch eine Kehrseite, weil sie ihre Fähigkeiten ebenso auch zur Destruktion einsetzen können. Böse Ritter:innen und Feen sind die Widersacher einer guten, heilen Welt und bieten im Theater eine große Projektionsfläche für Aggressionen. Gleichzeitig können Kinder dieser bösen Figur (die nach meiner Erfahrung übrigens oft bei schlechter Laune zu Einsatz kommt) einen oder mehrere mächtige, gute Gegenspieler:innen entgegensetzen, sodass diese am Ende den Kürzeren zieht und die Ordnung wiederhergestellt wird, indem das Gute siegt. Mit dieser Gewissheit kann auf der Bühne vom Burgbrand bis zum Weltuntergang alles geschehen und in der Rolle der Held:innen alles Fürchterliche ausprobiert werden, um es mit eigener Stärke wieder ins Lot zu bringen.

Die folgenden **Spiele** dienen dazu, sich der Rolle eines Helden oder einer Heldin anzunähern.

Was hast du heute gemacht? 94

Alter: Ab 4

Formation: Kreis

Was hier im Spiel ist: Körperausdruck, Sprache

➡ Die Spieler:innen sitzen im Kreis und alle stellen sich eine Ritter:innenfigur vor, die sie den anderen beschreiben. Wie sieht sie aus? Was mag sie gerne? Hat sie einen Namen? Dann laufen alle Ritter:innen zu ihrer Burg, die die SL irgendwo im Raum definiert. Dort setzen sie sich an die große Rittertafel, an der auch der Burgherr bzw. die Burgherrin, die SL, sitzt. Sie fragt nun den/die Spieler:in neben sich: „Was hast du heute gemacht, Ritter/Ritterin?" Diese:r steht auf, sagt, was er/sie gemacht hat und zeigt die Aktion als Standbild. Die anderen Ritter:innen beklatschen die Aktion auf Geheiß der Burgherrin/des Burgherren. Dann wird der/die nächste Ritter:in gefragt, was er/sie heute getan hat, usw. Wenn das Spiel etabliert ist, kann auch eines der Kinder die Rolle des Burgherrn/der Burgherrin übernehmen und die anderen befragen.

Schmatzende Ritter:innen 95

Alter: Ab 4

Formation: Kreis

Was hier im Spiel ist: Körperausdruck, Stimme, Sprache

➡ Eine Gruppe Ritter:innen sitzt mit ihrem Burgherren bzw. der Burgherrin, der SL, auf einer Burg am Tisch (imaginär oder Theaterteppich), um gemeinsam zu essen. Der Tisch ist bereits gedeckt. Nun sagt reihum jede:r Ritter:in, welche Leckerei zu sehen ist, und die anderen kommentieren dies jeweils im

Chor mit einem begeisterten „oh, lecker!“. Dann werden die Sachen nacheinander gegessen. Und weil richtige Ritter:innen ordentlich schmatzen, machen alle sehr laute Schmatzgeräusche, so lange, bis der/die Burgherr:in in die Runde ruft: „Stopp! Hier wird nicht geschmatzt!“ Alle fallen darauf ins Freeze, bis der König sagt: „Weiteressen.“ So entsteht ein Wechsel zwischen essen, schmatzen, Freeze, der sehr langsam oder sehr temporeich ausfallen kann. Alle Spieler:innen dürfen dann den/die Burgherr:in spielen und die anderen maßregeln.

Hinweis: Dieses Spiel ist eine Abwandlung des Spiels „Am Tisch wird nicht gesprochen“ von Marcela Herrera in Marquardt/Jerg (2010), S. 113.

96

Der Torwächter

Alter: Ab 4

Formation: Raum

Was hier im Spiel ist: Körperausdruck, Sprache, Bewegung

➡ Die Spieler:innen sind eine Gruppe von Ritterinnen und Rittern, die unterwegs zu einer Burg sind. Der/die Burgherr:in hat zu einem Fest geladen. Als sie dort ankommen, steht jedoch vor dem großen Burgtor ein grimmig aussehender Torwächter (die SL auf dem Theaterteppich, die Ritter:innen ihr gegenüber), der ihnen den Zutritt in die Burg verwehrt. Menschen, die er nicht kennt, lässt er nämlich nicht in die Burg. Die Ritter:innengruppe überlegt mit Unterstützung der SL, wie sie den Torwächter umstimmen könnte und probiert Verschiedenes aus: überschwängliche Begrüßungsfloskeln, Komplimente für den Torwächter, energisches Auftreten, betteln usw. Leider hilft alles nichts. Deshalb verwandeln sich alle nacheinander in Tiere, die ungehindert am Torwächter vorbeikommen. In weiteren Runden übernimmt jeweils ein:e Spieler:in die Rolle des Torwächters.

Hinweis: Für viele Kinder ist es in der Rolle des Torwächters nicht einfach, beim Nein zu bleiben, wenn vor ihnen eine Gruppe steht, die vehement Einlass fordert. Deshalb ist es wichtig, die erste Runde mit der SL als Torwächter sehr ausgiebig zu spielen, damit allen klar wird, dass das Neinsagen des Torwächters der entscheidende Teil des Spiels ist.

Ritterkampf in Rüstung

97

Alter: Ab 4

Formation: Kreis, Raum, Bühne

Was hier im Spiel ist: Körperausdruck, Bewegung, Ausdruck von Emotionen

➡ Die Spieler:innen stehen in einem großen Kreis und ziehen sich eine imaginäre Ritterrüstung an. Dann bewegen sie sich mit der Vorstellung der schweren Rüstung am Körper durch den Raum und machen verschiedene Bewegungen. Wie sehen diese aus, wenn alles schwer ist? Dann greifen alle zu einem imaginären Schwert und bewegen es. So vorbereitet beginnt der Ritterkampf: Zwei Ritter:innen stellen sich auf der Bühne einander gegenüber. Ritter:in A piekst Ritter:in B mit dem imaginären Schwert. Diese:r legt eine Hand auf die Körperstelle, wo er/sie getroffen wurde und ruft „Autsch!". Dann nimmt er/sie selbst das Schwert und piekst sein Gegenüber, das sich ebenfalls die verwundete Stelle am Körper hält und „Autsch!" ruft. Die Zuschauer:innen klatschen Beifall, dann sind die nächsten beiden Ritter:innen an der Reihe.

Variation: für ältere Kinder. Ritter:in B reagiert mit dem Körper auf den Piekser von Ritter:in A, d.h. wenn das Schwert ihn/sie auf der rechten Kopfseite trifft, bewegt sich sein Kopf nach links, wenn es am Schlüsselbein trifft, geht die Schulter nach hinten, wenn es den Bauch trifft, wird dieser eingezogen und nach hinten bewegt usw.

Der Wettstreit der Feen

98

Alter: Ab 5

Formation: Kreis, Raum

Was hier im Spiel ist: Körperausdruck, Bewegung, Sprache

➡ Die Spieler:innen verwandeln sich im Kreis sitzend in Feen und führen alle nacheinander ihre Fee mit einer entsprechenden Haltung vor. Dann wird es Zeit aufzubrechen. Denn die Feen begeben sich zum jährlichen Feentreff in ein wunderschönes Schloss. Mit dem Verkehrsmittel ihrer Wahl reisen sie dort hin. Aber oh weh! Kaum sind sie angekommen gibt es Streit, der wie folgt stattfindet: Zwei Feen stehen einander gegenüber, in der Hand halten sie einen imaginären Zauberstab. Die anderen Feen sitzen vor ihnen auf dem Boden. Die SL führt den folgenden Dialog ein: Eine der beiden stehenden Feen sagt zur anderen: „Ich kann besser zaubern als du." Die andere reagiert mit: „Nein, ich kann besser zaubern als du!" Fee 1: „Nein ICH!", Fee 2: „Nein ICH!" usw. Die SL unterbricht die beiden und fragt Fee 1, in was sie denn die anderen verzaubern kann. Daraufhin verzaubert diese die anderen Feen mit ihrem Zauberstab in ein selbstgewähltes Wesen oder einen Gegenstand, z. B. ein Auto, eine Ameise, ein Monster: „Ich verzaubere euch in… gefährliche Monster." Woraufhin sich alle Feen als gefährliche Monster durch den Raum bewegen, bis die SL ein Stopp-Zeichen macht. Daraufhin sagt Fee 2: „Ich verzaubere euch in noch viel gefährlichere Monster." Die Monster verstärken ihre gefährliche Monsterhaltung und bewegen sich wieder durch den Raum, bis Fee 1 die Monster noch gefährlicher werden lässt. Dann ist Fee 2 an der Reihe und verzaubert die anderen etwa in kleine Zwerge, die mit jedem Zauberdurchgang noch kleiner werden. Alle Spieler:innen sind einmal die Zauberfee. Am Ende treffen sich alle im großen Feenkreis und stellen fest, dass sie tolle Zauberinnen sind. Dann beenden sie das Treffen und reisen wieder nachhause.

Hinweis: Dieses Spiel ist sowohl sprachlich als auch darstellerisch recht anspruchsvoll, da die Spieler:innen das komplexe Spielprinzip erst einmal erfassen müssen. Um den Einstieg zu erleichtern, können die einzelnen Teile auch getrennt voneinander ausprobiert werden: die Intensivierung der Darstellung einer Figur (klein, kleiner, noch kleiner…), der Streit, das Benennen von Figuren in Verbindung mit Adjektiven (Schreckliches Monster, riesiger Käse, lustige Ameise…). Aber es lohnt sich, das Spiel in seiner Gänze zu erproben, gerade weil es aufgrund der vielen Elemente abwechslungsreich ist, viele Ausdrucksmöglichkeiten bietet und zu einer kompletten Szene ausgebaut werden kann. Und im Zweifelsfall gilt immer: Die SL ist selbst Spieler:in, die moderieren, inspirieren und das Geschehen vorantreiben kann, ohne dass etwas geübt werden muss.

Aus der Praxis

Zu Beginn eines Theaterkurses mit einer Gruppe fünfjähriger Mädchen und Jungen erfuhr ich, dass eines der Mädchen, Anisa, einige Wochen zuvor bei einem Unfall einen Armbruch erlitten hatte und einige Zeit nicht im Kindergarten gewesen war. In der ersten Theaterstunde erzählte Anisa recht ausführlich von dem Unfall, hatte dann aber kein Mitteilungsbedürfnis mehr. Auf Wunsch der Kinder begaben wir uns in eine Ritterszenerie, in der wir über drei Wochen hinweg mit Standbildern und kurzen Dialogszenen verschiedene, auf einer Burg ansässige Ritterfiguren zum Leben erweckten. Nachdem wir die Ritter (die Mädchen wollten Ritter und keine Ritterinnen sein) dann noch in einzelnen Räumen der Burg hatten auftreten lassen, erfanden und spielten die Kinder den folgenden Konflikt: Ein Dieb hatte sich heimlich in die Burg geschlichen und die Krone des Königs gestohlen. Als der König den Verlust unter lautem Jammern kundtat, machten sich die Ritter auf den Weg, um den Dieb zu stellen. Damit begann eine abenteuerliche Reise, die sich über mehrere Theaterstunden zog. Die einzelnen Etappen spielten sich nach immer demselben Schema ab: Die Ritter brachten den Aufenthaltsort des Diebes in Erfahrung, reisten dorthin, waren dann kurz davor ihn zu schnappen, aber der Dieb trickste die Ritter aus und entkam. Anisas Idee war dabei interessanterweise, dass die Ritter sich bei den Begegnungen mit dem Dieb das Bein brachen und einen Arzt brauchten (der Dieb hatte eine Grube ausgehoben, in die die Ritter fielen, oder er warf einen großen Stein von einem Berg herab …). Die anderen Kinder griffen dieses Element begeistert auf, sodass es in jeder Theaterstunde eine Szene gab, in der die Ritter, nachdem sie auf den Dieb gestoßen waren, auf dem Boden lagen und einen Arzt riefen (diese Rolle wurde mir zuteil). Die Ärztin eilte also herbei und musste nach den Vorgaben von Anisa Spritzen geben und Beine eingipsen, was für die Kinder zu einem Höhepunkt jeder Episode wurde. Danach humpelten die tapferen Ritter dann jeweils weiter hinter dem Dieb her, den sie einige Theaterstunden später trotz ihres Handicaps erwischten und in das ausbruchssichere Burggefängnis (mit acht Schlössern) brachten. Nach dem Ende dieser Stunde humpelten die Kinder im Siegergestus zur Tür des Theaterraums hinaus. Während ich meine Sachen einpackte, hörte ich aus dem gegenüberliegenden Bad die Stimme einer Erzieherin, die die Kinder ermahnte, keinen Quatsch zu machen, da der Boden rutschig sei. Anisa rief: „Aber ich habe ein gebrochenes Bein!" „Ich auch!", „Ich auch!", „Ich auch!", tönte es hinterher. Die Erzieherin mahnte weiter: „Lauft jetzt bitte normal. Sonst rutscht ihr noch aus." Anisa daraufhin: „Aber ich bin ein Ritter mit einem gebrochenen Bein!", woraufhin die anderen Kinder wieder einfielen. Die Erzieherin schickte die Kinder mit dem Hinweis, dass das Theater jetzt zu Ende sei, kurzerhand in den Gruppenraum, und ich beobachtete, wie sie auf halbem Weg dahin siegesgewiss wieder anfingen zu humpeln.

Hier zeigt sich einerseits, wie hoch die Identifikation mit einer Rolle ist, die Kinder selbst erschaffen und mit Leben füllen, und zum anderen, wie ein schwerwiegendes Ereignis in einer gemeinschaftlichen Spielsituation durch Distanznahme verarbeitet werden kann: Das Ereignis wird in variierter Weise (Beinbruch statt Armbruch) auf eine Held:innenfigur übertragen, die diesem nicht alleine ausgesetzt ist, sondern in einer Gruppe anderer Held:innen, die allesamt so mutig sind, dass sie die Ursache der Ereignisses (= das Böse) trotz Handicap besiegen können. Damit teilt das Kind das Erlebnis des Unfalls mit anderen, bleibt also nicht alleine damit, und erfährt sich auf spielerische Weise als stark und handlungsfähig.

9.5 Alltagshandlungen

Im Theater spielen Alltagshandlungen und Alltagsrituale eine bedeutende Rolle, weil sie den Erfahrungsschatz bilden, auf den alle Kinder gleichermaßen zurückgreifen können. Da sie im Alltag mehr oder weniger ähnliche Erfahrungen machen, gibt es über die Alltagshandlungen eine gemeinsame Verständigungsebene, aus der sich die kollektive Fantasie und damit das Spiel speist: Im besten Fall weiß jedes Kind, dass es morgens geweckt wird, sich im Bad wäscht, etwas zu essen bekommt, sich die Zähne putzt, in den Kindergarten gebracht wird und dort am Morgenkreis teilnimmt.

Durch die tägliche Wiederholung wird dieser Vorgang zum Struktur gebenden Ritual, das dem Kind einerseits ein hohes Maß an Sicherheit und Orientierung bietet. Andererseits fordert dieses Ritual von dem Kind aber auch, dass es „funktioniert“, indem es sich an die Regeln des Rituals hält, weil vom Gelingen der Abläufe auch das soziale Umfeld des Kindes abhängig ist (Eltern, Geschwister, Erzieher:innen, Kindergartengruppe).

Dieses Spannungsfeld lässt sich im geschützten Bühnenraum ein Stück weit auflösen: Das Theaterspiel bietet die Möglichkeit, die Alltagshandlung von ihrem Alltagszweck zu entkoppeln, sodass die Sicherheit, die das Ritual vermittelt, zwar erhalten bleibt, das Ritual selbst aber nicht zwingend funktionieren muss. Der Alltag kann im wahrsten Sinne des Wortes ein Stück weit ver-rückt werden. Handlungen dürfen ins Extreme getrieben (ein Zauberer trinkt ein riesiges Glas Milch in einem Zug leer) oder ad absurdum geführt werden (eine Ameise wäscht sich jedes Mal hektisch die Hände, wenn sie mit diesen etwas berührt hat). Alles kann schiefgehen, alles kann anders gemacht werden als im realen Alltag.

Als Spielleitung ist es dabei unsere Aufgabe, diesen Freiraum zu öffnen, ohne etwas reglementieren zu müssen, weil es unpädagogisch sein könnte. Hier gilt die Devise: Kunst ist nicht pädagogisch! Wenn Kinder im Theater Bier und Kaffee trinken, Gläser zertrümmern, mit den Händen essen, barfuß im Schnee laufen und sich absichtlich nicht die Zähne putzen nach dem Essen, ist das in Ordnung. Im Bühnenraum das Ungewöhnliche und Unerlaubte auszuprobieren und zu leben, unterstützt die Kinder darin, ihren realen Alltag zu bewältigen. Uns Erwachsene übrigens auch!

Sobald Kinder geltende Regeln verstehen können, ist es für sie bisweilen gar nicht so leicht, sich im Spiel über diese hinwegzusetzen. Dann schlüpfen sie gerne in Rollen, auf die sie ein ungehöriges Verhalten übertragen können, etwa der oben beschriebene Affe, der mit Nüssen auf andere wirft (vgl. Kapitel III.9.2), oder ein Krokodilkind, das sich weigert seine Zähne zu putzen.

Die folgenden **Spiele** können Ausgangspunkt für das Experimentieren mit Alltagshandlungen auf der Bühne sein:

Die Suppe 99

Alter: Ab 2

Formation: Kreis

Was hier im Spiel ist: Körperausdruck, Ausdruck von Emotionen

→ Alle Spieler:innen sitzen im Kreis, um eine Suppe zu kochen. Dafür wird ein imaginärer Kessel in die Kreismitte gestellt, unter dem ein Feuer entfacht wird. Die Spieler:innen gießen Wasser in den Kessel. Dann nennt jede:r reihum eine Zutat, die dem Wasser von allen beigegeben wird. Bevor der/die nächste Spieler:in an der Reihe ist, rühren alle gemeinsam kräftig um. Nach einer Runde wird probiert. Irgendetwas fehlt aber noch, und so werden in gleicher Weise weitere Zutaten unter Rühren hinzugegeben. Wenn schließlich alle mit dem Geschmack zufrieden sind, wird die Suppe gemeinsam gegessen.

Variation: Es kann in die Suppe auch etwas nicht Schmackhaftes geraten, sodass sie plötzlich eklig schmeckt. Das Spiel mit der Emotion Ekel kann dabei vom „Igitt"-Sagen bis hin zum Ausspucken der Kostprobe reichen. Dann müssen alle gemeinsam überlegen, wie der gute Geschmack der Suppe wiederhergestellt werden kann.

100 Heißer Tee

Alter: Ab 2

Formation: Kreis

Was hier im Spiel ist: Körperausdruck

➡ Alle Spieler:innen sitzen im Kreis. Die SL stellt fest, dass es ganz schön kalt ist, weshalb alle anfangen zu schlottern und sich warm zu reiben. Schließlich lädt die SL zu einer Tasse Tee ein. Sie stellt eine imaginäre Teekanne in die Mitte, verteilt imaginäre Teetassen und schenkt allen von dem leckeren Tee ein. Aber beim ersten Schluck verbrennen sich alle den Mund, weil der Tee viel zu heiß ist. Oh nein! Da heißt es schnell kalte Luft einatmen und mit den Händen vor dem Mund wedeln. Und die SL verteilt blitzschnell Gläser mit kaltem Wasser, das die Spieler:innen gemeinsam auf drei trinken. Nach dieser Erfahrung sind alle vorsichtiger und tauchen zunächst nur den Finger in den Tee. Die SL reagiert mit einem „Autsch" und signalisiert, dass der Tee immer noch zu heiß ist. Deshalb muss der Finger schnell wieder kühl gepustet werden. Dann wird auch noch der Tee in der Tasse kühl gepustet, bevor er endlich getrunken werden kann. Möglicherweise braucht es dafür auch mehrere Anläufe, sodass eine Wiederholung der Aktionen Finger in Tasse tauchen – Finger kühl pusten – Tee kühl pusten – probieren – zu heiß usw. stattfindet.

101 Tischlein deck dich

Alter: Ab 2

Formation: Kreis

Was hier im Spiel ist: Körperausdruck, Sprache

➡ Alle Spieler:innen sitzen im Kreis. Die SL breitet ein Tuch in der Mitte des Kreises aus, das einen imaginären Tisch bedeckt. Dieser, so erläutert die SL, besitzt Zauberkräfte: Man kann sich etwas zu essen von ihm wünschen, und sofort erscheint es auf dem Tisch. Reihum sagt nun jede:r Spieler:in, was auf dem Tisch erscheinen soll („Ich wünsche mir Fleisch.“, „Ich wünsche mir eine Torte.“ usw.). Nach jedem Wunsch kommentiert die SL das „Erscheinen“ des jeweiligen Essens („Seht mal, das saftige Fleischstück!“, „Was für eine riesige Torte!“ usw.), damit es vor dem geistigen Auge der Spieler:innen erscheint. Dann wünschen sich alle einen guten Appetit und greifen zu. Sie stopfen sich das imaginäre Essen genussvoll in den Mund und trinken anschließend ein Glas Apfelsaft. Dabei zeigen die Spieler:innen sich gegenseitig, wie groß oder klein ihre Gläser sind.

Variation: Mit älteren Kindern (ab 4) kann man das gemeinsame Essen so gestalten, dass jede:r Spieler:in den anderen zeigt, in welcher Weise das von ihm/ihr genannte Essen gegessen wird (mit der Hand, einer Gabel, aus einer Schüssel, usw.) und alle ahmen es nach. Auch eine Bühnensituation lässt sich etablieren, indem ein:e Spieler:in auf der Bühne sitzt, das Tischtuch vor sich, und den Zuschauern vorspielt, wie er/sie Nudeln, Gummibärchen oder ein Würstchen isst.

Die Jagd nach der großen Melone 102

Alter: Ab 2

Formation: Kreis, Raum

Was hier im Spiel ist: Körperausdruck, Bewegung

➔ Alle Spieler:innen sitzen im Kreis. Die SL rollt eine große imaginäre Melone heran, die sie mit den Spieler:innen essen möchte. Dazu muss die Melone erst einmal auf den Tisch (Theaterteppich) gehoben werden. Da sie so schwer ist, müssen alle mit anpacken. Unter Ächzen wird die Melone von allen gleichzeitig hochgehoben. Aber genau in dem Moment, als sie abgelegt werden soll, initiiert die SL, dass sie den Händen der Spieler:innen entgleitet und ans andere Ende des Raumes rollt. Schnell rennen alle Spieler:innen hinterher, heben die Melone wieder gemeinsam hoch, aber, oh nein, sie entgleitet wieder und rollt durch den ganzen Raum. Die Gruppe nimmt abermals die Verfolgung auf, hebt die Melone ein weiteres Mal hoch usw. Nach mehreren Versuchen gelingt es den Spieler:innen schließlich, die Melone auf den Tisch zu hieven. Dann holen alle ein imaginäres Messer, setzen sich um die Melone herum, schneiden sie gemeinsam auf und verspeisen sie genüsslich.

Erweiterung: Bevor die Melone aufgeschnitten wird, lässt sich mit Kindern ab drei Jahren ein Bühnenauftritt einbauen. Dafür rollt jedes Kind die Melone auf eine vorher definierte Bühne, stellt sich hinter die Melone, hebt sie mit aller Kraft hoch und setzt sie wieder ab.

103

Kuchen backen mit Opa Oswald

Alter: Ab 3

Formation: Kreis

Was hier im Spiel ist: Körperausdruck, Sprache

➡ Die Spieler:innen sitzen im Kreis. Die SL kündigt an, dass heute alle eingeladen sind, mit Opa Oswald einen Kuchen zu backen. Während die SL eine imaginäre Teigschüssel in die Mitte des Kreises stellt, verwandelt sie sich in Opa Oswald, der die Spieler:innen begrüßt und seine Freude zum Ausdruck bringt, dass nun alle zusammen einen Kuchen backen. Dann fragt er die Zutaten für den Kuchen ab, die jeweils von allen in die Schüssel gegeben werden. Nun wird der Teig kräftig gerührt, in eine Form gefüllt und in den Backofen gestellt. Während der Kuchen backt, singen alle gemeinsam „Backe, backe Kuchen". Dann wird der heiße Kuchen vorsichtig aus dem Ofen geholt und in die Mitte des Kreises gestellt. Opa Oswald verkündet nun, dass er ein Messer holen geht, weist darauf hin, dass niemand in seiner Abwesenheit von dem Kuchen stibitzen darf und dreht sich um. Sofort fangen alle an, vom Kuchen zu naschen (die SL gibt den Hinweis dazu). Sobald sich Opa Oswald wieder zurück in den Kreis dreht, hören alle schlagartig auf zu naschen und schauen ganz unschuldig. Opa Oswald fragt streng: „Habt ihr etwa vom Kuchen genascht?", woraufhin alle beteuern, dass sie das natürlich nicht getan haben. Dann fällt Opa Oswald ein, dass er noch Teller holen muss, verbietet das Naschen und dreht sich wieder um. Die anderen naschen heimlich usw. Schließlich holt Opa Oswald noch Kuchengabeln, gleiches Spiel wie vorher. Wenn der Spielvorgang gut etabliert ist, übernehmen einzelne Spieler:innen die Rolle von Opa Oswald.

Hinweis: Dieses Spiel lässt sich im Prinzip auch mit Zweijährigen ausprobieren, allerdings ist es sehr wahrscheinlich, dass sie nicht leugnen, Kuchen genascht zu haben, wenn Opa Oswald danach fragt. Ich erlebe häufig, dass die ganz

Kleinen immer wieder freudig bejahen, wenn sie befragt werden, auch nach mehrmaligem Hinweis darauf, dass Opa Oswald das nicht wissen soll. Man kann auch damit problemlos spielen, aber der Gag des Spiels ist natürlich die Heimlichkeit hinter dem Rücken der Opa-Figur verbunden mit dem schnellen Wechsel zum „unschuldig Tun“.

Die verhexte Badewanne 104

Alter: Ab 3

Formation: Raum

Was hier im Spiel ist: Körperausdruck, Bewegung

➡ Die Spieler:innen sitzen im Kreis und stellen fest, dass ihre Kleidung etwas unangenehm riecht, weshalb sie beschließen, ein Bad zu nehmen. Jede:r sucht sich einen Platz im Raum, wo seine/ihre Badewanne steht. Zunächst nehmen alle das Seifenstück, das in der Seifenschale der Wanne liegt, riechen ausgiebig daran und berichten der Reihe nach, wonach ihre Seife riecht. Dann steigen die Spieler:innen gleichzeitig in ihre Wanne und drehen den Wasserhahn auf. Aber oh weh, das Wasser ist eiskalt, und alle müssen mit einem Satz aus ihrer Wanne springen. Schnell trocknen sie sich ab und machen ein paar Aufwärmübungen. Jede:r Spieler:in macht dazu einen Vorschlag, den alle gemeinsam umsetzen (auf einem Bein hüpfen, tanzen, rennen …). Dann steigen wieder alle in die Wanne und drehen den Hahn auf. Dieses Mal kommt ganz heißes Wasser aus dem Hahn, sodass wieder alle aus der Wanne springen. Sie pusten auf die heißen Hände und Arme, fächeln sich mit einem imaginären Handtuch Luft zu, springen schnell in die Wanne, wo wieder eiskaltes Wasser aus dem Hahn kommt usw. Irgendwann wird heißes und kaltes Wasser gleichzeitig aufgedreht, sodass das Wasser angenehm fließt und alle genüsslich baden können.

105

Schau in den Spiegel

Alter: Ab 5

Formation: Bühne

Was hier im Spiel ist: Körperausdruck, Bewegung

➡ Alle Spieler:innen sitzen in einer Reihe vor der Bühne (Theaterteppich). Die SL hat einen Holzrahmen dabei, der einen Spiegel symbolisiert. Sie bittet nun zwei Spieler:innen auf die Bühne, die einander gegenüberstehen. Dazwischen hält sie den Rahmen so, dass die beiden Spieler:innen hindurchschauen können, und sie erklärt, dass es sich dabei um einen Spiegel im Badezimmer handelt. Spieler:in A fängt nun an, morgendliche Handlungen im Badezimmer zu spielen: Haare kämmen, Hände waschen, Zähne putzen usw. Spieler:in B ist das Spiegelbild und muss alles, was A macht, imitieren. Nach vollzogener Handlung tauschen entweder die beiden Spieler:innen die Rollen oder es kommen zwei andere auf die Bühne und spielen nach dem gleichen Prinzip.

Hinweis: Theaterstandardspiel, das üblicherweise ohne Rahmen gespielt wird. Für Kinder ist dieser aber sehr hilfreich, um den Spiegel präsent zu haben.

Man kann das Spiel auch mit Vierjährigen ausprobieren, aber meine Erfahrung ist, dass es zum einen länger dauert, bis sie das Prinzip des spiegelbildlichen Spielens verstanden haben, und zum andern die Zuschauer:innen nicht die nötige Geduld aufbringen, so lange zuzuschauen. Im Zweifelsfall dieses Spiel also lieber später einführen.

Aus der Praxis

Mit einer Gruppe zweieinhalbjähriger Kinder hatte ich einen Zoobesuch gespielt, bei dem die Kinder die Aktivitäten der Tiere beschrieben und diese imitierten. Am Ende des Zoobesuchs sagte ein Kind, es habe Durst. Ich schlug vor, aus riesigen, schweren Gläsern Saft zu trinken. Wir hoben die Gläser mit dem entsprechenden Gestus an. Plötzlich sagte Adrian: „Oh. Ich habe verschüttet." Die anderen Kinder bestätigten, dass auch sie verschüttet hatten. An der Art, wie sie das kundtaten, merkte ich, dass sie zwar um die Spielsituation wussten, gleichzeitig aber sehr genau im Bewusstsein hatten, dass etwas Ungehöriges passiert war. Auf meine Frage, was wir nun tun sollten, sagte ein Mädchen schuldbewusst: „Schnell weg-

machen.", und alle machten mit den Händen Putzbewegungen. Es ging also darum, die Spuren des Missgeschicks schnell zu beseitigen. Als wir das schwere Glas wieder hochhoben, sagte ein weiterer Junge, Sajan: „Mein Glas ist kaputt. Gefallen." Die anderen bestätigten abermals in einem oh weh-Gestus, dass ihnen dasselbe widerfahren sei. Meine Was nun-Frage, beantworteten sie wieder mit „schnell wegmachen". Und ehe ich fragen konnte, wie wir die Glasscherben beseitigen könnten, machten alle wieder die Putzbewegung, bis jemand sagte: „Alles weg." Damit war das Missgeschick beseitigt und alles wieder gut.

In derselben Woche hatte ich einen Theaterkurs mit vier- und fünfjährigen Kindern. Auch dort führte ich am Ende einer Spielszene das schwere Glas ein, und interessanterweise hatte wieder ein Kind die Idee, dass die Gläser zu Boden fallen und kaputtgehen. Im Gegensatz zu den Jüngeren fanden die Älteren diesen Umstand ganz witzig und gerieten bei der Diskussion, wie man die Scherben beseitigen könnte, in große Begeisterung. Zuerst holten sie ganz bunte Besen, um die Scherben wegzukehren. Da aber immer noch viele am Boden zu sehen waren, kam die nächste Idee: Staubsauger. Mit großem Enthusiasmus beschrieb jedes Kind seinen Staubsauger in Größe und Farbe, schaltete ihn ein und machte ein Staubsaugergeräusch vor. Dann begann ein gemeinsames, höllisch lautes Staubsaugen im ganzen Raum. Schließlich war noch eine riesige Glasscherbe übrig. Gemeinsam trugen alle Kinder sie zu einer Mülltonne. In einem Versteck beobachteten sie, wie der Müllmann die Tonne leerte, und rannten dann schnell weg.

Hier zeigt sich zum einen, dass die älteren Kinder schon mehrere Handlungsoptionen kennen und diese differenziert darstellen können, und zum anderen, dass sie von sich aus über das reine Imitieren einer Handlung hinausgehen. Während die Jüngeren den Moment „Ich habe etwas Ungehöriges getan und mache es schnell weg, bevor es einer bemerkt" auf der emotionalen und der Handlungsebene nachempfinden, erlauben sich die Älteren, darüber zu lachen und machen aus einem alltäglichen Putzvorgang eine große theatrale Aktion. Aus diesen beiden Ereignissen lässt sich natürlich keine generelle Erkenntnis ableiten. Ich habe auch immer wieder Spielsituationen erlebt, in denen Zweijährige an Missgeschicken ebenso Spaß haben wie die Älteren. Aber dafür braucht es häufig den Anstoß der Spielleitung, während die Älteren von sich aus die Überhöhung einer alltäglichen Situation betreiben.

9.6 Jahreszeiten – Jahreskreis – Wetter

Ähnlich wie Alltagsrituale bieten die immer wiederkehrenden Jahreszeiten samt Wetterlagen und den Jahresfesten für Kinder einen verlässlichen Rahmen, innerhalb dessen bestimmte sich wiederholende Ereignisse stattfinden.

Im Theaterspiel stellen Jahreszeiten und Wetter äußere Umstände dar, die Einfluss auf ein szenisches Geschehen haben und Figuren zu ungewöhnlichen Handlungen motivieren können: Eine kleine Blume wird unter Sonneneinstrahlung riesig und überwächst ein ganzes Haus. Eine gemütliche Bootsfahrt kann durch ein Gewitter zu einem Unterwasserabenteuer werden und ein Winterspaziergang zu einer Flucht, wenn ein riesiger Schneeball die Spaziergänger:innen verfolgt. Wetterverhältnisse können also einen Konflikt im szenischen Geschehen erzeugen, um diesem eine andere Wendung zu geben.

Dabei ist es möglich, eine Wetterlage entweder zu erzählen („Plötzlich wurde der Himmel schwarz und es begann fürchterlich zu regnen.") und eine Reaktion darauf zu spielen (die Figuren laufen weg, suchen Schutz, ziehen blitzschnell Regenkleidung an …) oder die Wettererscheinung selbst szenisch darzustellen (alle sind Regentropfen, die auf den Boden fallen oder ein Blitz, der durch die Luft zischt …). Die Darstellung von Wettererscheinungen öffnet einen Raum, in dem die Qualität eines Naturphänomens körperlich erfahrbar wird.

Ein wichtiger Bestandteil im Jahreskreis sind die Feste, die für Kinder eine hohe Bedeutung haben. Sie lieben es, diese nachzuspielen. Manchmal mit akribischer Genauigkeit, wie sie sie in ihrer Erinnerung erlebt haben, um das Gefühl, das mit dem schönen Erlebnis verbunden ist, wieder herzustellen. Manchmal aber auch mit einer Veränderung, Erweiterung oder Variation, die in der Realität nicht erlebbar ist und Freiräume für fantastische Geschichten eröffnet.

Die folgenden **Spiele** geben Anregung für den Einsatz des Themas Jahreszeiten, Wetter und Jahresfeste:

Im Schnee

106

Alter: Ab 2

Formation: Kreis

Was hier im Spiel ist: Körperausdruck, Bewegung

➡ Alle sitzen im Kreis und sind ganz still, weil der Schnee ganz leise auf die Erde kommt. Die SL nimmt die Arme nach oben und führt sie, die Finger schnell bewegend wieder nach unten, um den fallenden Schnee zu symbolisieren. Die Spieler:innen werden sehr wahrscheinlich direkt mit einsteigen. Wenn die SL den fallenden Schnee kommentiert, tut sie das flüsternd, sodass dieser ruhige Moment zelebriert wird. Ebenso ruhig stehen dann alle auf und laufen ganz langsam durch den imaginären Schnee, bis die SL die Ruhe durchbricht, indem sie ruft: „Lasst uns einen Schneeball machen." Alle treffen sich schnell wieder im Kreis und schaben mit den Händen am Boden Schnee zusammen, aus dem sie einen Schneeball formen. Dieser wird dann von allen gleichzeitig mit einem „Hopp!" in die Luft geworfen. Dann verfolgen Augen und Finger, wie er wieder herunterkommt. Alle fangen ihn wieder auf. Das Werfen und Fangen wird einige Zeit wiederholt. Dann fällt der Schneeball aber auf den Boden und ist kaputt. Oh nein! Alle machen schnell einen neuen. Dieser fällt dann aber auf die Köpfe der Spieler:innen, sodass sie nass werden, igitt, oder sich wehtun, autsch. Die jeweilige Reaktion wird gespielt. Danach überlegen die Spieler:innen, wie Abhilfe geschaffen werden kann (z. B. mit einem Handtuch, einem Fön oder einem Zauberpflaster, s. Spiel Nr. 15).

Hinweis: Dieses Spiel eignet sich, wenn Kinder bereits erste Erfahrungen mit Schnee gemacht haben. Und es bietet sich natürlich besonders an, wenn es gerade schneit oder geschneit hat oder die Kinder dieses Ereignis von sich aus thematisieren, was auch mitten im Sommer der Fall sein kann.

107

Regen, Blitz und Donner

Alter: Ab 2

Formation: Kreis

Was hier im Spiel ist: Körperausdruck, Bewegung

➡ Alle Spieler:innen sitzen im Kreis und stellen fest, dass es regnet, zunächst nur ein bisschen. Die kleinen Tropfen werden angezeigt, indem die Finger der Spieler:innen vorsichtig auf den Boden trommeln und von einem verbalen „Plitschplatschplitschplatsch“ begleitet werden. Der Regen wird stärker – das Trommeln entsprechend lauter, dann gibt es eine weitere Steigerung. Plötzlich blitzt es. Die Hände machen vor dem Körper eine gegenläufige Bewegung vor und zurück, wobei die Handflächen aneinander reiben. Dazu kommt ein zischendes Geräusch. Unmittelbar auf den Blitz folgt ein Donnergrollen: Die Handflächen der Spieler:innen hauen im Wechsel auf den Boden. So geht es mehrfach hin und her zwischen sanftem Regen, Starkregen und Gewitter, bis die SL plötzlich innehält, nach oben schaut und feststellt, dass die Sonne scheint. Daraufhin räkeln sich alle genüsslich, stehen auf, strecken sich der Sonne entgegen und setzen sich wieder hin.

108

Die Frühlingsblume

Alter: Ab 3

Formation: Kreis, Raum

Was hier im Spiel ist: Körperausdruck, Bewegung

➡ Alle Spieler:innen stehen im Kreis. Die SL hat festgestellt, dass die Frühlingssonne scheint und den Boden wärmt. Zeit, um eine Blume zu pflanzen. Zunächst bücken sich alle, um die imaginäre, warme Erde zu fühlen. Sie graben ihre Hände tief ein und spüren die Wärme der Erde. Dann ziehen sie die Hände wieder heraus, klopfen die Erde ab und nehmen eine imaginäre Schaufel in die Hand. Anschließend sucht sich jede:r einen Platz im Raum und beginnt ein Loch zu graben. Wenn es tief genug ist, nehmen die Spieler:innen eine imaginäre Blumenzwiebel, legen sie in das Loch, bedecken dieses mit Erde und gießen ordentlich. An dieser Stelle wird ein Perspektivwechsel vollzogen. Die Spieler:innen verwandeln sich in die Blumenzwiebeln, indem sie sich am Boden ganz klein zusammenrollen. Jede:r an der Stelle, wo er/sie vorher die Zwiebel eingegraben hatte. Die SL geht von Zwiebel zu Zwiebel und gießt noch einmal nach, indem sie mit ihren Fingern vorsichtig auf den Rücken trommelt. Dann beginnen die Blumen zu wachsen. Die Spieler:innen machen sich ganz langsam größer, bis sie stehen und mit ihrer Körperhaltung die Blume ihrer Wahl darstellen. Zum Schluss sagen alle, welche Blume sie sind.

Hinweis: Dieses Spiel hat sich aus dem Spiel „Erblühen – Blühen – Verwelken" von Silvana Kraka entwickelt (in: Marquardt/Jerg (2010), S. 157).

Blätter im Herbstwind 109

Alter: Ab 3

Formation: Kreis

Was hier im Spiel ist: Körperausdruck, Bewegung

➡ Die Spieler:innen sitzen in einem großen Kreis, in dem die SL Blätter von verschiedenen Bäumen verteilt. Die Spieler:innen sind der Wind und pusten die Blätter weg. Dann stehen die Spieler:innen auf und bewegen sich als Wind mit Geräuschen durch den Raum. Die SL stellt ein Blatt dar, das vom Wind, also den Spieler:innen, weggepustet wird. Dann werden die Rollen getauscht: Die SL spielt den Wind, der die Blätter wegpustet, die von den Spieler:innen dargestellt werden. Zum Schluss tanzen alle Blätter zu Musik im Wind, wobei die SL Bewegungsangebote machen kann.

110

Der Weihnachtsmann kommt

Alter: Ab 3

Formation: Kreis, Raum, Bühne

Was hier im Spiel ist: Körperausdruck, Sprache

➡ Alle sitzen im Kreis. Die SL verkündet, dass der Weihnachtsmann gerade dabei ist, Schokolade in seinen Sack zu packen, um dann loszuziehen und sie an Kinder zu verteilen. Daraufhin verwandeln sich alle in Weihnachtsmänner. Sie probieren aus, wie er spricht, wie er sich in seinem Haus bewegt und was er dort macht. Dann steigt er (alle Spieler:innen gleichzeitig) die steile Treppe zum Dachboden hinauf, um den Sack mit den ganzen Schokonikoläusen, Schokotalern und Schokokugeln zu holen. Aber leider ist die Schokolade den Sommer über geschmolzen, sodass nur noch große Klumpen übrig sind. Der Weihnachtsmann schleppt den schweren Sack in seine Küche (jede:r Spieler:in trägt einen imaginären schweren Sack), schmilzt die Schokolade in einem großen Topf (d. h., alle Spieler:innen sitzen im Kreis, stellen gemeinsam einen Topf in die Mitte und jede:r gibt einen imaginären Schokoklumpen hinein). Dann wird die flüssige Schokolade in neue Formen gegossen. Reihum sagen alle, was sie aus der Schokolade gießen – einen Stern, ein Auto, einen Engel …). Danach packt der Nikolaus die Schokoteile in seinen Sack und zieht los. Hier sind wieder alle der Nikolaus, der seinen schweren Sack schleppt. Dann ist ein:e Spieler:in der Nikolaus. Er/sie präsentiert sich mit seinem Geschenkesack. Die anderen Spieler:innen sitzen in einer Reihe vor ihm. Nacheinander gehen sie zum Nikolaus, lassen sich jeweils ein imaginäres Schokogeschenk geben, zeigen es und sagen: „Oh! Ein Schokodino (o. ä.).“ Und die anderen reagieren im Chor mit „Mhhhh, lecker!“ Wenn alle ein Schokogeschenk bekommen haben, ist ein:e andere:r Spieler:in der Weihnachtsmann.

Geburtstagsfeier für den Floh

111

Alter: Ab 3

Formation: Kreis

Was hier im Spiel ist: Körperausdruck, Bewegung

➡ Alle Spieler:innen sitzen im Kreis. Die SL kündigt an, dass sie heute einen Floh als Gast in die Theaterstunde mitgebracht hat. Diesen holt sie aus ihrer Hosentasche und stellt ihn den Spieler:innen vor. Dann setzt sie ihn dem/der Spieler:in neben sich auf die Hand. Diese:r verrät dem Floh seinen/ihren Namen und reicht ihn an seine:n Nachbar:in weiter, der/die ebenfalls den Namen sagt usw. Wenn der Floh wieder bei der SL angekommen ist, setzt sie ihn auf ein schönes Kissen mitten in den Kreis. Denn heute ist ein ganz besonderer Tag im Leben des Flohs: Er hat Geburtstag, wie schön! Schnell wird eine Feier organisiert. Dafür zünden die Spieler:innen alias Gäste eine imaginäre Kerze an, die sie reihum zu dem Kissen in der Kreismitte stellen. Dann pusten alle gemeinsam imaginäre Luftschlangen in die Mitte des Kreises und singen ein Geburtstagslied. Nun kommt der wichtigste Moment: Die Geburtstagsgeschenke! Jede:r Spieler:in stellt sich eine Schachtel vor, zeigt mit den Händen, wie groß diese ist, erzählt den Mitspieler:innen, was für ein Geschenk sie enthält und stellt sie in die Mitte des Kreises. Dann singen alle ein Geburtstagslied. Der Floh (= SL) benennt nacheinander die Geschenke, die er bekommen hat und bricht jedes Mal in Jubel aus, in den die Gäste mit einfallen. Nach so viel Aufregung ist der Floh sehr müde und muss erst mal schlafen. Die Gäste wünschen ihm leise eine gute Nacht und pusten die imaginären Kerzen aus.

Aus der Praxis

In einer Gruppe mit acht fünf-/sechsjährigen Mädchen und Jungen spielten wir auf dringenden Wunsch der Kinder kurz vor dem 11. November Ausschnitte aus der Geschichte von St. Martin. Sie waren so begeistert davon, dass in den folgenden Theaterstunden an nichts anderes zu denken war, bis um den 6. Dezember St. Martin vom Nikolaus abgelöst wurde und zwei Wochen lang in verschiedenen Situationen dargestellt sein wollte (kaputter Schlitten, verschwundene Geschenke …). Nahtlos ging es dann über zum Thema Weihnachten, bei dem verschiedene weihnachtliche Gegenstände als Standbilder dargestellt und imaginäre Geschenke bis zum Gehtnichtmehr ausgepackt und bespielt wurden. Ich war nicht undankbar, als der Theaterkurs dann kurz vor Weihnachten zu Ende war. Im März begann ein weiterer Kurs in fast derselben Besetzung. Ich hatte mir neue Spiele für die Kinder überlegt und einige spannende Themen in petto. Nach einem Begrüßungsritual eröffnete ich das Spiel mit den Worten „Ich habe heute eine ganz besondere Geschichte –" – „Nikolaus!", rief ein Kind, woraufhin die anderen sofort einstimmten. Da es auf das Frühjahr zuging und wir Nikolaus derart ausgiebig gespielt hatten, stand mir der Sinn definitiv nach etwas anderem, weshalb ich erklärte, dass Nikolaus sich jetzt mal von seiner vielen Arbeit erholen müsse und deshalb überhaupt nicht da sei. „Ja, genau.", tönte es neben mir, „er ist ganz weit weg." „In Australien!", kam es von der anderen Seite. „Und Sankt Martin sucht ihn!", ergänzte ein Mädchen begeistert. Nicht der auch noch, schoss es mir durch den Kopf. Aber gleichzeitig regte sich meine Neugierde.

Und so entwickelte sich eine Geschichte, in der Sankt Martin nach Weihnachten den Weihnachtsmann besuchen wollte, dieser aber nicht in seinem Haus war. Sankt Martin machte sich auf die Suche nach ihm, traf unterwegs auf einen Regenwurm, eine gefährliche Hexe, einen Vogel und einen Polizisten. Sie alle hatten Nikolaus gesehen und konnten Hinweise geben, bis Sankt Martin schließlich in Australien ankam. Dort traf er Nikolaus am Strand. Sie tranken Limonade, aßen die Schokoladenbestände des Nikolaus auf, und niemand erkannte sie, weil sie Badehosen und Sonnenbrillen trugen.

So entstand aus dem Spiel mit zwei winterlichen Festen eine Reisegeschichte, die mitten im Sommer endete. Sie zeigt uns, wie wichtig es ist, als Spielleitung offen zu bleiben für Altes und Bekanntes, das im Freiraum Theater neue Deutungen erfährt und dadurch unserer Sicht auf die Welt verändert und erweitert.

IV. Erste Hilfe

1. Vorbemerkung

Nach dem Einblick in strukturelle, formale und inhaltliche Aspekte im Theater mit den Allerkleinsten möchte ich in diesem Kapitel auf verschiedene Stolpersteine eingehen, die uns als Spielleitung auf dem Weg zur gelungenen Theaterstunde begegnen können. Es ist mir wichtig, diese zu thematisieren, da man häufig von erfolgreichen Theaterprojekten hört und liest, selten aber von den Hürden, die im normalen Workshop- und Probenalltag zu nehmen sind. Das führt immer wieder dazu, dass Spielleiter:innen sich in ihrem Tun infrage stellen und dadurch ihre Energie, die sie dringend für ihre Arbeit bräuchten, blockieren. Um dies nach Möglichkeit zu vermeiden, müssen wir uns vor Augen halten, dass es in der Theaterarbeit mit Kindern völlig normal ist, mit herausfordernden Situationen konfrontiert zu werden, die uns als Spielleiter:innen gelegentlich an unsere Grenzen bringen. Unser Spielkonzept kann noch so gut sein, es besteht immer die Möglichkeit, dass etwas misslingt, weil der „Faktor Kind" in der Planung nur begrenzt berechenbar ist.

In meiner eigenen Arbeit und in vielen Gesprächen mit Kolleginnen und Kollegen rücken vier Themen immer wieder in den Fokus, die in der Theaterarbeit bisweilen eine große Herausforderung darstellen:

- der Umgang mit Aussteigern im Spiel,
- der Umgang mit gewaltsamen Momenten im Spiel,
- der Umgang mit Medienfiguren
- und der Umgang mit irritierenden Spielimpulsen.

Um Ihnen eine Hilfestellung zu geben, wenn Sie in eine dieser misslichen Situationen geraten sollten, erläutere ich in den folgenden Kapiteln anhand von Fallbeispielen einige Lösungsmöglichkeiten.

2. *Ich mach' nicht mehr mit:* Wenn Kinder aus dem Spiel aussteigen

Eine der besonders anspruchsvollen Situationen beim Theaterspiel mit Krippen- und Kindergartenkindern ist ohne Zweifel der Moment, in dem ein Kind oder mehrere Kinder aus dem Spiel aussteigen. Es gibt wohl kaum eine Spielleitung, die diese Situation nicht kennt, und vermutlich auch keine, die von dieser Situation nicht irgendwie irritiert bis überfordert ist. Denn unglücklicherweise läuft so ein Ausstieg meistens nicht diskret ab, sondern so exponiert, dass das

Spiel der anderen Kinder gestört wird, und diese im schlechtesten Fall kurzerhand beschließen, das Spiel ebenfalls zu unterbrechen oder zu beenden. Wenn Sie in diese Situation kommen, wird sich in Ihrem Kopf vermutlich entweder ein Fragezeichen formieren, das Sie zumindest kurzzeitig handlungsunfähig werden lässt, oder ein Ausrufezeichen, weil Sie den Ausstieg unterbinden wollen. Gleichzeitig wollen Sie aber nicht zu viel reglementieren, weil das dem kreativen Raum, den Sie gerade geöffnet haben, nicht gut bekommt – und schon ist das Dilemma da.

Um diesem zu entkommen, habe ich eine Regel aufgestellt, der ich in Ausstiegssituationen, so gut es geht, immer folge: **Wenn alle aussteigen, spiele selbst weiter!**

In Kapitel II.4 hatte ich beschrieben, dass die Spielleitung auch selbst immer Spieler:in ist. Erinnern Sie sich in Ausstiegssituationen daran und bleiben Sie, wenn irgend möglich, lustvoll und mit hoher Energie im Spiel. Das ist in vielen Situationen eine enorme Hilfe, weil sich im besten Fall der Spielfluss erhalten lässt und Unterbrechungen des Spiels samt Diskussionen bzw. Reglementierungen der Kinder vermieden werden können. Je jünger die Kinder sind, desto hilfreicher ist dies, da Erklärungen und Reglementierungen bei unter Dreijährigen ohnehin zu nichts führen und über Dreijährige nicht motivieren, wenn sie gerade bockig sind und Grenzen testen wollen.

Wenn das Weiterspielen jedoch nicht zum Wiedereinstieg in das Spiel führt, müssen Sie je nach Situation eine Entscheidung treffen zwischen Ignorieren, Ermahnen oder nach dem Grund des Ausstiegs fragen, um möglichst schnell wieder zum Spiel zurück zu kommen.

Die folgenden vier Ausstiegsszenarien sind häufig zu erleben und bedürfen unterschiedlicher Lösungsstrategien:

Ein Kind ist müde oder lustlos und klinkt sich aus dem Spielgeschehen aus. Es legt sich mitten im Spiel einfach irgendwo hin, bevorzugt in die Mitte des Raumes, und tagträumt völlig unbeeindruckt vom Geschehen um sich herum. Je jünger die Kinder sind, desto häufiger kann dies vorkommen. Bei Zweieinhalbjährigen ist es an der Tagesordnung. Es hat in dieser Situation keinen Sinn, das Kind verbal zu irgendetwas bewegen zu wollen. Die Devise lautet hier: einfach in Ruhe lassen. Wenn das Kind die Spielfläche besetzt und andere Gefahr laufen, beim Spielen über es zu stolpern, wird es ohne Aufhebens an den Rand des Raumes „umgeparkt" und das Spiel geht möglichst nahtlos weiter. Es ist allerdings nicht auszuschließen, dass das Verhalten dieses Kindes Nachahmer findet. Dann müssen Sie schnell entscheiden, ob Sie aus dem Spiel heraus eine

Schlafszene etablieren und damit weiterspielen oder sich dazusetzen und eine Geschichte erzählen oder, als risikoreichste Variante, ein kleines Solo spielen und sich von der Wirkung überraschen lassen (ohne frustriert zu sein, wenn gar nichts passiert).

Aus der Praxis

In einer Gruppe mit knapp Dreijährigen, die gerade als Flugzeuge im Raum unterwegs waren, legte sich Aron mitten im Spiel auf den Theaterteppich und ehe ich mich's versah, lagen die anderen Kinder bei ihm. Ich drehte alleine noch eine weitere Runde als Flugzeug und legte direkt neben den Kindern eine spektakuläre Landung hin, die jedoch keinerlei Beachtung fand. Stattdessen murmelte Aron „müde". Ich beschloss, diesen Impuls aufzugreifen, gähnte, legte mich auch dazu, wartete einen Moment und fragte dann, wer da wohl so müde sei. Victoria antwortete: „Häschen in der Grube.", was von den anderen Kindern mit Kopfnicken oder Nachsprechen bestätigt wurde. Also erzählte ich vom Häschen, das ganz fest schlief, bis es von einem Geräusch abrupt aufwachte und sich schnell hinsetzte. Diesen Vorgang spielte ich in der Erwartung, dass die Kinder das abrupte Aufsetzen interessant finden könnten. Tatsächlich stiegen sie darauf ein und setzten sich hin. Sie beschlossen dann, dass Mama Hase kommt und auf das Häschen aufpasst. Diese Rolle wurde mir verpasst („Du bist Mama."), und so spielten wir in x-facher Wiederholung schlafendes Häschen – Geräusch – aufwachen – hinsetzen – Auftritt Mama Hase, die allen ihren Schutz versichert („Alles ist gut, Mama ist da.") – wieder hinlegen. Nach drei Durchgängen sprachen die Kinder dann mit Begeisterung jedes Mal gemeinsam den Satz von Mama Hase. So machten sie unerwarteterweise erste Erfahrungen im chorischen Sprechen, was ich in den folgenden Theaterstunden wieder aufgriff, sodass sie schließlich die Rolle des Häschens und die Rolle von Mama Hase im Wechsel spielten.

In einer Gruppe mit vierjährigen Kindern verlief der Übergang vom Aussteigen zum Weiterspielen nicht ganz so reibungslos. Im Kreis sitzend waren wir gerade dabei, die magische Zaubercreme (Spiel Nr. 4) an die Decke zu werfen und wieder aufzufangen. Plötzlich ließ sich Esma nach hinten fallen, streckte ihre Beine in die Kreismitte und regte sich nicht mehr. Ich entschied mich zunächst für die Variante „ignorieren", spielte mit den anderen Kindern weiter, wurde aber nach kurzer Zeit von Esma mit „Ich will kein Theater mehr!" unterbrochen, wobei sie heftig mit den Beinen strampelte. Ich lud sie, meine Zaubercreme jonglierend (immer weiterspielen!), ein, sich wieder in den Kreis zu setzen, aber sie beharrte darauf, nicht mehr spielen zu wollen. Als ich sie fragte, weshalb, erwiderte sie sehr aggressiv, dass sie müde sei, weil sie nachts nicht gut geschlafen habe. Das Spiel war hiermit unterbrochen und es galt, schnell wieder einzusteigen, bevor Esmas schlechte Laune noch mehr Raum einnehmen konnte. Ich fragte sie, was sie mache, wenn sie nicht schlafen kann, woraufhin sie antwortete, dass sie ein Bild male. Diesen Impuls nahm ich als Anlass für einen Themenwechsel und schlug vor, dass wir alle zusammen ein Bild malen könnten, womit sich Esma einverstanden erklärte, ohne sich zunächst zu beteiligen. Mit den anderen Kindern stellte ich imaginäre Farbtöpfe auf und wir nahmen einen ebenso imaginären Pinsel zur Hand. Dann fragte ich Esma, was auf dem Bild zu sehen sein solle, und sie wünschte sich ein rosa Einhorn. Alle malten ein Einhorn in die Luft. Nacheinander nannten auch die anderen Kinder Elemente, die wir malten, bis wir alle ein Bild von einem rosa Einhorn auf einer grünen Wiese unter blauem Himmel mit Wolken und Sonne vor unserem geistigen Auge hatten. Dann stellten wir das Einhorn als Standbild dar (zuerst alle gemeinsam und danach einzeln), überlegten, was es wohl auf der Wiese macht, und hatten so einen Anfang für eine Spielszene gefunden, in der ein Einhorn Gras frisst, und anschließend in den Himmel fliegt, um die Wolken zu besuchen. Esma war wieder im Einsatz.

In Situationen wie diesen ist es wichtig, dass wir uns ein Stück weit auf unsere Intuition verlassen. Da ich Esma schon seit acht Theaterstunden kannte und einiges von ihr wusste, rechnete ich damit, dass ich sie zum Wiedereinstieg bringen könnte, ohne es auf Kosten der anderen Kinder zu tun. Hätte ich sie noch nicht so gut gekannt, hätte ich möglicherweise auch darauf bestanden, dass sie sich weniger raumgreifend verhält. Eleganter ist es natürlich immer, wenn es spielerisch geht. Aber es will von Fall zu Fall entschieden sein.

Ein Kind klinkt sich aus dem Spielgeschehen aus, weil es in einem zuvor gespielten Spiel quasi hängengeblieben ist und dieses ständig wiederholt. Das passiert ebenfalls häufig bei Kindern zwischen zwei und drei Jahren. In dieser Altersgruppe müssen wir immer sehr genau ausloten, wie lange ein Spiel trägt, und wann ein neuer Impuls erfolgen muss. Allerdings haben die Kinder nicht selten höchst unterschiedliche Tempi. Die einen brauchen nach kurzen Zeitspannen neue Impulse, andere scheinen bisweilen so fasziniert von einem Spiel, dass sie geradezu darin verschwinden, alles andere um sich herum vergessen und keine weiteren Spielimpulse mehr wahrnehmen.

Aus der Praxis

Marco spielte in einer Gruppe mit sechs zweieinhalbjährigen Kindern. Wir hatten gemeinsam im Kreis Zaubercreme gegessen und Geräusche gemacht (Spiel Nr. 5), um dann auf Vorschlag eines Kindes in einen imaginären Wald zu reisen und dort nach einem heftigen Gewitter (Spiel Nr. 95) Tiere zu retten. Alle waren mit Feuereifer unterwegs, nur Marco saß in der Mitte des Raumes, seine Hand immer wieder zum Mund führend und leise „Taubercrem essen" murmelnd. Auf meinen wiederholten Hinweis, dass die anderen Spieler:innen ihn bräuchten, um gemeinsam die Tiere zu retten, antwortete er jedes Mal mit großer Ernsthaftigkeit „Taubercrem essen", machte die Handbewegung und wandte sich wieder von mir ab. Dabei hatte sein Spiel eine solche Intensität, dass es mir wichtig schien, ihn so lange dort zu belassen, bis es sich gewissermaßen von selbst ausspielen würde, auch wenn er sich vom gemeinsamen Theaterspiel vollständig entfernt hatte. Da die anderen Kinder großes Interesse an der Tiergeschichte und dem Darstellen von Tieren hatten, störte „Parallelspieler" Marco mit seiner Zaubercremenummer den Spielfluss nicht weiter. Es dauerte eine ganze Zeit, bis er bereit war, sich am kollektiven Geschehen zu beteiligen und als Spieler zu zeigen. Nach fünf Theaterstunden war es für ihn in Ordnung, das Zaubercremespiel mit den anderen zu beenden und sich auf andere Impulse einzulassen.

In einer anderen Gruppe Zweieinhalb- bis Dreijähriger wurde in der zweiten von zehn Theaterstunden das Thema „Baustelle" interessant. Der knapp drei Jahre alte Leon verwandelte sich in einen Bagger, den er eindrucksvoll darstellte. Dieser Bagger blieb er dann allerdings in sämtlichen Theaterstunden am Rande der Spielfläche sitzend bis zum Ende des Theaterkurses. Es wurden längst ganz andere Themen verhandelt wie etwa „Reise in den Schnee" und „Unter Wasser", aber Leon setzte sich in jeder Theaterstunde nach dem Anfangsritual an den Rand der Spielfläche, drehte von dort aus als Bagger gelegentlich eine Runde durch den Raum und wiederholte gebetsmühlenartig den Satz „Ich bin ein Bagger." Er war zu nichts anderem mehr zu bewegen und an keine der Geschichten angeschlossen. Ich versuchte dann als last Exit, in alle Geschichten der anderen Kinder mehr oder weniger krampfhaft einen Bagger zu integrieren, damit Leon wenigstens auf der inhaltlichen, wenn schon nicht auf der spielerischen Ebene einbezogen blieb. Das Glück war auch hier wieder, dass die anderen Kinder sich nicht weiter ablenken ließen. Am Ende des Kurses fragten Leons Eltern die Kita-Leitung, ob es wieder ein Theaterprojekt gebe, ihr Sohn habe so viel Spaß im Theater gehabt. Auch eine Erzieherin sprach mich darauf an, was ich denn im Theater mit Leon machen würde, er glühe nach jeder Stunde vor Begeisterung. Das bestätigt, dass der eine Impuls mit der Baustelle nicht nur ausreichend für Leon war, sondern eine so große Wirkung bei ihm entfaltete, dass er komplett darin aufging. Ein halbes Jahr später traf ich Leon wieder. Er hatte noch deutliche Erinnerungen an seine Baggerdarstellung und erzählte ausführlich davon. Im neuen Theaterkurs hatte er noch immer ausgeprägte Vorlieben (Schneeschieber), ließ sich aber auf das gemeinsame Spiel ein und war bei kurzen Solo-Auftritten immer einer der ersten, die sich den anderen zeigen wollten.

In beiden Beispielen hatte das Spiel der beiden Aussteiger mit dem Theaterspiel und der gemeinsamen, geteilten Fantasie nichts mehr zu tun. Die Erfahrung zeigt jedoch, dass es sich dabei um Phasen handelt, die irgendwann zu Ende gehen und wieder ins gemeinsame Spiel münden. Bis dahin bietet ihnen der Bühnenraum die Möglichkeit, Vorgänge in ihrem eigenen Tempo zu spielen und zu wiederholen, die eine große Bedeutung für sie haben. Unsere Aufgabe als Spielleitung ist es, dabei flexibel zu bleiben, uns nicht zu sehr an unser Spielkonzept zu hängen und den unterschiedlichen Tempi Raum zu geben in der Gewissheit, dass es den Kindern hilft, wenn wir sie dort belassen, wo sie gerade sind. Wichtig dabei ist nur, dass der Rahmen für die Gesamtgruppe gehalten wird, damit das Parallelspiel nicht den kreativen Kollektivprozess der anderen verhindert.

Wenn nun die Situation eintritt, dass drei von sechs Kindern in drei verschiedenen Spielen festhängen, wird es deutlich anspruchsvoller, damit umzugehen. Hier sind Sie wieder als Spieler:in gefragt. Greifen Sie das Spiel jenes Aussteigers auf, das Ihnen am intensivsten vorkommt und richten Sie den Fokus konsequent darauf. Die Kinder, die ohnehin schon im Spiel sind, werden aller Erfahrung nach darauf einsteigen, die anderen im besten Fall auch. Wenn nicht, haben Sie immerhin vier Kinder, die gemeinsam spielen. Die anderen beiden bleiben in ihrem jeweils eigenen Raum, bis sie sich dem kollektiven Theatergeschehen wieder anschließen.

Ein Kind versucht durch seinen Ausstieg ganz bewusst den Spielablauf zu unterbrechen, um Grenzen zu testen. Hier gilt ganz klar die Devise: freundliche Aufforderung, wieder am Spiel teilzunehmen, und wenn das keine Wirkung zeigt, ignorieren und die anderen Kinder möglichst bei der Stange halten.

Aus der Praxis

In einer Gruppe mit sechs Vierjährigen hatten die Kinder im Kreis sitzend mit viel Elan ein Krokodil erfunden, es in leuchtenden Farben beschrieben und der Reihe nach dargestellt. Plötzlich kreuzte Lara mitten im Geschehen die Arme vor der

Brust, sagte „Ich mach' nicht mehr mit!", setzte sich an den Rand der Spielfläche und schaute mich herausfordernd an. Noch bevor ich irgendetwas sagen konnte, hörte ich fünf Mal „Ich auch!" und sah mich plötzlich vor einer Reihe Kinder mit gekreuzten Armen und provozierenden Blicken sitzen. Das war der klassische Moment des einfach Weiterspielens, zumal ich durch die Konstellation eine perfekte Bühnensituation hatte. Ich setzte mich den Kindern gegenüber, ignorierte ihre frechen Blicke und spielte ein gähnendes Krokodil, das feststellte, dass es seine Zähne putzen müsste. Während der Zahnputzshow bemerkte ich, dass die Kinder kleine Bewegungen mit den Händen machten, die nach und nach zur Imitation meiner dargestellten Handlung führten, solange, bis alle sich in Krokodile mit blanken Zähnen verwandelt hatten, sich auf die Suche nach einem Spiegel machten, um sich zu bewundern (Spiel Nr. 111). An dieser Stelle waren die Kinder wieder in Aktion, und am Ende hatten sogar alle noch einen Solo-Auftritt, bei dem sie sich den anderen als wassertrinkendes oder schmatzendes Krokodil präsentierten.

So funktioniert das „Einfangen" Grenzen testender Kinder im Idealfall, aber dieser, das möchte ich nicht unerwähnt lassen, tritt natürlich nicht immer ein. Es gibt auch Situationen, in denen ein Wiedereinstieg der „Aussteiger" nicht gut funktioniert, das Spiel unterbrochen werden muss und die Kinder ganz untheatral und direkt an Spielregeln erinnert werden müssen. Und manchmal geht auch das schief und die Theaterstunde endet im Chaos. Es ist sehr wichtig, dass wir uns das zugestehen. Wenn wir Freiräume eröffnen, in denen alles möglich sein soll, ist es nicht einfach, immer die Balance zwischen Chaos und Form zu halten.

Ich erinnere mich an eine Theaterstunde in einer Gruppe mit Viereinhalb- bis Fünfjährigen, denen es außerordentlich schwerfiel, sich aufeinander und auf ein gemeinsames Spiel einzulassen. Alle wollten ausschließlich ihre eigenen Ideen gespielt sehen und begaben sich schnell und lautstark in eine beleidigte Ich-mach-nicht-mehr-mit-Haltung, wenn dies nicht sofort stattfand. Als gemeinsamen Nenner für das Theaterspiel hatten wir mit Mühe und Not ein kleines Monster erfunden, das alle nacheinander in verschiedenen Stimmungen darstellten. Daraus entspann sich eine Geschichte, in der das Monster in eine Toilette fiel, über die Kanalisation in Richtung Meer geschwemmt wurde, allerdings in einem Rohr stecken blieb, das von einem Bagger ausgegraben wurde. Das Rohr fiel einer Frau auf den Kopf, die dabei ihre Handtasche verlor. Ein Dieb nahm die Handtasche mit, das Monster aus dem Rohr verfolgte den Dieb, die Frau musste aufs Klo, ein Bauer holte aus einem Brunnen einen Eimer Wasser... Die Geschichte wurde immer kruder und begann völlig zu zerfallen, weil die Kinder schnell aufgehört hatten einander zuzuhören, sich stattdessen lautstark aus dem gemeinsamen Spiel entfernten und alle für sich in einer Ecke des Raumes ihre eigenen Ideen spielten. Ich selbst saß schließlich alleine mitten im Raum, nicht mehr wissend, worum es überhaupt ging, und versuchte in einem Anfall von Ehrgeiz, dem unglückseligen Spektakel noch einen Sinn zu geben. Irgendwann hatte ich den Faden vollständig verloren, hörte nur noch wildes Geschrei und Gelächter um mich herum und betete, dass niemand in den Raum kommen würde, um zu fragen, was ich hier eigentlich mache. Die Theaterstunde brachte ich nur zu Ende, indem ich alle streng in den Kreis zurückbeorderte, mein Missfallen über die Situation zum Ausdruck brachte und ungnädig ein Abschlussritual einforderte. Ich beschloss daraufhin, in der folgenden Stunde einen Themenwechsel vorzunehmen, und eine fertige Geschichte samt Spielkonzept mitzubringen, um ein gemeinsames Spiel über eine klar vorgegebene Form zu finden. Es gab dabei zwar auch wieder viel Streit unter den Kindern, aber dennoch gelang es, Teile aus der Geschichte darzustellen, ohne dass Einzelne aus dem Spiel ausstiegen. Eine Woche später fragte der fünfjährige Jamie, was denn mit der anderen Geschichte sei. Welche Geschichte, fragte ich zurück. Er fing an von dem Monster und der Kanalisation zu sprechen. Ich erwiderte, dass das doch keine Geschichte gewesen sei, weil ich mich mit Unbehagen an die wirren Bruchstücke und vor allem das Chaos erinnerte, aber die anderen Kinder sprangen darauf an und begannen im Kreis sitzend die Geschichte zu rekonstruieren, woraufhin ich dann dabei half, einzelne Handlungsstränge zusammenzuführen. Die Kinder hatten großen Spaß dabei und ich wähnte mich glücklich bis zu dem Moment, in dem wir begannen, die Figuren der Geschichte in einzelnen Szenen darzustellen. Es gab wieder Streit und die Tendenz, dass die Kinder ausstiegen und ihr eigenes Spiel spielten bzw. nur noch provozierenden Quatsch machten. Um dem entgegenzuwirken, erstellte ich für die verbleibenden Theaterstunden auf der Grundlage der Geschichte ein Spielkonzept, dem ich konsequent folgte, ohne neue Freiräume für Ideen der Kinder zu öffnen. Diese stark begrenzende Form gepaart mit sehr klaren Spielregeln war die einzige Möglichkeit, das Spiel auch in den verbleibenden Theaterstunden noch fortzusetzen.

Ein Kind steigt bewusst aus dem Spiel aus, indem es die Fantasien der Mitspieler:innen torpediert und damit das Theaterspiel als solches infrage stellt. Nach meinem Empfinden ist das die schwierigste aller Ausstiegssituationen, weil es nicht leicht ist, diesem destruktiven Verhalten etwas entgegen zu setzen. Es signalisiert den anderen Beteiligten nicht nur eindeutig, „Ich mache euer Spiel nicht mit", sondern zerstört es auch. Indem das Kind die Illusion, welche die grundlegende Spielverabredung eines jeden Theaterspiels bildet, entzaubert, sorgt es bei den anderen Kindern für Verwirrung. Dieses Verhalten erlebe ich meistens nur bei Vorschulkindern, und es lässt sich im Gegensatz zu den Situationen, in denen Kinder Grenzen testen, nicht ohne weiteres im Verlauf des Spiels lösen, sondern macht ein Gespräch außerhalb der Theaterstunde erforderlich. In vielen Fällen stellt sich dann heraus, dass das Kind eigentlich gar nicht Theater spielen will. Wenn sich die Gründe dafür erschließen, ist es möglich, auf die Situation Einfluss zu nehmen, wenn nicht, bleibt als Lösung, dem Kind die Möglichkeit zu eröffnen, nicht mehr am gemeinsamen Theaterspiel teilnehmen zu müssen.

Aus der Praxis

Der fünfjährige Daniel war eine Zeit lang ganz begeistert bei der Sache, bis er von heute auf morgen ein sehr destruktives Verhalten an den Tag zu legen begann. Im Kreis sitzend zeigten sich alle Kinder gegenseitig imaginäre Fotos (Spiel Nr. 74), die sie auf einer Reise gemacht hatten. Als Daniel an der Reihe war, sagte er in genervtem, fast schon pubertärem Tonfall: „Keine Aaahnung. Da ist ja gar nichts." Um im Spiel zu bleiben, erwiderte ich: „Du hast also unterwegs keine Fotos gemacht", und wandte mich dem Jungen neben ihm zu. Kurz danach beschrieb ein Kind ein Geräusch, das „am Himmel" zu hören sei. Ich motivierte alle, nach oben zu schauen und zu erzählen, wovon das Geräusch wohl ausgelöst wurde. Daniel sagte im gleichen gelangweilten Ton wie zuvor, dass da oben ja nur eine Lampe sei und überhaupt kein Geräusch. So ging es die ganze Stunde.

Ich sprach ihn nach einer weiteren Theaterstunde, in der er sich so verhielt, darauf an, und es stellte sich heraus, dass er keine Lust mehr auf das Theater hatte, weil sein Freund, mit dem er unzertrennlich war, nicht am Theaterkurs teilnahm. Der Wiedereinstieg in das gemeinsame Spiel gelang einigermaßen über Themen, die Daniel interessierten (glibberiger Schleim mit 100 Augen), und dem Versprechen vor jeder Theaterstunde, dass es richtig spannend würde und er danach wieder mit seinem Freund spielen dürfe.

Bei der sechsjährigen Lorena in einer Gruppe mit Viereinhalb- bis Sechsjährigen gelang der Wiedereinstieg nicht. Sie verhielt sich ähnlich wie Daniel, begann aber ihren destruktiven Äußerungen noch eine Erläuterung hinzuzufügen. Ich hatte einen großen Nebelquarz als magischen Stein eingeführt. Er wurde herumgereicht, die Kinder blickten quasi in das Innere des Steins und konnten, so die Spielverabredung, besondere Sachen wie Tiere, Landschaften oder Situationen sehen, von denen sie jeweils den anderen erzählten. Als Lorena an der Reihe war, legte sie den Stein verächtlich vor sich hin und sagte in ähnlichem Duktus wie Daniel: „Ich seh' gar nix. Das ist ja nur ein Stein." Dann aber hob sie zu einer weiteren Ausführung an: „Der ist nämlich gar nicht magisch. Es gibt überhaupt keine magischen Steine. Den hast DU mitgebracht. Da kann man gar nichts sehen. Das geht ja gar nicht." Hier blieb nichts anderes übrig als das Spiel komplett zu verlassen und Lorena kindgerecht zu erklären, dass ich den Stein in der Tat mitgebracht hatte, dass es sich bei dem Spiel um Imagination handle und das zum Theaterspielen gehöre. Es kostete mich einige Mühe, dabei ruhig zu bleiben, weil es ihr leider gelungen war, die anderen Kinder sehr zu irritieren. Die Begeisterung, die sie gehabt hatten, als sie den Stein herumreichten und Bilder erfanden, war jäh abgerissen. Lorena spielte dann zwar zunächst wieder mit, nach kurzer Zeit agierte sie jedoch wieder wie beschrieben und in der nächsten Theaterstunde setzte sie sich demonstrativ an den Rand der Spielfläche. Weder die Erzieherinnen noch die Eltern noch ich konnten herausfinden, was der Grund war. Die einzige verbleibende Möglichkeit war, Lorena entscheiden zu lassen, ob sie weiterhin am Theater teilnehmen wollte. Sie entschied sich dagegen.

Für uns als Spielleiter:innen ist in allen Ausstiegsmomenten sehr wichtig, dass wir die Entscheidungen und Verhaltensweisen der Kinder nicht auf uns persönlich beziehen. Dafür ist es hilfreich, zunächst Abstand zu der Situation zu gewinnen und uns zu vergegenwärtigen, dass das Verhalten der Kinder mehr mit ihnen und ihrer momentanen Lebenssituation zu tun hat als mit uns als Spielleitung. Es kann viele Gründe für Unlust geben. Von manchen erfahren wir, von anderen nicht. Halten wir uns vor Augen, dass das Theaterspiel nicht grundsätzlich zu jedem Zeitpunkt für alle Kinder das Richtige ist und dass es auch Phasen der Unlust geben kann, die irgendwann wieder vorbei sind. Und wenn sie nicht vorbei gehen, ist auch das in Ordnung.

3. *Der Wolf muss tot sein:* Wenn Gewalt ins Spiel kommt

Der Umgang mit Gewalt oder gewaltsamen Momenten beim Theaterspiel mit Kindern bereitet nicht selten Schwierigkeiten und ist eine viel diskutierte Frage unter Theaterpädagog:innen, Erzieher:innen und Lehrer:innen. Die Antworten darauf fallen höchst unterschiedlich aus. Ich kenne Kolleg:innen, die sehr dafür plädieren, dass auf der Bühne alles erlaubt sein muss, und Kolleg:innen, die sich dafür aussprechen, gewaltsames Handeln auf der Bühne grundsätzlich zu verbieten. Beides mit guten Gründen. Andere Meinungen bewegen sich irgendwo zwischen diesen beiden Standpunkten und versuchen je nach Spielsituation und „Klientel" mit der Thematik umzugehen. Ich selbst bin dauerhaft dabei, dieses Thema immer neu auszutarieren, um auf unterschiedliche

Situationen möglichst angemessen reagieren zu können. Die Herausforderung dabei ist, einerseits einem künstlerischen Prozess gerecht zu werden und andererseits die pädagogische Verantwortung, die wir den Kindern gegenüber haben, wahrzunehmen.

Ich stimme sowohl aus künstlerischer als auch aus pädagogischer Sicht zunächst der Äußerung zu, dass im geschützten Bühnenraum alles erlaubt sein sollte. Es gehört zum Wesen des Theaterspiels, dass es keine Tabus gibt. Tabubrüche sind auf der Bühne nicht nur erwünscht, sondern fester Bestandteil eines jeglichen Geschehens. Jede Geschichte lebt von den Polaritäten, die unser Leben ausmachen. Zum Aufstieg gehört der Fall, zum Mut die Angst, zum Frieden die Gewalt (und das Leid). Ein Theaterstück ohne Konflikte, in dem sich alle von Anfang bis Ende gesellschaftskonform verhalten, würde uns langweilen. Interessant wird es an den Bruchlinien: Dort, wo Intrigen, äußere Katastrophen und innere Konflikte der Figuren das Leben in all seinen Facetten erscheinen lassen, ist es Spieler:innen (und auch den Zuschauer:innen) gestattet, sich in der Bandbreite all ihrer Emotionen ohne Tabus zu erfahren. Und dazu gehört auch gewaltsames Handeln, das in jedem von uns Menschen steckt. Nur wenn wir lernen, dass dieses, wie auch unsere anderen „Schattenseiten" (Angst, Trauer, Schmerz, Wut, Neid, Scham ...), zu uns gehören darf, erfahren wir uns als „vollständige" Persönlichkeit und kommen in unser Potenzial. Das Theaterspiel als kreatives Ventil ermöglicht uns genau das. Im geschützten Bühnenraum können wir Erlebnisse aller Art verarbeiten und uns dabei in all unseren Emotionen ohne Tabus und damit vollständig erleben.

Kinder haben schon sehr früh ein Gespür für die Möglichkeiten, die das Theater bietet. Bereits mit knapp drei Jahren, wenn sie im Spiel bewusst Distanz einnehmen können, so meine Erfahrung, konstruieren sie Konflikte in ihre Erzählungen, z. B. Missgeschicke wie etwa ein Glas, das beim Trinken zerbricht, oder verbotene Handlungen, wenn das Glas absichtlich zerbrochen wird (siehe Kapitel III.9.5). Bei älteren Kindern (ab ca. vier) reichen die Konflikte von Hauseinstürzen über Verletzungen und drastischem Streit bis hin zur Tötung von Lebewesen und Machtkämpfen mit tödlichen Folgen. Je älter die Kinder sind, desto schwerwiegender die Konflikte und desto mehr gewaltsame Momente im Spiel – sofern wir es als Spielleitung nicht verhindern.

Nun stellt sich die entscheidende Frage: Wann ist es wichtig, gewaltsame Spielsituationen zuzulassen und wann müssen sie verhindert werden? Aus rein pädagogischer Sicht ist es nach meiner Auffassung unstrittig, dass nicht in jedem Moment alles erlaubt sein kann. Zum einen gibt es gesellschaftlich definierte, moralische Grundsätze, die speziell im Spiel mit kleinen Kindern nicht ausgehebelt werden dürfen. Dies gilt umso mehr, je jünger sie sind. Zum anderen müssen wir als Spielleitung jederzeit berücksichtigen, dass Kinder mit unterschiedlichen Persönlichkeitsanlagen, Erfahrungen und Bedürfnissen im Theater zusammentreffen, denen wir gerecht werden müssen: Was für das eine Kind eine spannende Szene ist, kann für das andere ein schockierendes Erlebnis sein. Im Zusammenbringen von künstlerischer Freiheit und Pädagogik stehen wir also vor der Aufgabe, einerseits vieles zu ermöglichen und andererseits bei den Kindern keinen unmittelbaren oder mittelbaren Schaden anzurichten.

Wenn wir das Thema „Gewalt im Spiel" näher betrachten, um einen guten Umgang damit zu finden, gilt es, zwei Aspekte zu berücksichtigen:

- die gewaltsame Spielsituation als solche und
- die mit der gewaltsamen Spielsituation verbundenen Spielenergien und Emotionen der Spieler.

Zur Veranschaulichung mag das Warm-up-Spiel „Krabbelkäfer" dienen, in der häufig ein von Erwachsenen viel diskutierter Gewaltmoment entsteht. Die Spieler:innen stehen bei diesem Spiel im Kreis. Plötzlich gibt die Spielleitung vor, ein komisches Kribbeln in ihren Armen und Beinen zu fühlen. Sie schaut in ihre Hosenbeine und Ärmel und stellt fest, dass sie von Krabbelkäfern angefallen wurde, die das Kribbeln verursachen. Sie moderiert dann, dass alle Kinder ebenfalls Krabbelkäfer in ihren Ärmeln und Hosenbeinen haben, sodass sich alle heftig ausschütteln müssen, um die unliebsamen Gäste wieder loszuwerden (und dadurch in Bewegung kommen). Dann stellt sich die Frage, was mit den ausgeschüttelten Käfern, die sich nun am Boden befinden, passieren soll. Kinder sind in der Lösungssuche höchst erfinderisch: zusammenkehren, sie in ein Glas sperren und aussetzen, ihnen ein Haus mit Essen bauen, sie wegpusten, sie durch lautes Geschrei vertreiben oder – und das ist der kritische Moment – sie zertrampeln. Hier tut sich die Frage auf, ob ein Tier, das zwar nervig ist, aber keine Gefahr für Leib und Leben darstellt, rabiat getötet werden darf. Wenn man dreijährige Kinder diesen Vorgang spielen lässt, haben nach meiner Erfahrung die meisten vor allem Spaß am Vorgang des Trampelns und Hüpfens, während das Bewusstsein für den Tötungsakt in diesem Moment in den Hintergrund tritt. Dennoch bleibt natürlich die Tatsache, dass in dieser Handlung ein an sich harmloses Tier getötet wird, was sich nach meiner Auffassung mit einem Grundverständnis von Respekt anderen Lebewesen gegenüber nicht vereinbaren lässt. So plädiere ich stark dafür, als Spielleitung auf eine Lösung zu pochen, die ohne Tötung auskommt, auch wenn der Spielvorgang auf der Ebene der physischen Handlung harmlos ist. Um dem berechtigten

Wunsch nach Trampeln und Hüpfen nachzukommen, kann auch eine Szene etabliert werden, in der alle in Pfützen oder Matsch springen.

Fünfjährige Kinder haben im Gegensatz zu den jüngeren ein deutlich höheres Bewusstsein für die Tötung der Krabbelkäfer und manche tun dies nach meiner Erfahrung nicht nur mit mehr körperlicher Aggression als die jüngeren, sondern häufig auch mit aggressiven sprachlichen Kommentaren („Ich mache alle tot"). In einer solchen Situation muss neben der moralischen Frage auch bedacht werden, dass es für sensiblere Kinder in der Gruppe schwierig sein kann, wenn durch die Darstellungskraft eines Spielers ein starkes Bild von der Tötung der Käfer in ihrem Kopf entsteht. Um dies zu verhindern, bestehe ich grundsätzlich auf alternative Lösungen im Umgang mit den Krabbelkäfern. Wenn Sie als Spielleitung das Gefühl haben, dass die Kinder Aggressionen ausleben sollten und die Gruppenkonstellation es erlaubt, empfehle ich, eine Distanz zu ihrer Realität herzustellen, indem die Szene z. B. auf einen fernen Planeten verlegt wird, wo die Spieler:innen von krabbelnden Planetenbewohnern heimgesucht werden. Da diese eine Geburt der Fantasie sind und in der Alltagsrealität der Kinder nicht existieren, wiegt das Zertrampeln weniger schwer und ist mit moralischen Grundsätzen besser vereinbar, sodass man diese Option nicht von vornherein komplett verbieten muss.

Im Falle des Krabbelkäferspiels enthält das Spiel an sich schon die Möglichkeit für einen gewaltsamen Handlungsmoment, d. h. die Kinder bekommen durch das Spiel als solches eine Motivation für gewaltsames Handeln geliefert. Fällt diese weg, erfinden Kinder (ab vier), wenn man es nicht aktiv verhindert, auch selbst Geschichten und Situationen, in denen sie gewaltsam handeln können. Ein häufiges Motiv ist die Erschaffung eines Aggressors, der sich gegen Schwächere richtet und deshalb von den Kindern, als Protagonist:innen der Geschichte, gewaltsam angegangen werden muss. Dieses Spiel folgt dem Schema Täter – Opfer – Retter, wobei sich die Kinder in der Rolle der Retter:innen eine „natürliche" Legitimation für das Spielen von gewaltsamen Momenten verschaffen. Als Spielleitung müssen wir dabei besonders wachsam die Spielenergie und Emotionen der Kinder im Auge behalten, wie die folgenden Beispiele veranschaulichen mögen.

Aus der Praxis

In einer Gruppe mit fünf Vierjährigen beschrieben die Kinder einen gefährlichen Tiger, der im Tigerland lebte und andere Tiere, die dort auch lebten, fraß. Die Kinder beschlossen, ins Tigerland zu reisen, und ich fragte, was für die Reise gebraucht würde. Sie nannten: eine Ritterrüstung, Pfeil und Bogen (die Kinder gehen in die

Selbstermächtigung), Schere und Nähzeug (deutlicher Anklang an Rotkäppchen, d. h. es stand von vornherein fest, dass dem Tiger der Garaus gemacht würde) und ein Einhorn, auf dem alle ins Tigerland reiten konnten. Bevor wir zu der Reise aufbrachen, stellten alle in einem Einzelauftritt den Ritter mit Pfeil und Bogen als Standbild dar und danach das Einhorn. Dann begann der Ritt, bei dem alle als Ritter bzw. Ritterin auf einem imaginären Einhorn durch den Raum galoppierten. Im Tigerland angekommen, versteckten sich die Ritter:innen in einem imaginären Gebüsch. Sie beschrieben, wie der Tiger näherkam, und Jonas warf ein, dass der Tiger sich nun auf das Einhorn stürzte und es fraß. Um sicher zu sein, dass dieser Spielvorschlag für alle Kinder ok wäre, flüsterte ich „Was? Der frisst unser Einhorn?" Die anderen Kinder nickten vehement. Dann beschlossen sie, den Tiger mit einem Pfeil zu betäuben, ihn aufzuschneiden, das Einhorn zu retten, ihn wieder zuzunähen und zurückzureiten. Vor dem Aufbruch fragte ich, wie es dem Tiger nun gehe. „Der ist tot!", entgegnete Jonas. „Ist das so?", fragte ich zurück, um den anderen Kindern die Möglichkeit zu geben, sich ebenfalls dazu zu äußern. Amy entgegnete: „Er ist tot und kriegt Fieber." Jonas daraufhin: „Wenn man tot ist, kriegt man nichts mehr. Tot ist tot." Und Amy: „Tot ist tot. Er ist tot." Und die drei anderen Kinder nickten.

In dieser Geschichte ging es von vornherein darum, eine Gefahr durch eigene Handlungsstärke auszumerzen. Interessanterweise fraß der Tiger in der Erzählung dann nicht irgendein Tier, sondern das Nutztier der Helden. Das heißt, die Helden wurden bedroht und setzten ganz selbstverständlich Gewalt zur Verteidigung ein, wobei die Kinder allesamt Stärke ohne aggressives Verhalten darstellten. Im Spiel wurde der Tiger dabei von niemandem gespielt, sondern nur imaginiert, d. h. alle Spieler:innen waren durchgehend Helden:innen im Kampf gegen das imaginierte Böse, sodass es zu keinem gewaltsamen Akt zwischen den Kindern untereinander kam (sehr wichtig!). Ob der Tiger an den Folgen der Operation oder an anderer Ursache gestorben war, spielte keine Rolle mehr. Wichtig war in diesem Spiel, dass die Gefahr gebannt war, was, wie der Dialog zwischen den Kindern zeigt, am Ende auch verbal noch einmal bekräftigt wurde.

In derselben Gruppe führte ich einige Zeit später das Spiel vom Dino aus dem Ei ein (Nr. 25). Die Kinder spielten mit Begeisterung, wie der Dino zunächst sich selbst und dann seine Umwelt erforschte. In der nächsten Stunde wiederholten wir das Spiel, wobei die Kinder dem kleinen Dino einen Papa Dino und einen Mama Dino an die Seite stellten, was dazu führte, dass die Themen „Familie" und „Versorgen" in den Mittelpunkt rückten. Die Kinder wechselten an dieser Stelle die Perspektive. Sie schlüpften in die Rolle der Dino-Eltern und der kleine Dino wurde zum imaginä-

ren Spielpartner. Dieser bewegte sich in einer von den Kindern beschriebenen Landschaft mit einem See voller giftiger Spinnen, weshalb die Dino-Eltern aufpassten, dass der kleine Dino dort nicht schwamm. Sie fütterten ihn und gaben ihm zu trinken. Mitten in diesem sehr beschaulichen Spiel sagte Jonas, dass jetzt ein Gecko komme, und setzte fort: „Er springt auf den Babydino und klebt sich mit seiner Zunge fest. Aber dann kommt Papa Dino und reißt ihn weg und reißt ihm die Zunge raus und schmeißt ihn in den See, und dort wird er von den giftigen Spinnen langsam aufgefressen."

Das Szenario ist ähnlich wie im ersten Beispiel. Die Kinder sind in der Rolle der Starken (vorher Ritter:innen) und beschützen einen Schwachen (vorher Einhorn), der von einem Aggressor (vorher Tiger) angegriffen wird. Der entscheidende Unterschied ist, dass Jonas nicht wie in der anderen Geschichte in einem mehr oder weniger neutralen Erzählmodus war, sondern ein hohes Maß an Aggression zum Ausdruck brachte. Hinzu kam, dass er eine detaillierte Beschreibung des Gewaltaktes lieferte und physisch darstellte. Er schrie die Sätze regelrecht, gestikulierte wild und spielte während des Erzählvorgangs, wie er dem Gecko die Zunge herausriss und ihn dann ins Wasser warf, wo er von den Spinnen zermalmt wurde, was er ebenfalls spielte. Diese Beschreibung gepaart mit einer Darstellung von großer Lautstärke und starker Emotionalität führte dazu, dass die anderen Kinder regelrecht zurückwichen. Zwei Mädchen legten dann ein Veto ein, und somit war klar, dass diese Szene nicht gemeinsam gespielt werden konnte. Die spielbare Variante, die wir gemeinsam erarbeiteten, war schließlich, dass der Gecko (der imaginär blieb, also von niemandem dargestellt wurde) sich dem kleinen Dino näherte, und von Papa Dino (den Kindern) sogleich vertrieben wurde. Damit waren alle, auch Jonas, zufrieden.

In einem ähnlichen Szenario war die Lösung schwieriger:

In einer Gruppe mit knapp Fünf- bis Sechsjährigen gingen alle gemeinsam auf Abenteuerreise. Unterwegs beobachteten die Abenteurer durch imaginäre Ferngläser eine imaginäre Krokodilsfamilie. Alle beschrieben nacheinander verschiedene Aktivitäten der Krokodile (fressen, trinken, spielen, schlafen), von mir jeweils motiviert durch die Frage „Was machen die Krokodile jetzt gerade?". Als der knapp fünfjährige Samir an der Reihe war, sagte er: „Ich sehe etwas Schwarzes." Auf meine Nachfrage, was das Schwarze sei, antwortete er: „Ein Wolf." Und der fünfjährige Felix ergänzte: „Er geht zu den Krokodilen und will sie fressen." Noch ehe ich mich dazu äußern konnte, sprang die sechsjährige Charlotte auf, ein sensibles, sehr zurückhaltendes Mädchen, das sich in den bisherigen Theaterstunden eher als Mitspielerin denn als Ideengeberin gezeigt hatte. Sie stampfte auf und schrie in einer Lautstärke, die mich völlig perplex machte: „Der Wolf muss tot sein. Der Wolf muss tot sein. Wir brauchen einen Stock." Sie rannte durch den Raum und geriet geradezu außer sich: „Wir brauchen einen Stock. Wir müssen den Wolf schlagen, bis das Blut kommt, bis ganz viel Blut kommt." Die anderen Kinder waren wie paralysiert. Ich ging schnell zu Charlotte und versuchte sie zu beruhigen, was nicht auf Anhieb klappte. Sie wiederholte noch mehrmals, dass Blut kommen müsse und bewegte sich mit Tränen in den Augen in einem Modus zwischen Aggression und Verzweiflung. Wäre ich alleine mit ihr gewesen, hätte ich sie wohl auf den imaginären Wolf einprügeln lassen, bis sie sich beruhigt hätte. So aber musste ich zusehen, dass sie sich beruhigte und gleichzeitig die anderen Kinder aus ihrem Schrecken kamen. Ich schlug vor, den Wolf mit einem imaginären Stock und mit Rufen zu vertreiben mit der Idee, dass die anderen Kinder wieder in Bewegung kämen und Charlotte ihre Aggression körperlich ausagieren konnte. Damit sie sich als starke Gruppe wahrnahmen und die Aggression kanalisiert werden konnte, wählte ich eine klare Form (alle in einer Reihe) mit einer kleinen, spontan choreografierten Schrittfolge und Armbewegungen, zu denen wir chorisch „Wolf! Hau! Ab!" riefen. Das funktionierte, und als der Wolf schließlich vertrieben war (den Zeitpunkt entschied Charlotte), näherten wir uns vorsichtig den Krokodilen an, streichelten sie ausgiebig und gaben ihnen etwas zu fressen. So bekamen die potenziellen Opfer der gewaltsamen Situation die Bestätigung, dass sie sicher und geschützt waren. Die Rolle der Beschützer:innen bzw. Retter:innen vermittelte den Kindern selbst auch ein Gefühl von Sicherheit und Ruhe.

Es gab im Verlauf der folgenden Theaterstunden noch zwei weitere „Ausbrüche" von Charlotte, die nicht mehr gar so drastisch, aber dennoch jedes Mal sehr überraschend waren.

Die Erzieherinnen und Eltern von Charlotte waren entsetzt über deren Ausbrüche im Theater, weil niemand so ein Verhalten von ihr je erlebt hatte. Wichtig scheint mir hier, dass wir Erwachsenen diese heftigen negativen Emotionen aushalten und gerade einem Kind, das als sehr brav wahrgenommen wird, zugestehen, dass es auch diese Seite in sich trägt und leben will. Das Theater ist dafür der richtige Ort.

Ähnliche Erlebnisse hatte ich in einer anderen Gruppe mit dem sechsjährigen Ben. Er war kognitiv weit entwickelt und emotional sehr kontrolliert. Er steuerte viele Ideen zu den Geschichten bei, die wir gemeinsam erfanden, war aber an ihrer spielerischen Umsetzung kaum interessiert und wollte sich vor anderen wenig zeigen. Aktiv wurde er nur, wenn er sich er sich als Figur irgendwie bewaffnen, gegen etwas oder jemanden kämpfen und dabei jemanden niedermachen konnte. Dies tat er mit einer hohen körperlichen Energie und lauten Schießgeräuschen. Wenn ich dem Ganzen keinen Einhalt gebot und nicht sofort eine Form gab, raste Ben durch den Raum, seine Mitspieler:innen und die ganze Situation nicht mehr wahrnehmend. Seine Lösungsstrategien bei Konflikten jeglicher Art war immer die Tötung des Gegenübers. Auf andere Alternativen konnte er sich kaum einlassen. Die anderen Kinder schlugen humorvolle Konfliktlösungen vor, z. B. einen Dinosaurier, der plötzlich vor ihnen stand, zum Lachen zu bringen, um ihm zu entkommen. Einem Bären, der ihre Rucksäcke gefressen hatte, wollten sie eine stinkende Suppe vor die Höhle stellen, damit er sich beim Verzehr übergeben und die Rucksäcke ausspeien würde. Aber Ben wollte nur schießen. Es wäre möglich gewesen zu sagen, dass im Theater auf niemanden geschossen wird, aber ich hatte bei Ben das Gefühl, dass es nicht gut wäre, ihm seine einzige Spielidee samt körperlichem Ausagieren wegzunehmen, gerade weil er sehr wenig spielte und außerhalb der Theaterstunden so auffallend kontrolliert war. Und weil er das Theater als Ort nutzte, um seine aggressive Seite auszuleben und gewaltsame Bilder nach außen zu bringen, was ihm im Alltag offensichtlich nicht in angemessener Weise möglich war – so meine Interpretation. Also versuchte ich immer wieder Szenarien zu gestalten, in denen auf imaginäre Figuren etwa mit Erbsen geschossen wurde, Gegner lautstark vertrieben wurden oder die Kinder sich in verschiedenen Rollen (z. B. Polizei gegen Dieb, T-Rex gegen Wildschwein) einen Kampf lieferten, der klare Regeln hatte und stark choreografiert war. Möglich wurde dies allerdings nur dadurch, dass die anderen Kinder alle unerschrocken waren und wie Ben eine hohe körperliche Energie hatten. Wäre das nicht der Fall gewesen, hätte ich Kampfhandlungen Kind gegen Kind auch in choreografierter Form nicht erlaubt.

Hinter einem Verhalten wie von Charlotte oder Ben, das nicht selten vorkommt, liegen nicht nur Bedürfnisse der Kinder, sondern auch Nöte. In deren Behebung hat das Theaterspiel zwar ganz klar seine Grenzen, aber auch seine Möglichkeit, die im für die Mitspieler:innen verträglichen Rahmen ausgeschöpft werden darf und soll Natürlich ist es auch wichtig, dass Ben und Charlotte die Bühne nutzen können, um alternative Lösungskonzepte, die ohne Gewalt auskommen, zu erproben, aber dafür ist es meiner Ansicht nach notwendig, dass sie zunächst ihre Gewalt und Aggression überhaupt erst einmal erleben und nach außen bringen dürfen.

Wenn Sie sich als Spielleitung dafür entscheiden, gewaltsame Handlungen auf der Bühne nicht von vornherein zu verbieten, empfehle ich Ihnen:

- Finden Sie heraus, ob die Gruppe das gewaltsame Spiel eines Einzelnen/einer Einzelnen mittragen kann.

- Verschaffen Sie sich im Spielfluss durch Nachfragen Gewissheit, ob eine Situation mit Gewalt von allen gewollt ist.
- Wenn Sie nicht Erzieher:in der Kinder sind, erkundigen Sie sich im Nachgang der Theaterstunde darüber, was die Kinder berichtet haben, und erzählen Sie den Erzieher:innen von gewaltsamen Spielmomenten, vor allem, wenn bei Ihnen eine Unsicherheit bezüglich Ihrer Entscheidungen aufkommt.
- Seien Sie sich darüber im Klaren, wo Ihre eigene Grenze ist, was gewaltsames Handeln und Aggression angeht. Nicht selten haben wir Erwachsenen ein Problem im Umgang mit diesen Themen, weil es uns selbst nicht zugestanden wurde als wir Kinder waren. Dafür ein Bewusstsein zu haben, ändert bisweilen etwas am Umgang damit.

4. *Anna, Elsa und das Alihorn:* Wenn Medienhelden das Theater kapern

Medienhelden sind im Leben von Kindern allgegenwärtig und erfreuen sich auch schon bei Dreijährigen großer Beliebtheit. Nicht selten zeigen diese uns voller Stolz Shirts mit Spiderman-Konterfei, Trinkflaschen mit Prinzessin Lillifee, Brotdosen, deren Deckel von Anna und Elsa geziert werden und Schuhe, auf denen uns die Hunde aus der Serie Paw Patrol entgegenlachen. Diese Figuren sind ihre Helden, an deren Leben sie teilhaben und mit deren besonderen Eigenschaften sie sich identifizieren. Sie erfüllen eine ähnliche Funktion wie die in Kapitel IV erwähnten Ritter:innen- und Feen-Figuren: Allesamt verkörpern sie Eigenschaften, die die Kinder selbst gerne hätten, und sind Kämpfer:innen und Retter:innen einer guten Welt, in der dem Bösen bisweilen mit Zauberkräften begegnet werden kann. Das gibt den Kindern Orientierung und vermittelt ihnen ein Gefühl von Sicherheit. Der entscheidende Unterschied zwischen den Ritter:innenfiguren und den Medienfiguren ist jedoch, dass letztere mit ihren eindeutigen und oftmals einfach gezeichneten Charaktereigenschaften bereits fix und fertig erzählte Fantasien von (erwachsenen) Autor:innen sind, wohingegen eine Ritter:innen-(Feen-/Pirat:innen-)figur zwar auch eindeutige äußere und charakterliche Merkmale tragen kann, aber wesentlich komplexer ist und in dieser Komplexität von den Kindern gestaltbar ist. Man muss ihr für das Theaterspiel eine rudimentäre Figurenbiografie erfinden, etwa: Wo wohnt sie? Was mag sie? Worüber ärgert sie sich? Was kann sie? Was ist ihr Problem? Die Antworten hierauf können höchst unterschiedlich ausfallen. Eine Ritterin etwa kann gut oder böse sein, tölpelhaft oder gewitzt. Die allseits beliebten

Alihörner aus der Serie „My little Pony" hingegen haben komplett festgelegte Biografien, die vierjährige und ältere Fans in- und auswendig kennen. Ebenso die Hunde von Paw Patrol: Sie machen immer dasselbe, haben Standardsprüche und sind in Ausrüstung und Charakter komplett festgelegt. Bei Anna und Elsa, Spiderman und allen anderen Medienhelden ist es ähnlich. Und genau hier liegt das Problem, wenn diese Einzug ins Theater halten. Die Kinder haben eine haargenaue Vorstellung davon, was so eine Figur macht oder nicht macht, sodass bisweilen wenig bis kein Gestaltungsraum für Geschichten mit diesen Figuren als Protagonist:innen bleiben kann.

Wenn Vierjährige beispielsweise ein imaginäres Zauberbonbon beschreiben und anderen zeigen, müssen sie ihre Fantasie bemühen und sich eine Farbe und eventuell ein Muster ausdenken (blau mit goldenen Punkten), damit das Zauberbonbon vor dem geistigen Auge der anderen Kinder entsteht. Wenn das Bonbon etwa eine Katze ziert, kann mit Details gespielt werden. Ist sie klein oder groß? Welche Farbe hat sie? Behauptet ein Kind hingegen, dass auf seinem Bonbon Anna und Elsa zu sehen sind, muss lediglich ein fertiges Bild abgerufen werden, an dem nicht zu rütteln ist. Das Kind muss sich keine Beschreibung mehr ausdenken, weil diese bereits auch in den Köpfen der anderen Spieler:innen existiert und vor allem nicht verändert werden darf. Nun ist das in so einem kurzen Spielmoment noch kein Problem. Man könnte sogar sagen, dass die Kräfte eines magischen Bonbons noch zunehmen, wenn sie von so starken Identifikationsfiguren geziert werden. Aber Vorsicht! Sind sie erst mal auf dem Bonbon und damit in den Köpfen der Kinder, gelangen sie schneller, als uns lieb ist, in Geschichten und übernehmen das Ruder. Dann können Sie als Spielleitung zusehen, wie Sie sie wieder loswerden.

Aus der Praxis

Ich erinnere mich an eine Theatergruppe mit vier- bis knapp fünfjährigen Mädchen und Jungen, in der die vierjährige Chiara extrem mit Rocky aus Paw Patrol identifiziert war. Wir hatten eine Zeit lang Tiere und verschiedene Figuren als Standbilder dargestellt, wobei die Kinder sich auch gegenseitig in ihren Darstellungen imitierten. Chiara stellte immer nur Rocky dar (Vierfüßlerstand) und war derart glücklich dabei, dass ich sie darin belassen wollte. An der Imitation von Haltungen der anderen Kinder zeigte sie mäßiges Interesse, ließ sich aber mit viel Motivation meinerseits einigermaßen darauf ein. Dann sollte sich jedes Kind für eine Figur entscheiden, die es im Rahmen einer Geschichte, die es noch zu erfinden galt, spielen wollte. Chiara wählte, wie zu erwarten war, Rocky, die anderen Kinder waren ein König, ein Krokodil, eine Prinzessin, ein Geist, ein Einhorn. Als Plot entwickelte sich, dass ein Dieb die Krone des Königs stiehlt und verfolgt werden muss. Wir fingen an, die Figuren in Beziehung zueinander treten zu lassen und kleine Szenen zu spielen. Dann überlegten wir, wie die Geschichte weitergehen könnte. Rocky wurde für mich dabei insofern zum Problemhund, als Chiara jeden Vorschlag, den jemand für die Geschichte machte, vehement mit „Aber das macht Rocky nicht!" oder „Aber das sagt Rocky nicht!" quittierte und nicht dazu zu bewegen war, die Spielvorschläge auszuprobieren. Gleichzeitig fiel es ihr schwer, eigene Ideen einzubringen, was Rocky in der Geschichte tun könnte, weil die Bilder von Paw Patrol so präsent und mächtig bei Chiara waren, dass sie die Rocky-Figur nicht mit einer ganz anderen Geschichte in Kongruenz bringen konnte. So schleppte ich irgendwie diesen Hund durch die Geschichte der gestohlenen Krone, indem ich für ihn merkwürdige Nebenhandlungen erfand, die in Chiaras Bild von Rocky passten. Das war die einzige Möglichkeit, sie im gemeinsamen Spiel zu halten. Als der König nach acht Theaterstunden seine Krone schließlich wieder zurückhatte, wollte ich die Wörter Paw und Patrol erst mal nicht mehr hören.

In einer Gruppe fünf- bis sechsjähriger Mädchen erlebte ich die Präsenz von Medienhelden noch drastischer. Ähnlich wie in der vorher beschriebenen Gruppe ging es darum, eine Geschichte aus Figuren zu erfinden, die sich die Kinder ausgewählt hatten. Die Verwandlung in die Figuren sollte über einen Blick in einen magischen See (Spiel Nr. 24) erfolgen. Die ersten beiden Mädchen im Kreis wählten ein Pferd und eine Prinzessin. Das dritte Mädchen, Cirin, entschied sich für ein Alihorn aus der Serie „My little Pony". Die Kinder, die nach ihr an der Reihe waren, sich zu verwandeln, wollten dann auch Alihörner sein und die Mädchen mit Prinzessin und Pferd entschieden sich blitzschnell wieder um und verwandelten sich ebenfalls in Alihörner. Optimistisch, dass sich auch aus einer Herde alleskönnender Alihörner eine interessante Geschichte entwickeln lassen würde, gebot ich keinen Einhalt, was mir zum Verhängnis wurde. Voller Begeisterung fing Cirin an, ihr Alihorn zu beschreiben (identisch mit der Serienfigur), woraufhin die anderen immer sagten „Meins ist auch wie das von Cirin." Es gab schon an diesem Punkt keine eigenen Fantasien mehr. Um die Alihörner für eine Geschichte zu etablieren, ließ ich die Mädchen als Alihörner durch einen imaginären Wald laufen, fressen, einen Schlafplatz suchen und schlafen. Am Ende der Theaterstunde zeigte jedes Kind sein Alihorn als Standbild (die sich alle sehr ähnlich waren …). In der darauffolgenden Theaterstunde wollten die Kinder sofort wieder die Alihörner sein, kamen aber nicht mehr in Aktion. Jeder Impuls meinerseits wurde abgeschmettert mit „Braucht mein Alihorn nicht, es kann zaubern." Schließlich lagen alle irgendwo am Boden, im Kopf mit ihrer Alihornfantasie beschäftigt, in einer „Pffff, ich muss nix machen, passiert alles durch Zauber"-Haltung, während ich offensichtlich die Einzige war, die keine Ahnung von diesen magischen Protagonisten hatte und es unter Augenrollen der Kinder wagte, Vorschläge für ganz unmagische Bühnenhandlungen zu machen. Es gelang mir in dieser und der nächsten Theaterstunde nicht mehr, die Kinder von ihrem Alihornfilm, der in ihrem Kopf ablief, abzubringen. Die darauffolgende Stunde eröffnete ich deshalb mit der direkten Ansage, dass die Alihörner heute nicht am Start seien, und bewegte mich dann mit körperbetonten Theaterspielen in Richtung eines anderen Themas, was zum Glück reibungslos funktionierte.

Generell stellt sich die Frage, wie sich im Theater mit den Medienhelden umgehen lässt. Viele Erzieherinnen, mit denen ich zusammengearbeitet habe, sind täglich mit einer extremen Medienfigurenidentifikation konfrontiert und wünschen sich daher im Theater eine medienfigurenfreie Zeit, in der die Kinder auf ihre eigene Erfindungsgabe zurückgeworfen werden und ein Gegenentwurf zu den vorgefertigten Fantasien geschaffen werden kann. Das macht absolut Sinn, und ich selbst habe immer wieder Gruppen, in denen ich darauf bestehe, dass die Medienhelden aus dem Theater draußen bleiben. Ich vereinbare dann mit den Kindern vorab, dass Anna, Elsa, Spiderman & Co. im Theater nicht mitspielen. Damit gibt es eine klare Regel, an die ich die Kinder jederzeit erinnern kann.

Wenn Sie kein grundsätzliches Verbot aussprechen wollen, können Sie alternativ versuchen, rund um die Medienfigur einen Fantasieraum zu öffnen, der außerhalb der Medienrealität liegt. Möchte also beispielsweise ein Junge unbedingt Superman in einer Geschichte auftreten lassen, mit dem er über dessen Stärke, Willenskraft und Unverwundbarkeit identifiziert ist, können Sie ihm Fragen stellen, um ihn dazu zu bringen, Superman mit seiner eigenen Fantasie anzureichern, etwa, mit der Frage, was Superman gerne isst, was er macht, wenn er zuhause ist, was er in seiner Freizeit macht. So kann Superman beispielsweise zuerst als Standbild in seiner Kraft und Stärke in einem Bühnenauftritt dargestellt werden, danach wird das Spiel mit neuen Ideen erweitert. Der schöne Moment dabei ist immer, wenn die Kinder sehr irritiert durch die Fragen sind, deren Antworten ja zunächst komplett außerhalb der Bilder, die sie im Kopf haben, liegen. Es kann dann etwas dauern, bis sie sich darauf einlassen, aber im besten Fall entsteht ein Raum für schöne Geschichten. Wie etwa diejenige, die von einer Gruppe Dreieinhalbjähriger erfunden wurde: Superman wacht zuhause mit Bauchschmerzen auf und stellt fest, dass er Hunger hat. Er kocht sich eine große Schüssel mit Nudeln, isst diese zusammen mit leckeren Erdbeeren, genehmigt sich anschließend noch einen Kuchen, der allerdings so ekelhaft schmeckt, dass er ihn wieder ausspucken muss (der Bäcker hatte beim Backen aus Versehen Kleber in den Teig geschüttet). Danach geht Superman ins Schwimmbad, schwimmt in unterschiedlichsten Schwimmstilen, trocknet sich ab, macht ein paar Fotos und geht wieder. Zuhause angekommen, schaut er sich die Fotos an (als Standbilder dargestellt). In dieser Geschichte haben die Kinder Superman komplett von seinen besonderen Fähigkeiten, mit denen sie so sehr identifiziert sind, abgekoppelt. Der Held der Geschichte könnte genauso gut ein Bär, eine Frau oder ein Monster sein. Aber die Superman-Figur war eine hohe Motivation für die Kinder, an der Geschichte dranzubleiben.

Es bleibt bei diesen Versuchen allerdings immer das Risiko, dass die Kinder sich, wie in den ersten beiden Beispielen, gar nicht darauf einlassen können, ihre Medienhelden in einem anderen Kontext als dem abgespeicherten agieren zu lassen. Je älter die Kinder sind, desto schwieriger kann es sich gestalten. Aber ein Versuch ist es wert, wenn Sie Gründe haben, nicht von vornherein ein Medienheldenverbot auszusprechen.

Ich erlebe immer wieder Kinder, die überhaupt nur über eine solche Figur in der Lage sind, sich auszudrücken, wie etwa die sehr schüchterne Elena, für die es schwierig war, vor anderen Kindern alleine zu reden. Ihre ersten Versuche waren, imaginäre Gegenstände mit einer Elsa-Verzierung zu beschreiben. In solchen Fällen kann es als Einstieg durchaus hilfreich sein, diese zuzulassen und die Sicherheit, die die Figur dem Kind vermittelt, zu nutzen, um es für das Theaterspiel zu öffnen.

Ich selbst wäge immer ab, ob es notwendig ist, die Figuren ganz verbannen zu müssen. Ein Gradmesser dafür zu Beginn eines Theaterkurses ist zum einen, ob die Kinder ohnehin schon viel über Medienfiguren reden, bevor das Theater überhaupt losgeht, und zum anderen die Beschreibung von imaginären Gegenständen in der Theaterstunden. Wenn imaginäre Töpfe mit Anna und Elsa, Rucksäcke mit Batman oder Bälle mit Feuerwehrmann Sam beschrieben werden, bin ich bereits sehr hellhörig. Wenn dann noch hinzukommt, dass die Kinder keine Ideen mehr zulassen, die nicht dem Medienbild entsprechen, ist Alarmstufe Gelb und Zeit einen günstigen Moment zu finden, die Medienfiguren zu verbannen, am besten verbunden mit einer aufregenden anderen Spielidee.

Die Entscheidung, Medienfiguren ins Theater rein oder sie draußen zu lassen, hängt nicht zuletzt davon ab, wie Ihre eigene Lust auf die Präsenz dieser Figuren ist. Brauchen Sie im Theaterspiel Pause von ihnen, lassen Sie sie draußen. Sind Sie interessiert an Experimenten mit den Figuren oder haben Sie pädagogische Gründe, die Sie motivieren, die Figuren ins Theater zu holen, lassen Sie sie zu. Das Worst-Case-Szenario ist, dass in einer Theaterstunde nichts

Produktives passiert. Das ist zwar unangenehm, lässt sich aber in der folgenden Stunde problemlos wieder ändern.

5. *Der Löwe auf dem Meeresgrund:* Wenn Spielimpulse für Irritation sorgen

Das Theaterspiel in Krippe und Kindergarten lebt vom Austausch von Spielimpulsen. Als Spielleitung setzen wir diese mit ausgewählten Theaterspielen, und die Kinder greifen sie im gemeinsamen Spiel auf. Umgekehrt bringen die Kinder selbst Impulse und Ideen in Spiele ein, die diesen unter Umständen eine Erweiterung und eine damit verbundene neue Wendung geben können. Wenn Sie etwa das Spiel „Die verhexte Badewanne“ spielen (Spiel Nr. 104) und ein Kind bringt dabei die Idee ein, dass aus dem Wasserhahn statt kaltem Wasser Eiszapfen kommen, muss darauf eine andere Reaktion gespielt werden als beim Wasser. Und Sie können weiterhin erfragen, was mit der Badewanne los ist, wenn Eis statt Wasser aus dem Hahn kommt. Und auch, was denn da noch aus dem Hahn kommt – Musik? Nägel? Glitzer?

In diesem Beispiel lassen sich zwei verschiedene Möglichkeiten für Spielimpulse von Kindern erkennen: Entweder werfen die Kinder während des Theaterspiels spontan Ideen ein (der Eiszapfen) oder wir schaffen als Spielleitung einen Rahmen für Spielimpulse von Seiten der Kinder (mit der Frage: Was kommt noch aus dem Wasserhahn?). Wenn wir mit Fragen selbst den Raum öffnen, in dem die Kinder ihre Spielimpulse einbringen können, haben wir die Möglichkeit, die Impulse und damit den Spielverlauf ein Stück weit zu kontrollieren; in erstgenanntem Fall kommen die Impulse ad hoc und wir müssen schnell überlegen, wie wir darauf reagieren. In beiden Situationen können die Impulse für überraschende und spannende Spielmöglichkeiten sorgen, allerdings auch für Irritation, wenn wir nicht adäquat mit ihnen umgehen. Das muss zwar keine gravierenden Folgen für den Verlauf des Spiels haben, kann aber den Spielfluss deutlich behindern, wie die folgenden Beispiele veranschaulichen mögen.

Aus der Praxis

In einer Gruppe mit sieben vierjährigen Kindern hatte ich ein imaginäres Zauberbonbon eingeführt, durch dessen Verzehr man fremde Sprachen sprechen kann. Die Kinder sprachen reihum im Kreis jeweils eine Begrüßung in einer Kauderwelschsprache, die von den anderen im Chor wiederholt wurden. Als Dardan an der Reihe war, schaute er mich herausfordernd an und sagte: „Ich schmeiß mein Bonbon in einen Müllhaufen!" und setzte damit überraschend einen starken Impuls, der das gemeinsame Sprachspiel zunächst unterbrach. Die anderen Kinder griffen den Impuls erwartungsgemäß auf, indem sie kundtaten, ihre Bonbons ebenfalls in den Müll zu werfen. Eine hohe Motivation war für sie in diesem Moment, etwas Unerhörtes zu tun. Ich beschloss kurzerhand, das Sprachspiel abzubrechen, den Impuls aufzugreifen und auf die Müllsituation einzugehen, indem ich fragte, was denn da noch im Müll sei außer dem Bonbon. Damit schuf ich einen Rahmen für weitere Impulse, die eine Müllszenerie bereichern könnten. Die Kinder nannten reihum mit Begeisterung verschiedene Müllgegenstände. Als Sarah an der Reihe war, sagte sie: „Da sind Zähne." Noch während ich überlegte, was es mit den Zähnen im Müll auf sich haben könnte, sagte die Erzieherin, die in der Theaterstunde dabei war: „Aber Sarah, im Müll gibt es doch keine Zähne. Was gibt es denn im Müll?" Sarah überlegte lange, die anderen Kinder flüsterten ihr Müllgegenstände zu, womit der Flow, der sich durch Dardans Impuls ergeben hatte, beendet war. Die Zähne hatten zweifache Irritation gebracht. Die Erzieherin hatte beim Wort Müll eine Assoziation von „normalem" Haushaltsmüll im Kopf und erwartete deshalb entsprechende Antworten. Das heißt, sie hatte ein Bild vor Augen und eine damit verbundene Erwartungshaltung, was die Vorschläge der Kinder anging. Sarah wiederum hatte zum Stichwort „Müll" eine Fantasie im Kopf, die, so wurde ihr gespiegelt, falsch war, was dazu führte, dass sie keine „richtige" Antwort mehr geben konnte, weil gewissermaßen ihr Gedankenfluss gestört worden war. Ich fragte sie dann noch, wie die Zähne wohl in den Müll gekommen sein könnten, aber Sarah war zu verwirrt, um eine Antwort geben zu können. Damit war der Flow des Müllhaufenspiels unterbrochen und es kostete in diesem Moment einige Anstrengung, es wieder in Gang zu bringen.

Eine ähnliche Situation erlebte ich bei einer Studentin im Rahmen einer Kindergartenhospitation, an deren Theaterstunde ich teilhaben durfte. Sie erzählte mir, bevor es losging, dass sie das Thema „Frühling", mit dem sich die Kinder aktuell im Morgenkreis beschäftigten, aufgreifen wolle. Sie erfand die Figur einer Maus, die im Frühling aus ihrem Loch kommt und sieht, dass keine Blumen wachsen. Diese Maus baut eine Maschine (Spiel Nr. 23), die Blumenzwiebeln in ein Erdloch katapultieren kann, gräbt mit einer Schaufel Löcher für die Zwiebeln, lässt diese mithilfe der Maschine in die Löcher bringen, bedeckt sie mit Erde und gießt sie (Kinder in der Rolle der Maus und der Maschine). Aus den Zwiebeln wachsen Frühlingsblumen (Spiel Nr. 108). Die Kinder stellten im Raum verteilt den Wachstumsvorgang der Blume dar und endeten in einem Standbild der ausgewachsenen Blume. Die Studentin ging von einem zur anderen, fragte: „Was für eine Blume bist du?" und öffnete damit einen Raum für Impulse der Kinder. Als der fünfjährige Michail an der Reihe war, nannte er die Sonnenblume. Die Studentin machte ihn darauf aufmerksam, dass die Sonnenblume keine Frühlingsblume sei und bat ihn, eine Frühlingsblume zu nennen. Das überforderte Michail in diesem Moment so sehr, dass er nicht mehr weiterspielen konnte. Die Studentin reagierte und meinte, er solle eine Sonnenblume bleiben, aber es gelang ihm nicht mehr, die „Blumenhaltung" einzunehmen. Das Verhaltensmuster ist dasselbe wie im ersten Beispiel. Die Studentin hatte eine klare Vorstellung von Frühlingsblumen im Kopf, zu der die Sonnenblume nicht passte, und Michail andererseits fiel wegen seiner „fehlerhaften" Antwort aus dem Spiel.

Um solche Situationen zu vermeiden, müssen wir uns die Mechanismen hinter diesen Vorgängen bewusst machen: Beim Theaterspiel geht es darum, gemeinsame Fantasien zu entwickeln und im kollektiven Prozess Geschichten entstehen zu lassen. Gleichzeitig entstehen während dieses Prozesses Ideen und Fantasien bei jedem/jeder einzelnen Spieler:in, die sich nicht automatisch mit denen der anderen Spieler:innen decken, auch wenn alle im selben Thema unterwegs sind. D. h. jede:r Spieler:in hat auch eine individuelle Denkschiene, auf der er/sie im kollektiven Spiel unterwegs ist. Sich davon immer wieder zu befreien und flexibel im kollektiven Spiel zu bleiben, ist eine Kunst, die beherrscht sein will. Funktioniert dies nicht, ist Irritation die Folge, mit der man lernen muss umzugehen. Solange dabei nur die Kinder irritiert sind, können wir als Spielleitung moderieren und ihnen erklärend zu Seite stehen und ihnen helfen, den kollektiven Aspekt beim Theaterspiel verstehen zu lernen.

Schwierig wird es nur, wenn wir uns als Spielleitung selbst irritieren lassen. Je mehr Spielerfahrung wir haben, desto seltener passiert es, aber ausschließen lässt es sich nie ganz. Ich selbst tappe auch nach langjähriger Berufserfahrung ab und zu in die Falle, die mir mein eigenes Denken stellt.

Ich erinnere mich an eine Theaterstunde in einer Gruppe Vier- und Fünfjähriger, in der ich einen doppelten Irritationsmoment erlebte. Der Theaterworkshop fand in einem Raum statt, an dessen Wände verschiedene Tierbilder hingen. Die Kinder waren an einem Bild mit einem Fisch besonders interessiert, weshalb es zum Ausgangspunkt für eine Unterwasserszenerie wurde. Wir verwandelten uns in Sand, Wasserpflanzen, Fische und Steine auf dem Meeresgrund und stellten uns dann ein Sandschloss vor, in dem ein gefährlicher Hai mit etlichen Wassermonstern wohnte. Diese feierten wilde Feste und aßen am liebsten winzige Fische. Die Fische wollten sich das nicht gefallen lassen und beschlossen, in die Sandburg einzudringen. Das war allerdings nicht so einfach, denn die Sandburg wurde bewacht von –? – „einem Löwen!", rief der vierjährige Kemalcan. Das war der Moment, in dem ich in Irritation geriet. Zum einen, weil der Löwe absolut nicht in die Unterwasserfantasie passte, in die ich mich seit einer halben Stunde hineinbegeben hatte. Hinzu kam, dass Kemalcan schon eine Weile nicht mehr mitspielte und stattdessen ein Löwenbild an der Wand angeschaut hatte, während die anderen als Fische und Wassermonster unterwegs waren. Seine Inspiration war also eindeutig von diesem Bild gekommen, das nichts mit dem Spiel zu tun hatte und auch nicht daraus gespeist worden war, was für mich Irritationsmoment Nummer zwei war. Zumal Kemalcan öfter aus dem Spiel ausstieg und „nur" irgendwelche Ideen in die Runde warf, ohne sich dann auf das gemeinsame Spiel einzulassen. Meine spontane Reaktion fiel entsprechend aus: „Also, ich glaube NICHT, dass das Unterwasserschloss von einem LÖWEN bewacht wird." Keine Sekunde später sah ich mich sechs Kindern mit gekreuzten Armen gegenüber.: „Dooooch!! Es ist ein Löwe!" Da die Reaktion, weshalb auch immer, so einhellig ausfiel, brachte ich mein Gehirn mühsam dazu, das Fantasieareal zu aktivieren und gleichzeitig nicht schmaläugig auf Kemalcan zu blicken, der das Spiel verweigert und überdies meinen persönlichen Spielflow unterbrochen hatte. Wir erschufen schließlich einen Unterwasserlöwen, der Schwimmhäute zwischen den Krallen und eine Taucherbrille hatte. Viel eleganter wäre es natürlich gewesen, wenn ich den Löwen sofort aufgegriffen und in das Spiel mit eingebaut hätte, statt mich von einer vermeintlichen Unlogik aus dem Konzept bringen zu lassen.

Um Verwirrung wegen Spielimpulsen von Seiten der Kinder zu vermeiden, empfehle ich Ihnen Folgendes:

- Denken Sie im Theater nie in den Kategorien „richtig" und „falsch". In der Kunst existieren diese nicht. Das Theater ist ein Ort, an dem auch im Frühjahr Sonnenblumen wachsen können, an dem Katzen blau sind, Regenwürmer einen Bären tragen und Zähne im Müll liegen. Das ist vor allem dann nicht einfach, wenn Sie einerseits als Erzieher:in gefragt sind und den Kindern in dieser Funktion Sachwissen vermitteln und in der darauffolgenden Theaterstunde alles wieder über Bord werfen sollen. Versuchen Sie in diesem Fall darauf zu vertrauen, dass Kinder auch in frühem Alter schon ganz gut zwischen Spiel und Realität unterscheiden können.
- Versuchen Sie, möglichst keine Erwartungshaltung zu haben, sondern Spielimpulsen grundsätzlich möglichst offen begegnen. Wir sollten begrüßen, was gerade kommt und immer neugierig darauf sein, was im nächsten Moment passieren könnte.

- Das heißt natürlich nicht, dass jeder Impuls, der eingeworfen wird, auch aufgegriffen werden muss. Aber Sie sollten die Entscheidung, ob Sie ihn aufgreifen oder nicht, bewusst treffen und möglichst nicht, wie im Beispiel mit dem Löwen, aus einer Irritation heraus. Eine Orientierung, wann es gut ist, Spielimpulse von Kindern aufzugreifen, und wann nicht, bietet Birgit Thomas in ihrem interessanten Artikel „Theater als pädagogischer Prozess". Dort nennt sie drei Situationen von Impulsen, die von Spielleiter:innen aufgegriffen werden sollten (vgl. Thomas 2010, S. 93):

Der Impuls ist stark: Erinnern wir uns an den Impuls des Kindes beim Spiel „Guter Bär – böser Bär" in Kapitel IV h. Als Bilal sich nicht in den bösen Bären verwandeln wollte, stagnierte das Spiel für einen Moment, bevor Felix die Idee hatte, den Bären zu füttern und dadurch das Spiel zu beenden bzw. in ein neues Spiel umzuleiten. Seine Idee brachte er mit so viel Selbstverständnis und Überzeugung ein, dass es keinen Sinn gehabt hätte, ihn davon abbringen zu wollen, zumal die anderen Kinder sich sofort darauf einließen und daraus weitere Spielideen erfanden.

Der Impuls kommt von einem Kind, das sonst sehr zurückhaltend ist: Die im vorherigen Kapitel erwähnte Elena, die erste Sätze sprach, indem sie Gegenstände mit Elsa und Anna beschrieb, repräsentiert einen Typus Kind, das viel Zeit braucht, um sich zu äußern und auch durchaus aktiv gefragt werden kann, ob es eine Spielidee hat, ohne zu erwarten, dass diese formuliert wird. Wenn ein solches Kind sich öffnet, braucht es in jedem Fall die Bestätigung, dass seine Idee erwünscht und „richtig" ist.

Der Impuls treibt die Spielhandlung voran bzw. bringt eine Spielhandlung in Gang: Der Eiszapfen aus dem Wasserhahn ist ein schönes Beispiel dafür. Mit der Abänderung des Spiels kann eine Geschichte beginnen, die im tiefsten Winter beginnt und alles einfrieren lässt, oder eine von einer Zauberin, die immer neue Sachen aus ihrer Badewanne zaubert, aber leider den Zauberspruch vergisst, um wieder Wasser zu bekommen, oder … oder … oder …

Weiter nennt Thomas drei Situationen, in denen Impulse nicht unbedingt aufgenommen werden sollten:

Der Impuls stört das kollektive Erleben: Klassische Beispiele hierfür sind Einwürfe wie der Löwe als Wächter in der Unterwasserwelt. Die Kinder haben sich in diesem Fall zwar spontan dafür entschieden (wahrscheinlich, weil sie meine

Irritation bemerkten und ausnutzen wollten), es hätte meiner Erfahrung nach aber genauso gut sein können, dass sie aus der Unterwasserweltfantasie herausgerissen worden wären. In diesem Fall hätte ich den Löwen nicht aufgegriffen.

Der Impuls wird als Machtprobe benutzt: Dardans Impuls, sein Zauberbonbon in den Müll zu werfen, hatte eindeutig den Charakter einer Machtprobe und es wäre nicht falsch gewesen, den Impuls im Keim zu ersticken und Dardan darauf hinzuweisen, dass gerade ein anderes Spiel gespielt wird. Aus zwei Gründen entschied ich mich in diesem Fall dagegen. Zum einen lassen sich Provokationen bisweilen aushebeln, indem man als Spielleitung darauf einsteigt und dem Kind damit eine Reaktion zeigt, mit der es nicht gerechnet hat. Zum anderen reizte mich die Idee, einen imaginären Müllhaufen mit vielen Überraschungen zu bespielen. Das ist ein nicht zu unterschätzender Faktor. Denn die hohe Dynamik Ihrer eigenen Spiellust öffnet auch bei den Kindern neue Fantasieräume.

Der Impuls kommt immer vom gleichen Kind: Im Gegensatz zu den zurückhaltenden Kindern gibt es Kinder, die vor Ideen sprudeln, diese auch gerne kundtun und Wert darauf legen, dass die anderen darauf eingehen. Dabei kreisen sie sehr um sich und nehmen nicht wahr, dass auch noch andere Kinder mit ihren Ideen da sind. In solchen Fällen ist es wichtig, nicht auf jeden Impuls des Kindes einzugehen und ihm zu erklären, dass auch die anderen Kinder ihre Ideen äußern können müssen.

Mit diesen Kriterien im Gepäck haben Sie eine gute Entscheidungshilfe in Situationen mit vielen Impulsen von Seiten der Kinder. Wenn Sie für diese offen bleiben und dabei mehr auf Ihre Intuition achten, statt sich von Ihrem Verstand irritieren zu lassen, sind Sie für spontane Momente aller Art gut gewappnet.

V. Wege zur Aufführung – Beispiele aus der Praxis

1. Vorüberlegungen

In meinen Seminaren und Fortbildungen werde ich häufig gefragt, wie man mit Kindergartenkindern ein Theaterstück auf die Bühne bringen kann. Deshalb möchte ich Ihnen in diesem letzten Kapitel anhand verschiedener Vorgehensweisen samt Praxisbeispielen einige Möglichkeiten aufzeigen, wie sich mit unterschiedlichen Altersstufen eine angemessene und gut gelingende Aufführung erarbeiten lässt, ohne dass Spieler:innen und Spielleitung in Stress geraten und darüber das Wichtigste vergessen: Die Freude am gemeinsamen Spiel und an der miteinander geteilten Fantasie.

All diejenigen, die je eine Inszenierung mit Klein oder Groß erarbeitet haben, kennen den berüchtigten Endprobenstress, der Spielleitung und Spieler:innen an den Rand der Verzweiflung bringen kann. Nach der Aufführung jedoch scheint alles vergessen, wenn sich die Beteiligten in den Armen liegen und einhellig der Meinung sind, dass doch eigentlich alles ganz wunderbar war.

Und weil wir genau in diesem Moment verdrängen, dass eben nicht alles ganz wunderbar war, tappen wir beim nächsten Projekt in dieselbe Falle. Ich selbst habe es oft genug so erlebt.

Irgendwann fing ich allerdings an, mich zu fragen, ob Probenprozesse speziell mit den Allerkleinsten wirklich so verlaufen müssen oder ob sich auch Wege zu einer Aufführung beschreiten lassen, die ohne sich die Haare raufende Spielleiter:innen und überforderte Kinder auskommen. Um es gleich vorwegzunehmen: Ja, es geht. Es müssen dafür allerdings drei Stolpersteine aus dem Weg geräumt werden:

- eine **Zeitplanung,** die sich nach einem Aufführungsdatum richten muss,
- ein unangemessener **Aufführungsort** und
- eine **Stückstruktur** samt **Rollenverteilung,** die nicht das Alter der Kinder berücksichtigt.

Mit der **Zeitplanung** steht und fällt ein großer Teil eines jeden Theaterprojekts. Ich habe früher häufig Projekte verwirklicht, bei denen mir ein Thema, zehn Probentermine und ein Aufführungsdatum genannt wurden. Mit diesen Faktoren im Kopf begann ich die Arbeit und früher oder später kam immer der Moment, in dem die Kinder keine Lust mehr hatten, Texte zu lernen oder Abläufe zu proben, und ich mich wie eine Antreiberin fühlte. Während man in solchen Situationen Grundschulkinder mit der Aussicht auf eine Aufführung motivieren kann, ist dies für Kindergartenkinder, je jünger sie sind, kein Anreiz. Sie denken in viel kürzeren Zeitabschnitten und sind nach meiner Erfahrung gar nicht unbedingt erpicht auf eine Aufführung (siehe Kapitel I). Deshalb habe ich irgendwann aufgehört, unter solchen Voraussetzungen Theater zu machen. Stattdessen beginne ich inzwischen meine Probenprozesse bzw. Theaterkurse nicht mit dem Gedanken an eine Aufführung, sondern mit der Neugierde darauf, welche Themen, Theaterspiele und Geschichten sich ergeben, aus denen sich eine Szene oder ein Stück entwickeln lässt. Die Szene oder das Stück strukturiere ich dann so, dass die Kinder möglichst viel Spielraum im wahrsten Sinne des Wortes haben und möglichst wenig Gänge einüben und Text lernen müssen. Denn je mehr sie mit diesen Vorgängen beschäftigt sind, desto weniger können sie sich über ihren Körper ausdrücken und in einen Spielfluss kommen. Einen Aufführungstermin setze ich am liebsten erst fest, wenn das Stück oder die Szene fast fertig ist und sich eine gute Spieldynamik ergeben hat.

Der zweite wesentliche Faktor ist der **Aufführungsort.** Eine Aufführung braucht einen adäquaten Raum, der die Kinder in ihrem Auftritt unterstützt, d.h. er sollte nicht allzu groß sein (siehe Kapitel I und II.2). Ideal ist es, wenn der Probenraum bzw. Workshopraum auch der Aufführungsraum ist. Wenn Sie zu einem relativ späten Zeitpunkt den Raum wechseln, müssen die Kinder sich zum einen neu orientieren und zum anderen geraten sie logischerweise in einen Zustand der Aufregung und es kann schwierig werden, den Fokus wieder auf das Spiel zu lenken.

Was schließlich die **Stückstruktur** und die **Rollenverteilung** angeht, so lege ich Ihnen ans Herz, sehr gut zu überlegen, wie beides für eine Gruppe aussehen sollte, damit der Probenprozess möglichst nicht blockiert wird. Wenn Sie mit einer klassischen Rollenverteilung arbeiten, hat diese den Nachteil, dass die Rollen unterschiedlich gewichtet sind, d.h. manche Kinder haben mehr zu tun und müssen mehr proben, während andere warten müssen. Oder es gibt Szenen mit beispielsweise nur zwei Figuren, die geprobt werden wollen. Auch hier sind die anderen Spieler:innen solange nicht im Spiel. Um beides zu umgehen, empfehle ich Ihnen, mit den folgenden Rollenaufteilungsmodellen zu experimentieren:

„Gruppenrollen“

Dieses Prinzip eignet sich gut für Szenen mit Kindern ab zwei Jahren. Dabei spielen alle gleichzeitig die gleiche Rolle: Sie sind z.B. als Gruppe von Menschen (Bäcker:innen, Ärzt:innen) oder Tieren (Bienen, Hunde) unterwegs. Weitere Figuren, die in der Geschichte vorkommen, werden nicht von Spieler:innen übernommen, sondern als imaginäres Gegenüber vorgestellt, ebenso wie Requisiten. So werden etwa Ärzt:innen gerufen, um einen Regenwurm zu heilen. Dieser ist imaginär, ebenso die Utensilien und das Auto der Ärzt:innen.

Oder eine Gruppe Affen bricht zu einem Picknick auf, gerät in ein Unwetter, landet schließlich auf einer Blume und genießt das Essen (siehe Spiel Nr. 80). Unwetter, Blume, Essen sind imaginär und werden durch einen Erzähltext eingeführt. Der Vorteil ist hier, dass die Kinder gemeinsam eine Rolle entwickeln. Dabei können sie sich im Schutz der Gruppe aneinander orientieren und gegenseitig inspirieren.

„Rollenwechsel" – als Erweiterung der Gruppenrolle
Mehrere Kinder spielen dieselbe Rolle und wechseln diese im Verlauf des Stücks mehrfach, d. h. die Kinder spielen z. B. zuerst alle ein:e Tiefseetaucher:in, die unter Wasser unterwegs ist, und im nächsten Moment verwandeln sie sich in einen Hai, der die Essensvorräte der Taucher:innen stiehlt, und danach in kleine Fische, die den Hai kitzeln. Hier können alle Kinder immer im Spiel sein und es entsteht kein Rollenneid. Im Gegensatz zu Grundschulkindern haben Kindergartenkinder meistens noch kein Problem damit, nicht nur eine Rolle zu spielen und nicht solistisch aufzutreten. Das mag daran liegen, dass sie zum einen noch keine festgefahrene Idee vom Theaterspielen haben und experimentierfreudig sind und zum anderen daran, dass das Ich-Bewusstsein noch nicht so ausgeprägt ist.

Ich mache regelmäßig die Erfahrung, dass Kinder, die über lange Zeit mit Rollenwechseln und Gruppenrollen überhaupt kein Problem hatten, im Vorschulalter gelegentlich anfangen, sich mit einer einzigen Rolle zu identifizieren und diese dann auch keinem anderen Kind zugestehen wollen („Aber ICH will doch die Prinzessin sein!"). Für Kinder ab sieben Jahren wird es dann zunehmend wichtig, sich eine individuelle Rolle zu erarbeiten, in der sie neue Erfahrungen machen können.

„Rollentausch mit Wiederholungen"
Wenn es eine exponierte Figur gibt, die einer Gruppe anderer Figuren gegenübersteht, lässt sich dies so inszenieren, dass mehrere Kinder die Figur im Wechsel spielen. So könnte der Hai aus dem vorherigen Beispiel von einem Kind dargestellt werden, während die anderen Kinder die kleinen Fische spielen, die den Hai kitzeln. Diese Szene kann mehrfach wiederholt und mit einem Erzählkommentar versehen werden, wobei bei jeder Wiederholung ein anderes Kind den Hai spielt, der eine Reaktion auf das Gekitzeltwerden zeigt.

Was nun die Stück- oder Szenenentwicklung angeht, so lassen sich grundsätzlich zwei Methoden unterscheiden: Entweder man entwickelt ein Stück aus dem Spiel heraus oder man findet eine Vorlage, die sich zur szenischen

Umsetzung eignet, etwa ein Märchen oder ein Bilderbuch. Hierbei ist für mich immer wichtig, die Vorlage gemeinsam mit den Kindern zu erschließen und zu einem Stück umzuarbeiten. Im Folgenden finden Sie verschiedene Beispiele für die unterschiedlichen Vorgehensweisen.

2. Vom Theaterspiel zum Stück

Sind Theaterspiele die Ausgangsbasis für die Entwicklung einer Szene oder eines Stücks, steht die physische Aktion, die sich aus dem Spielvorgang ergibt, im Vordergrund. D. h. die Szene/das Stück entsteht aus einer mehr oder weniger improvisierten Spielsituation heraus, die aufführungstauglich gemacht werden muss. Damit dies gelingt, müssen Sie als Spielleitung eine Form schaffen, innerhalb derer die improvisierte Spielsituation wiederholbar und zu einer für ein Publikum nachvollziehbaren Geschichte wird.

2.1 Ein Theaterspiel enthält eine Geschichte

Die kleinstmögliche Stückform bieten Theaterspiele, die in sich schon eine Geschichte enthalten und durch minimale Erweiterungen zu einem Stück ausgebaut werden können wie etwa das Spiel „Bei der Feuerwehr“ (Spiel Nr. 16).

Dieses Spiel hat eine klare zweiteilige Wiederholungsstruktur: Die Szene, in der die Feuerwehrleute in ihrer Feuerwache sitzend essen, und diejenige, in der sie einen Auftrag erledigen müssen. Innerhalb dieser Anlage ist Raum für viele Ideen. So könnte sich in einem kurzen Einzelauftritt jeder Feuerwehrmann/jede Feuerwehrfrau einzeln mit einem kleinen Rollenprofil vorstellen („Ich bin Feuerwehrfrau Mara, esse gerne Bananen und rette am liebsten Eichörnchen vom Baum.“ usw.). Das kann im Kreis geschehen oder auch in einem Bühnenauftritt, bei dem alle Spieler:innen beispielsweise nebeneinander stehen und einzeln nach vorne treten. Danach folgt die Essszene, in der alle im Kreis oder in einer Reihe sitzend aus einer großen Schüssel ihr Lieblingsessen zu sich nehmen, bis das Telefon klingelt und der Feuerwehreinsatz beginnt. In diesem zweiten Teil können von den Kindern verschiedene Einsätze erfunden werden (Brand löschen, ein Auto aus dem Wasser ziehen, ein Tier vom Baum retten…), an deren Ende jeweils alle wieder am Tisch sitzen, essen und nach dem letzten Einsatz möglicherweise schlafen gehen. Und schon ist ein kleines Theaterstück entstanden.

Ähnlich ist es mit dem Spiel „Raketenreise zu fernen Planeten“ (Nr. 75).

Für den Raketenflug kommen alle Spieler:innen im Kreis zusammen. Nach der Landung auf verschiedenen Planeten wird der ganze Bühnenraum bespielt, und die Kinder können ihre Ideen für Abenteuer auf den Planeten einbringen. Als Überleitung zu den neuen Abenteuern können kurze Erzählpassagen dienen.

Sehr dankbar sind auch die vier Monsterspiele Nr. 88–91, die zusammengenommen an sich schon eine leicht spielbare Geschichtenvorlage bilden: Eine Gruppe Spaziergänger:innen oder Abenteurer:innen geht im Wald spazieren. Plötzlich sieht allerdings alles anders aus und die Spaziergänger:innen stellen fest, dass sie im Monsterwald gelandet sind. Dann wird ein schlafendes Monster entdeckt, das – wie toll! – auf einem Berg Leckereien schläft, die die Spaziergänger:innen naschen wollen. Aber gerade als die Leckereien vernascht sind, liegt plötzlich ein ekelhafter Geruch in der Luft. Das kann nur bedeuten, dass die Spaziergänger:innen nicht weit weg von der Höhle des schrecklichsten aller Monster sind. Sie schleichen sich an, um in Erfahrung zu bringen, wie dieses aussieht. Als sie wissen, wie schrecklich das schreckliche Monster ist, kochen sie ihm, um von sich abzulenken, eine Monster-Leckerei, stellen sie vor den Höhleneingang und laufen schnell aus dem Monsterwald hinaus nachhause.

Diese Szenerie kann auch in eine Unterwasserwelt, auf einen fernen Planeten oder in eine Stadt verlegt werden.

2.1.1 Praxisbeispiel: *Die verschwundene Freundin*

Für eine Gruppe vier- und fünfjähriger Kinder, die noch nicht viel Theatererfahrung hatten, verwendete ich diese Anlage und verlagerte die Grundsituation unter die Erde. Aus den vier Monsterspielen entstand das Stück „Die verschwundene Freundin“ (Titel von den Kindern):

Ich hatte einen handgroßen Regenwurm aus Papier gebastelt, den ich mit in die erste Theaterstunde brachte. Als zu Beginn alle im Kreis saßen, holte ich den Papierwurm aus meiner Hosentasche und stellte ihn den Kindern als ängstlichen Regenwurm Robert vor. Ich überredete ihn flüsternd, die Kinder zu begrüßen, und gab ihn dann reihum den Kindern in die Hand, mit der Bitte, ganz vorsichtig mit ihm umzugehen, ihn nicht zu erschrecken und ihm ihre Namen zu verraten. Als der Wurm wieder in meinen Händen war, lüftete ich das Geheimnis seiner Angst: Seine Freundin Ronja ist plötzlich beim Spielen im Erdreich verschwunden. Und er bittet die Kinder deshalb mitzukommen, um ihm bei der Suche zu helfen. Daraufhin verwandelten sich alle mithilfe der Zaubercreme (siehe Spiel Nr. 4) in Regenwürmer und krochen mit Robert ins Erdreich, wo sie sich ganz leise vorwärtsbewegten und immer wieder Ronja

Regenwurms Namen flüsterten. Irgendwann machte ich ein leises Geräusch und wies den anderen die vermeintliche Richtung, aus der es kam. Dann, so moderierte ich weiter, standen alle plötzlich nahe bei einem großen Stein, hinter dem das Geräusch zu hören war. Dieses identifizierte Robert als die Stimme von Ronja, und nun war klar, wo sie abgeblieben war: Beim bösen Erdzwerg Enno, der hinter dem Stein in einem Haus lebte und Ronja Regenwurm festhielt. Jeder Wurm kroch nun einzeln zu dem Stein, schaute durch ein Loch, sah einen Teil vom Zwerg und berichtete den anderen, was er vom Zwerg gesehen hatte, wie in Spiel Nr. 90 beschrieben. Um Ronja wieder freizubekommen, wurde eine Zwergensuppe gekocht und vor den Stein gestellt (Spiel Nr. 91). Als der Zwerg aus seinem Versteck kam, die Suppe aß und daraufhin einschlief, wurde Ronja befreit. Ich holte dafür einen zweiten Papierregenwurm aus meiner Hosentasche. Die beiden begleiteten die anderen Regenwürmer wieder hinaus aus dem Erdreich, wo diese sich wieder in Kinder verwandelten. Nach einem gemeinsamen Freudentanz verabschiedeten sich die Regenwürmer von den Kindern und verschwanden wieder im Erdreich respektive meiner Hosentasche.

Der Vorteil bei dieser Art von Szenenentwicklung ist, dass durch die Anlage der Theaterspiele der Plot und die Handlungsstruktur schon vorhanden sind. Dadurch ist klar definiert, wo die „Lücken“ für die Ideen der Kinder sind und wo die Handlung vorgegeben ist. Das erleichtert die Inszenierung und ist zu empfehlen, wenn Sie selbst wenig oder noch keine Erfahrung mit Szenenentwicklung haben oder wenn Kinder mit sprachlichen oder kognitiven Defiziten nur begrenzt eigene Spielideen einbringen können.

2.2 Unterschiedliche Theaterspiele ergeben eine Geschichte

Eine andere Möglichkeit des Geschichtenspielens aus der Improvisation heraus ist, ein Stück ad hoc aus mehreren, unterschiedlichen Theaterspielen zu entwickeln. Im Gegensatz zur vorher beschriebenen Methode handelt es sich hier um einen äußerst dynamischen Prozess ohne irgendwelche Vorgaben. Von der Spielleitung ist hier Schnelligkeit und maximale Offenheit für Impulse aller Art gefordert.

Voraussetzung für ein gutes Gelingen ist, dass die Kinder einige Theaterspiele gut kennen und Sie als Spielleitung viele Spiele spontan parat haben, um mit diesen im Moment des Spielflusses jonglieren zu können. Außerdem ist es für eine gewisse Stringenz bei der Entwicklung der Geschichte wichtig, den Kindern immer wieder Fragen zum Fortgang der Handlung zu stellen. Szenen und Stücke, die auf diese Weise entstehen, folgen meist keiner Dramaturgie mit

Anfang, Höhepunkt und Ende, sondern haben eher einen performativen Charakter, wie das folgende Beispiel zeigt.

2.2.1 Praxisbeispiel: *Die Fliege*

Mit einer Gruppe Dreijähriger praktizierte ich recht ausgiebig das Spiel mit der Fliege (Nr. 77), bis Ina mitten im Spielfluss sagte, dass die Fliege in die Badewanne müsse. Sie erinnerte sich dabei wohl an das Spiel „Die verhexte Badewanne" (Nr. 104), das wir in vorherigen Theaterstunden ab und zu gespielt hatten. Ich fragte, weshalb die Fliege in die Wanne müsse, und Ina antwortete, dass sie schmutzig sei und nicht gut rieche. Vor dem Badewannenspiel schob ich, um die sehr lustige Idee des schlechten Geruchs zu heben, ein Spiel ein, in dem verschiedene Tiere kamen, um mit der Fliege zu spielen, aber die Flucht ergriffen, als sie die Fliege rochen. Die Fliege war dabei imaginär und die Kinder stellten die Tiere dar, deren Emotion in der Begegnung mit der Fliege von Frohsinn zu Ekel wechselte.

In der nächsten Szene flog die Fliege (von allen Kindern gleichzeitig gespielt) in die Badewanne, kämpfte mit heißem und kaltem Wasser, krabbelte schließlich schlotternd aus der Wanne und musste sich dann erst einmal aufwärmen. Hier schloss ein Spiel an, bei dem jedes Kind eine Aufwärmbewegung erfand, die alle als Fliege nachmachten.

An dieser Stelle gab ein Spielimpuls von Hassan der Geschichte eine abrupte Wendung. Er schlug vor, dass die Fliege nun auf den Spielplatz gehe. Ich fragte, wie sie dorthin komme und er antwortete: „Mit dem Bus." Wir schlossen das Spiel „Die defekte Bustür" (Nr. 71) an. Dann fragte ich die Kinder, welche Spielgeräte es auf dem Spielplatz gebe (Schaukel, Rutsche, Sandkasten). Diese stellten wir gemeinsam als Standbilder dar (Abwandlung von Spiel Nr. 29). Danach wechselten die Kinder wieder in die Rolle der Fliege und benutzen in dieser Rolle die nun imaginären Spielgeräte. Um die Geschichte abzuschließen, warf ich schließlich gähnend ein, dass die Fliege nach diesen aufregenden Erlebnissen ziemlich müde sei, woraufhin die Kinder beschlossen, dass sie in einem Holzhaus auf dem Spielplatz schlafe, d. h. alle legten sich in der Mitte des Bühnenraums auf den Boden und schnarchten.

Diese Geschichte spielten wir in mehrfacher Wiederholung. Die Fragen, die ich anfangs gestellt hatte, wandelte ich in einen kurzen Erzähltext um, ebenso die Impulse der Kinder, sodass zwischen den einzelnen Szenen der Fortgang der Handlung von mir erzählend moderiert wurde. Das dominierende Rollenaufteilungsprinzip waren hier der Rollenwechsel und die Gruppenrolle. Da in diesem Stück nur der Kreis und der Raum als Formation zum Einsatz kamen und keine frontale Spieler-Zuschauer-Situation, ließ ich bei einer Aufführung für die Verwandten der Kinder das Publikum um die Spielfläche herumsitzen. Wären die Kinder aufgrund der ungewohnten Situation zu schüchtern gewesen, um unbefangen zu spielen, hätte ich die Zuschauer:innen animiert, mit den Kindern in das Spiel einzusteigen.

2.3 Ein Theaterspiel dient als Inspiration für ein Stück

Theaterspiele müssen nicht unbedingt Teil einer gespielten Szene oder eines Stücks werden. Sie können auch „nur" Erzählbausteine, Figuren oder die Grundstimmung für ein Stück liefern und somit den Ausgangspunkt für die Entwicklung des Stücks bilden. Bei dieser Vorgehensweise wird zunächst über das Spiel die Fantasie angeregt, um dann auf kognitiver Ebene erzählend eine Geschichte zu erfinden, die dann wieder in einen Spielvorgang mündet und in Szene gesetzt werden kann. Der kognitive Prozess kann dabei an die Möglichkeiten der Kinder angepasst werden.

Ein sehr dankbares Spiel hierfür ist beispielsweise „Kein Kochlöffel" (Nr. 62): Die Kinder verwandeln einen Kochlöffel in verschiedene Gegenstände und bespielen ihn entsprechend. Diese erfundenen Gegenstände werden zu Elementen, die in einer Geschichte vorkommen sollen (vgl. hierzu Jerg (2010), S. 122). Hierbei gibt es mehrere Schwierigkeitsgrade, was deren Entwicklung angeht:

Leichte Variante: Die einfachste Vorgehensweise ist, dass Sie als Spielleitung selbst eine Geschichte mit den von den Kindern genannten Gegenständen erfinden. Die Geschichte bringen Sie in der darauffolgenden Theaterstunde mit und lesen sie vor. Immer wenn die Gegenstände erwähnt werden, stellen die Kinder diese gleichzeitig als Standbild dar. Dabei stehen sie entweder im Kreis oder in einer Reihe. Diese Vorgehensweise habe ich mit traumatisierten Kindern zwischen vier und sechs Jahren erprobt, die von sich aus nicht in der Lage waren, ihre Fantasie soweit zu befreien, dass sie selbst eine Geschichte erfinden konnten. Das Kochlöffelspiel als solches war für sie schon Herausforderung genug. Und der Effekt, dass aus „ihren" Gegenständen eine Geschichte entstanden war, hatte eine nicht zu unterschätzende Wirkung. Die Kinder waren sehr stolz auf die Geschichte und wollten sie immer wieder hören. In einer Mini-Aufführung in Anwesenheit von zwei Erzieherinnen, die die Kinder gut kannten, las ich die Geschichte vor und die Kinder nahmen jeweils ad hoc die entsprechende Gegenstand-Haltung ein. Beim Erfinden der Geschichte hatte ich darauf geachtet, dass die Gegenstände möglichst oft Erwähnung fanden, sodass die Kinder viel in Aktion waren und der Spaß an den schnellen Haltungswechseln im Vordergrund stand.

Mittlere Variante: Eine Erweiterung dieser Vorgehensweise ist, dass Sie keine vollständige, sondern eine Lückengeschichte mitbringen, die von den Kindern gemeinsam ergänzt wird. In der szenischen Umsetzung können dann, während die Geschichte vorgelesen wird, einzelne Situationen als Standbild dargestellt werden. Die Probenarbeit oder das „Üben", wie die Kinder es gerne nennen, beschränkt sich dann auf die Erarbeitung der Standbilder und ihren Einsatz im richtigen Moment. Dieses Format verwende ich gerne mit Vierjährigen, die sich sprachlich noch nicht so gut artikulieren können. Sie haben die Möglichkeit, sich beim Vervollständigen der Lückengeschichte über die Sprache ohne Stress und in ihrem Tempo zu äußern, während sie sich in der aufregenden Aufführungssituation körperlich ausdrücken können und keine weitere Ausdrucksebene bedienen müssen.

Anspruchsvolle Variante: Die anspruchsvollste Vorgehensweise ist, dass die Kinder mit Ihrer Unterstützung selbst eine Geschichte erfinden, in der die vorher erspielten Gegenstände vorkommen. Hier mündet der Spielprozess zunächst in einen kognitiven Prozess, der dann wieder ins Spiel übergeht.

2.3.1 Praxisbeispiel: *Die giftige und die gute Blume*

Mit einer Gruppe sprachgewandter vierjähriger Kinder entwickelte ich auf diese Art ein Theaterstück. Der Kochlöffel wurde zunächst in folgende Gegenstände verwandelt: ein Schuhlöffel, der laufen kann, eine Brille, eine giftige Blume, eine gute Blume, ein Paddel, ein Stift.

Um der Geschichte eine:n Protagonist:in zu geben, fragte ich die Kinder zu Beginn des Erzählprozesses (im Kreis sitzend), wer wohl in der Geschichte vorkomme. Sie einigten sich schnell auf einen König. Wo dieser lebt, war die nächste Frage. Sie beschlossen, dass er im Erdbeerland in einem Schloss lebte. Dort, so spannen sie die Geschichte weiter, wachte er morgens immer auf, zog sich an und rief seinen laufenden Schuhlöffel, damit dieser ihm mit den Schuhen half. Der Schuhlöffel kam angerannt und half ihm in die Schuhe. Dann ging der König in seinen Garten zu seinen roten, gut riechenden Blumen und roch an ihnen. Eines Tages sah er plötzlich eine wunderschöne blaue Blume.

Er wollte sie pflücken, aber als er sie anfasste, fing seine Hand an zu brennen und er bekam überall rote Punkte. Aua! An dieser Stelle fragte ich, was der König nun tun könne. Die Antwort der Kinder war, dass er seinen Stift nahm und einen Brief an einen Pflanzenarzt schrieb. Dieser hieß Doktor Popau und wohnte auf einer Insel. Als Doktor Popau den Brief bekam, setzte er seine Brille auf, um ihn zu lesen. Dann paddelte er mit seinem Boot ins Erdbeerland zum König und schaute diesen genau an. Darauf ging er in den Garten, schaute die blaue Blume an und stellte fest, dass sie giftig war. Er pflückte von den roten Blumen und kochte eine Salbe aus ihnen. Mit dieser cremte sich der König ein und wurde wieder gesund. Er ging in den Garten und feierte mit den roten Blumen ein Fest. Die blaue fasste er nicht mehr an.

Bei dieser Geschichte fällt auf, dass das Erdbeerland für die Kinder sehr wichtig war, aber in der Geschichte keine Rolle mehr spielte (außer möglicherweise in der Assoziation mit der Farbe Rot bei den „guten" Blumen) wie es eigentlich zu erwarten wäre. Bemerkenswert, weil ungewöhnlich für dieses Alter, ist auch, dass die Kinder von sich aus alle Gegenstände in die Geschichte einbauten. Sicher hätte sich die Geschichte noch „runder" gestalten lassen, indem der originelle Ort eine größere Rolle gespielt hätte, die Gegenstände häufiger aufgetaucht wären und Dr. Popau nicht einfach aus der Geschichte verschwunden wäre. Aber da es eine enorme Leistung war, dass die Kinder so selbständig alle Gegenstände eingebaut hatten und überdies von ihrer Seite aus keine Veränderungswünsche bestanden, beließ ich die Geschichte, wie sie war. Hier können wir als Spielleiter:innen lernen, dass unsere ehrgeizigen, erwachsenen dramaturgischen Gedankengänge nicht immer nötig sind. Die Logik der Kinder, die aus ihrer Experimentierlust entsteht, funktioniert und hält so manche Überraschung bereit, die unseren durchdachten Erwachsenengeschichten bisweilen fehlt.

Für die Umsetzung der Geschichte wählte ich mit den Kindern folgende Szenen:

1. Der König zieht sich an: Alle sind der König und ziehen sich im Kreis ein imaginäres königliches Gewand an.

2. Der König ruft den Schuhlöffel: Hierfür wurde von den Kindern noch der Satz „Schuhlöffel, komm bitte schnell" erfunden und von allen gesprochen.

3. Der Schuhlöffel kommt: Hier probierten zunächst alle Kinder aus, wie ein Schuhlöffel läuft und rennt. Dann waren drei Kinder der König (in einer Reihe stehend) und drei der Schuhlöffel, der dem König behilflich ist.

4. Der König geht zu den Blumen und wird krank: Hier waren in einer ersten Version der Szene alle der König (im Raum unterwegs) und die Blumen imaginär, in einer zweiten Version war ein Kind die blaue Blume und die anderen der König, in einer dritten Version war ein Kind die blaue Blume, eines der König und die anderen die roten Blumen. Diese Version übernahmen wir schließlich auf Wunsch der Kinder.

5. Der König schreibt einen Brief: Alle saßen schreibend in einer Reihe (Stift und Papier imaginär) und gaben den Brief dann einem imaginären Vogel (auf meine Nachfrage, wie der Brief zu Dr. Popau käme).

6. Dr. Popau bekommt den Brief: Alle spielten Dr. Popau, setzten sich eine imaginäre Brille auf, um den Brief laut zu lesen (der Text wurde zusätzlich erfunden und von allen gesprochen: „Hallo. Meine blaue Blume hat mir rote Punkte gemacht. Das tut weh. Komm bitte schnell."). Dann paddelte Dr. Popau zum König, wobei er unterwegs in ein Unwetter geriet. Das Boot war eine Decke am Boden, das Paddel imaginär.

7. Dr. Popau schaut den König an: Hier war ein Kind der kranke, jammernde König, die anderen Dr. Popau. Diese Szene wiederholten wir so oft, bis alle Kinder einmal den König gespielt hatten.

8. Dr. Popau kocht die Salbe: Im Kreis sitzend spielten alle Dr. Popau, der mit magischen Sprüchen eine Salbe in einem imaginären goldenen Topf am offenen Feuer kochte.

9. Der König wird geheilt: Der König cremt sich ein, wird gesund (alle im Kreis stehend) und geht wieder zu seinen Blumen (alle spielten den König im Raum, der an imaginären Blumen riecht). Zum Abschluss tanzten alle Kinder als König einen Freudentanz.

Zur Überleitung von einer Szene zur nächsten sprach ich jeweils einen kurzen Erzähltext. Diese Geschichte spielten wir für andere Kinder im Kindergarten und die Erzieher:innen der Gruppe. Die Idee dazu hatte ich geäußert, als das Stück schon fertig war und einige Kinder aus einer anderen Gruppe während der Theaterstunde im Türrahmen standen und wissen wollten, was wir machen.

Ähnlich wie die Geschichte aus den Gegenständen lassen sich auch Geschichten entwickeln, denen ein Spiel mit Emotionen zugrunde liegt (z. B. „Lach- und Weinpulver essen", Nr. 48) oder eines, bei dem Figuren entstehen (z. B. „Der magische See", Nr. 24). Aus deren Beziehungen zueinander kann dann eine Geschichte entwickelt und inszeniert werden.

3. Vom Märchen zum Stück

Ich erlebe es immer wieder, dass fünf- und sechsjährige Kinder Interesse an Märchen haben und diese oder Teile davon gerne im Theater spielen. Als Spielleitung haben wir die Möglichkeit, ein Märchen als Theaterstück umzuschreiben und die einzelnen Rollen darin mit den Kindern zu besetzen. Das hat zur Folge, dass nicht immer alle Kinder gleichzeitig spielen und einzelne über längere Passagen hinweg zuschauen und warten müssen. Für Kindergartenkinder finde ich das sehr anspruchsvoll und gehe deshalb lieber den Weg, dass ich Formen finde, in denen alle Kinder möglichst viel spielen und wenig Text lernen müssen. Als Ausgangspunkt verwende ich dafür das Märchen, so wie die Kinder es erinnern.

Im Gegensatz zu den Geschichten, die sich aus Theaterspielen und damit direkt aus einem Spielvorgang entwickeln, ist bei dieser Vorgehensweise der Einstieg erzählerisch, d. h. kognitiv. Die Kinder sitzen im Kreis und rekonstruieren eine allen bekannte Geschichte aus der gemeinsamen Erinnerung. Erst danach setzt der Spielvorgang ein, der über Improvisation zu wiederholbaren Szenen und schließlich einem Stück führen kann.

Diese Vorgehensweise erprobe ich gerne mit Kindern ab viereinhalb bzw. fünf Jahren, weil Kinder in diesem Alter normalerweise die Fähigkeit entwickeln, auf mehreren Ausdrucksebenen gleichzeitig zu spielen und diese auch ein Stück weit reflektieren können. Überdies sind sie in der Lage, Geschichten nacherzählen zu können (vgl. hierzu Drick (2016), S. 5 ff.). Beides ist wichtig, will man über eine Vorlage in einen kreativen theatralen Prozess kommen.

3.1 Praxisbeispiel: *Dornröschen*

In einer Gruppe mit sieben Mädchen im Vorschulalter entstand in der zweiten von zehn Theaterstunden der Wunsch, den Eltern ein Theaterspiel vorspielen zu wollen. Es war einer der ganz seltenen Momente, in denen Kinder dieses Alters von sich aus den Wunsch nach einem Auftritt äußern (siehe Kapitel I).

Diese Gelegenheit wollte ich nicht ungenutzt lassen, sprach mit den Kindern über weitere Theaterspiele, die man zeigen könnte, und regte in der darauffolgenden Theaterstunde an, „Dornröschen" zu spielen, weil es sich in der vorherigen Theaterstunde als das Lieblingsmärchen der Kinder herausgestellt hatte. Als Gerüst verwendete ich das Märchen so, wie die Kinder es mir erzählten:

Es war einmal Dornröschen. Das lebte mit seinen Eltern in einem Schloss. Da kam eine böse Fee und sagte: „Dornröschen, du sollst sterben!". An Dornröschens Geburtstag kam die Fee zum Fest. Sie war als alte Frau verkleidet und sie schenkte Dornröschen eine goldene Nadel. Als Dornröschen damit nähte, stach sie sich in den Finger und rief: „Aua!". Dann fiel sie um und schlief hundert Jahre. Dann kam ein Prinz und küsste Dornröschen wieder wach.

Die spielerische Annäherung an die Geschichte machte ich über die Figuren, um bei den Kindern ein Bewusstsein dafür zu wecken, dass man über eine Figur Informationen braucht, um sie darstellen zu können. Deshalb sprachen wir zunächst über die Eigenschaften der drei Hauptfiguren. Die Kinder nannten dabei folgendes: Dornröschen = schön und nett, Fee = böse, alt und laut, Prinz = stark („Er hat *solche* Muckis."). Dann erprobten wir gemeinsam verschiedene Körperhaltungen der Figuren und stellten diese in unterschiedlichen Situationen dar.

Um im Anschluss daran das Schloss zu etablieren, fragte ich die Kinder, wo genau Dornröschen sich aufhielt („im Spielzimmer") und was sie machte. Jedes Kind nannte eine Aktion. So entstand die erste Szene.

Szene 1. Dornröschen zuhause: Ich sprach den Anfangstext der Erzählung und erweiterte ihn um die Vorschläge der Kinder: *Es war einmal Dornröschen. Es lebte mit seinen Eltern in einem Schloss. Dort war es in seinem Spielzimmer. Es nähte ein Kissen, spielte Ball, spielte mit einem Auto, schminkte sich, schaute sich ein Buch an, langweilte sich, aß ein Eis.*

Die Kinder spielten nacheinander beim entsprechenden Stichwort jeweils ihren eigenen Vorschlag in der zuvor erprobten Dornröschen-Haltung.

Szene 2. Die böse Fee kommt: Die Kinder hatten, motiviert durch das Theaterspiel mit der Fliege (Spiel Nr. 77), das ihnen sehr vertraut war, die Idee, dass eine Fliege durchs Fenster komme. Bei der szenischen Umsetzung des Vorschlags spielten sie das Fliegenspiel in einer Reihe sitzend. Ein Mädchen schlug vor, dass es dann plötzlich „Bummm!" macht und die Fliege sich in eine böse

Fee verwandelt. Das „Bummm!“ riefen die Kinder im Chor, nahmen dann eine böse Fee-Haltung ein und sprachen chorisch den Satz aus ihrer Erzählung: „Dornröschen, du sollst sterben!“. Ich fragte, wie Dornröschen wohl reagiere und die Kinder einigten sich auf „Oh nein!“, mit dem sie wieder in die Dornröschen-Haltung wechselten.

Szene 3. Dornröschens Geburtstag: Da die Kinder nichts über Dornröschens Geburtstag erzählt hatten, außer dass die alte Frau kommt, erfragte ich zunächst, was auf der Geburtstagsfeier von Dornröschen los sein könnte, um die Feier nicht nur zu erzählen, sondern auch spielen zu können. Die Kinder sagten, dass viele Leute da seien, Dornröschen Geschenke bekomme und dass alle tanzten. Daraus wurde der Erzähltext: *An Dornröschens Geburtstag kamen viele Gäste zu einer großen Feier und Dornröschen bekam viele Geschenke.* Jedes Kind dachte sich ein Geschenk aus, das Dornröschen bekam, benannte es und stellte es als Standbild dar: einen Puppenwagen, eine Decke, einen Kuschelhasen, ein Kissen, eine Puppe, einen Regenbogen, ein Schaukelpferd.

Danach tanzten alle Gäste = Kinder mit Dornröschen. Hier wurde ein Stopptanz eingebaut.

Szene 4. Der hundertjährige Schlaf: In den letzten Stopp sprach ich den Satz, der die neue Szene einleitete: *Dann kam eine alte Frau mit einem Geschenk zu der Feier.* Die Kinder nahmen eine alte Frau-Haltung ein (sehr witzig!) und erfanden den im Chor gesprochenen Satz: „Bitte schön, Dornröschen, eine Nadel“. Dann verwandelten sie sich zurück in das nette Dornröschen, sagten gemeinsam „Dankeschön“, setzten sich hin und spielten, wie Dornröschen ein Kissen nähte. Ich sprach den Erzähltext: *Dornröschen stach sich und rief* – „Auaaaa!“, ergänzten die Kinder im Chor, fielen gemeinsam in ein Schlaf-Freeze und murmelten vor sich hin: „Und Dornröschen schlief 100 Jahre.“

Szene 5. Der Retter naht: Die nächste Szene läutete ich mit dem Satz *Dann kam ein Prinz* ein. Die Kinder nahmen eine Prinzhaltung ein und sprachen gemeinsam: „Er hatte solche Muckis“. Dann bestanden die Kinder auf eine Reitszene, in der es drei Pferde (Vierfüßlerstand) und vier Prinzen gab, die auf den Pferden saßen und „Galoppgalopp“ riefen (in einer Reihe am Platz sich bewegend).

Szene 6. Der Prinz kommt ins Schloss: Die folgende Szene begann mit: *Dann kam der Prinz zu dem Schloss.* Ich fragte die Kinder, wie er das große Schlosstor öffnete. Die fünfeinhalbjährige Asja hatte die Idee, dass er eine Türöffnermaschine baue, wodurch Spiel Nr. 23 („Eine menschliche Maschine bauen") zum Einsatz kam.

Es folgte der Erzähltext: *Der Prinz ging in das Schloss und rannte die Treppen hinauf* (alle rennen gleichzeitig auf der Stelle). *Unterwegs sah er* (von den Kindern erfunden): eine Ritterrüstung, einen riesigen Tisch, einen Schrank, eine schlafende Eule, eine Blume, eine Kerze, eine Katze. Die Kinder machten ein gemeinsames Standbild, in dem jedes Kind einen der Gegenstände bzw. eines der Tiere darstellte (Spiel Nr. 29).

Szene 7. Dornröschen erwacht: Die Szene begann mit folgender Erzählpassage, die wir gemeinsam erfunden hatten: *Schließlich kam der Prinz ganz oben an Dornröschens Zimmer an. Die Tür war zugeschlossen. Er öffnete sie mit einem Tritt.* Alle Kinder standen in einer Reihe, machten synchron einen Kampfsprung und riefen „Ha!". Es folgte der Satz aus der Erzählung der Kinder, von mir gesprochen: *Dann sah er Dornröschen und küsste sie wach.* Alle machten gleichzeitig ein Kussgeräusch und schlossen die Szene und das Stück mit dem chorisch gesprochenen Satz „Und sie heirateten und waren glücklich" ab.

Diese Abfolge erarbeiteten und probten wir über sechs Termine à 50 Minuten hinweg. Ich versuchte dabei, den Erzähltext auf die Kinder zu verteilen, weil sie sprachlich alle sehr weit waren, aber sie wollten ihn partout nicht sprechen, weshalb ich ihn selbst übernahm. Für die Aufführung stellte ich sieben Stühle in eine Reihe auf die Bühne (ein durch Klebeband abgetrennter Teil des Bewegungsraumes im Kindergarten). Auf diesen saßen die Kinder in gleichfarbigen T-Shirts in der Grundsituation. Die Spielaktionen fanden vor den Stühlen statt, danach setzten sie sich immer wieder. Ich saß am Bühnenrand und sprach die Erzähltexte.

Die ganze Geschichte hätte sich auch wesentlich ausführlicher gestalten lassen, aber in der Kürze der Zeit wäre dann das Proben für die Kinder und auch für mich stressig geworden. In dieser sehr einfachen Form konnte während der Theaterstunden meistens eine entspannte Spiel- und Probensituation beibehalten werden.

Da die Kinder alle theatererfahren und sprachlich weit entwickelt waren, brachten sie während des Entstehungsprozesses des Stücks eigenständig viele Ideen ein und konnten diese auch schnell umsetzen.

Wenn Kinder weniger gut sprechen und weniger Ideen haben, ist diese Spielform auch gut geeignet, aber es ist hilfreich, wenn Sie als Spielleitung selbst ein paar Ideen mitbringen und die Kinder vermehrt durch Zwischenfragen ermutigen, Spielideen zu formulieren.

4. Vom Bilderbuch zum Stück

Betrachten wir mit Kindern ein Bilderbuch und lesen gleichzeitig den dazugehörenden Text vor, so hat dies beinahe schon theatralen Charakter: Es gibt „Zuschauer:innen“, eine:n Erzähler:in, der/die die Handlung transportiert, und inszenierte Szenen. Nur dass diese nicht gespielt, sondern gezeichnet sind. Also eine Art Standbilder mit Erzähltext. Wollen wir sie nun in bewegte Bilder umsetzen, können wir uns von den visuellen Vorgaben inspirieren lassen. Dafür ist es sinnvoll, das ganze Buch mit den Kindern anzuschauen und sie die Bilder so ausführlich beschreiben zu lassen, wie sie es möchten. Im Gegensatz zu der erinnerten Geschichte im vorherigen Kapitel ist der Zugang hier zwar auch kognitiv, aber das bildgestützte Erzählen im Gegensatz zum „erinnernden Erzählen“ ermöglicht, dass Kinder keine komplette Handlung erzählen müssen. Stattdessen können sie Ausschnitte einer Handlung oder auch nur Bilddetails benennen, die ihnen im Moment ins Auge fallen. Das Erzählen wird durch den visuellen Impuls flexibler und einfacher.

Der nächste Schritt für die theatrale Umsetzung ist dann, mehr Informationen in Erfahrung zu bringen als uns die Bilder geben: Figuren, Orte und Situationen wollen gefüllt sein, damit sie spielbar werden. Das Bild muss also eine Interpretation durch die Kinder und uns als Spielleitung erfahren, damit es als Szene auf die Bühne gelangen kann. Unsere Aufgabe ist es wieder, entsprechende Fragen zu stellen, die den Kindern einen Fantasieraum jenseits dessen, was auf dem Bild sichtbar ist, eröffnen.

Als formgebendes Element dienen, wie auch bei der erinnerten Geschichte, Erzählpassagen, die sich aus dem Text des Buches ergeben, und Theaterspiele, die sich mit den Bildern bzw. hinzuerfundenen Elementen der Kinder verbinden lassen.

4.1 Praxisbeispiel: *Wo die wilden Kerle wohnen*

Als Beispiel für die szenische Umsetzung eines Bilderbuchs soll das bekannte „Wo die wilden Kerle wohnen“ von Maurice Sendrac dienen, das ich mehrfach mit vier- bis sechsjährigen Kindern inszenierte und auch zur Aufführung brachte.

Bild 1: Auf Bild 1 ist der kleine Junge Max zu sehen, wie er mit grimmiger Miene als Wolf verkleidet in seinem Elternhaus eine Art Höhle aus Tüchern und einer Decke baut. Ein erster Schritt, um sich Max und der abgebildeten

Situation anzunähern, kann sein, die Miene von Max zu deuten. Ist er sauer, traurig, schlecht gelaunt? Dann stellt sich die Frage, weshalb Max so schlecht gelaunt oder traurig oder sauer sein könnte. Die Antworten der Kinder werden gesammelt. Im Kreis stehend können dann alle einen Max in schlechter Stimmung darstellen und die vorher erarbeiteten Begründungen in einen Satz packen: „Ich bin sauer, weil mir die rosa Decke nicht gefällt." „Ich bin böse, weil ich alleine bin." Diese Sätze werden von allen chorisch in einer „Max-Haltung" oder nacheinander von jedem einzeln gesprochen. Auf diese Weise kann ein spielerischer Einstieg in das zuvor betrachtete Bild erfolgen, von dem aus direkt zum nächsten Bild übergeleitet wird.

Bild 2: Max springt in seinem Wolfsgewand mit einer Gabel in der Hand seinem Hund hinterher. Aus dem Text erfahren wir, dass Max „nur Unfug im Kopf hatte". Hier stellt sich die spannende Frage, was Max noch macht, außer seinen Hund zu piesacken.

Dazu bietet sich folgendes Theaterspiel an: Alle stehen im Kreis. Ein Kind nennt einen Unfug, den Max macht, und stellt diesen mit einer Bewegung dar („Ich trete auf mein Stofftier!" + Fußstampf; „Ich mach den Schrank kaputt!" + boxende Fäuste; „Ich decke den Tisch nicht!" + verschränkte Arme usw.) Die anderen Kinder imitieren die Äußerung samt Bewegung im Chor. Dann ist das nächste Kind an der Reihe, einen Vorschlag zu machen usw. Im Anschluss daran stellen sich alle Kinder in eine Reihe und ein Kind nach dem anderen spricht und spielt seine Idee des Unfugs.

So entsteht eine Szene, in der wir Max, gespielt von allen Kindern, sehen, der jede Menge Unsinn macht. An dieser Stelle könnte man auch schon die Mutter bzw. Eltern von Max einführen, die im folgenden Bild Erwähnung finden. Die Mutter spielt dann jeweils eine Reaktion auf Max' Unfugäußerungen. Die Rolle der Mutter können zunächst Sie als Spielleitung übernehmen, um den Kindern Ideen zu geben, oder ein Kind, das den Max-Figuren gegenübersteht, spielt die Mutter.

Bild 3: Wir sehen Max in schlechter Stimmung allein in seinem Zimmer. Aus dem Text erfahren wir, dass die Mutter geschimpft und zu Max „Wilder Kerl" gesagt hat, woraufhin er zu seiner Mutter sagte: „Ich fress dich auf". Daraufhin „musste er ohne Essen ins Bett." Wir haben es also mit einer Dialogsituation zu tun, die prädestiniert für eine Spielszene ist. Hierfür eignet sich folgendes Spiel, das auch direkt als Szene gestaltet werden kann: Ein Kind ist Max, die anderen stehen ihm als Mutter (bzw. als Mutter und Vater, da Jungs meist lieber einen Papa spielen) gegenüber. Die Elternreihe denkt sich eine Haltung aus (erhobener Zeigefinger, Hände in den Hüften …) und alle sprechen gemeinsam: „Du wilder Kerl." Der/die Max-Spieler:in denkt sich eine Haltung zu „Ich fress dich auf" aus und reagiert damit auf den Elternchor. Dieser kann dann mit dem Bilderbuchtext antworten: „Du gehst ohne Essen ins Bett." Jedes Kind darf einmal Max sein.

Bild 4–6: Es folgt ein Traum, in dem Max eine abenteuerliche Reise antritt. In seinem Zimmer wächst ein Wald, der immer größer wird, bis das Zimmer quasi der Wald ist, in dem Max unterwegs ist. Für diese Szenerie ist das Spiel „Der klingende Wald" (Nr. 59) dankbar. Der Einfachheit halber kann man auf Instrumente verzichten. Die Kinder verteilen sich im Raum und nehmen die Haltung eines Baumes ein. Ein Kind läuft als Max durch den Wald, berührt die „Bäume", die daraufhin jeweils ein „Baumgeräusch" von sich geben.

Bild 7 und 8: Max gelangt zu einem Meer und segelt ein Jahr lang „bis zu dem Ort, wo die wilden Kerle wohnen." Als Spiel kann hier eine Schifffahrt eingeführt werden: Alle setzen sich als Max auf eine Decke (= Schiff), machen Wassergeräusche, Windgeräusche und schaukeln hin und her. Hier können die Kinder überlegen, was noch passieren kann. Vielleicht regnet es und Max muss sich schützen; vielleicht ist ein Loch im Schiff, sodass Max schnell das einlaufende Wasser nach außen schöpfen und dann das Loch stopfen muss.

Bild 9: Max landet bei den wilden Kerlen. Auf dem Bild sieht man, wie sie ihn am Ufer erblicken. Im Text heißt es, dass sie brüllen, ihre Zähne fletschen, ihre Augen rollen und ihre Krallen zeigen. Um die wilden Kerle einzuführen, eignet sich folgendes Spiel: Alle Kinder stehen im Kreis. Nacheinander führen sie eine Wilde-Kerl-Haltung vor und erzählen den anderen, was sie als wilder Kerl gerne mögen und was nicht.

Man kann nun, wie auf dem Bild, eine direkte Begegnung spielen oder es etwas spannender machen, indem Max die Insel betritt und zuerst gar nicht merkt, dass die wilden Kerle ihm auf der Spur sind. Dazu passt das Spiel „Die Verfolgung" (Nr. 32): Ein Kind ist Max, das durch den Raum läuft, die anderen sind die wilden Kerle, die hinter ihm leise, aber mit wilden Gesten herschleichen. Wenn Max sich umdreht, weil er glaubt, etwas gehört zu haben, gehen alle Kerle ins Freeze. Wenn Max weiterläuft, schleichen sie hinter ihm her.

Bild 10: Max zähmt die wilden Kerle. Er entdeckt sie im Anschluss an das Spiel von Bild 10 und steht ihnen gegenüber. Die Kinder, die die Kerle spielen, schreien laut und nehmen ihre Wilde-Kerle-Haltung ein. Max macht sich ganz klein. Plötzlich erhebt er sich mit einem Schrei und die Kerle machen sich ganz klein. So geht es mehrmals hin und her. In der letzten Runde stehen Max und die Kerle sich gegenüber und Max ruft, wie es im Buch steht: „Seid still!“ Dann gehen alle ins Freeze und starren sich an. Nun können sich die Kinder einen Zauberspruch ausdenken, mit dem Max die wilden Kerle laut Text zähmt.

Bild 11–14: Max wird von den wilden Kerlen zum König ernannt und bestimmt, dass jetzt alle Krach machen. Hier können die Kinder überlegen, was Max und die Kerle noch zusammen machen. Die Ideen lassen sich sehr gut in das Spiel „Oh ja!“ (Nr. 18) packen. Ein Kind ist Max und macht Spielvorschläge (Krachmachen, ein Eis essen, auf einem Bein hüpfen usw.). Die anderen sind die wilden Kerle, die die Spielvorschläge mit Begeisterung aufgreifen.

Bild 15: Max beendet das Spiel abrupt („Schluss jetzt!“) und „schickte die wilden Kerle ohne Essen ins Bett“. Diese Szene ist im Prinzip eine Wiederholung von Bild 4 mit vertauschten Rollen und kann als solche identisch inszeniert werden, nur dass Max jetzt die Elternrolle einnimmt und die wilden Kerle quasi die Kinderrolle haben.

Max ist plötzlich einsam und riecht ein leckeres Essen „von weit her“ und will nicht mehr König bei den wilden Kerlen sein. Hier können die Kinder wieder Max’ Miene auf dem Bild deuten und ihn gemeinsam in seinem Heimweh darstellen.

Bild 16: Max ist auf seinem Schiff zu sehen. Die wilden Kerle stehen auf einer Klippe und rufen: „Geh bitte nicht fort. Wir fressen dich auf, wir haben dich so gern.“ Aber Max antwortet mit „Nein!“ Diese Situation kann analog zur ersten Dialogszene zwischen Max und seiner Mutter gestaltet werden (Bild 3), nur mit anderen Emotionen.

Die wilden Kerle zeigen sich noch einmal in ihrem ganzen Wilde-Kerle-Dasein und verabschieden sich von Max. Um das Stück nicht zu lange werden zu lassen, könnte man hier eine reine Erzählpassage einfügen und dann direkt die Rückreise spielen. Wenn die Szene gespielt wird, können die wilden Kerle Max tolle imaginäre Abschiedsgeschenke machen, die ihm einer nach dem anderen überreicht.

Bild 17: Man sieht Max in seinem Segelboot bei Mondschein. Hier kann man entweder zunächst mit den Kindern überlegen, wie die Rückreise verläuft und was unterwegs passiert, oder man spielt die Hinreise nun rückwärts.

Bild 18: Max steht wieder in seinem Zimmer. Auf dem Tisch sieht man etwas zu essen und es heißt im Text, er segelte „bis in sein Zimmer, wo es Nacht war und das Essen auf ihn wartete, und es war noch warm." Diesem berührenden, sehr intimen Schluss fügen Kinder gerne noch eine Happy End-Szene mit Max und seiner Mutter bzw. den beiden Eltern hinzu. Die Vergewisserung, dass zwischen Max und seinen Eltern alles wieder gut ist, sichtbar zu machen, hat einen hohen Stellenwert für Kinder. Deshalb bietet es sich an, eine Szene anzuschließen, in der die Eltern Max sagen, dass sie ihn liebhaben. Das kann sich beispielsweise in einer Szene zeigen, in der alle im Kreis sitzen und leckere Sachen essen (Spiel „Tischlein deck dich", Nr. 101). Dass es eigentlich mitten in der Nacht ist, darf man zugunsten der Darstellung des familiären Friedens getrost unter den Tisch fallen lassen.

Die Geschichte von Max und den wilden Kerlen ist sehr handlungsreich und dadurch anspruchsvoll, wenn man sie komplett spielen will. Aber sie ist auch sehr attraktiv für Kinder, weil einerseits Max eine Identifikationsfigur ist und andererseits die wilden Kerle als Fantasiefiguren viel Raum für Darstellungsideen öffnen.

Beim Erarbeitungsprozess lohnt es sich immer wieder zu überlegen, wie viele und welche Szenen die Kinder spielen, und welche einfach nur erzählt werden, damit der Gesamtzusammenhang erhalten bleibt. Nehmen Sie sich jederzeit die Freiheit, flexibel zu reagieren, und halten Sie sich die Möglichkeit offen zu entscheiden, ob wenige kurze Szenen, die durch die Struktur der Theaterspiele klar gegliedert sind, gespielt werden oder ob das ganze Stück für Sie und die Kinder umsetzbar ist. Damit möglichst viele Kinder die Chance haben, Max zu spielen, wenn sie es wollen, empfehle ich, ihn mit einer Kopfbedeckung auszustatten, die immer zu dem Kind wechselt, das ihn gerade spielt, sofern es keine Szene ist, in der ohnehin alle Max sind.

Wollen Sie mit ihren Kindern lieber eine weniger komplexe Geschichte in Szene setzen, empfehlen sich einfachere Buchvorlagen mit der Wiederholungsstruktur einer Kettengeschichte wie beispielsweise „Der goldene Apfel" von Max Bolliger, „Steinsuppe" von Anais Vaugelade oder der berühmte „Grüffelo" von Axel Scheffler und Julia Donaldson. Sie sind leichter zu inszenieren, da die einzelnen Szenen alle dieselbe Struktur haben. Deshalb genügen weniger Theaterspiele, die aufgrund der Wiederholungsstruktur der Geschichte mehrfach zum Einsatz kommen können. Wenn Kinder wenig Theatererfahrung oder nicht die Ausdauer haben, sich mit einem komplexeren Bilderbuch szenisch auseinanderzusetzen, sind Bilderbücher mit Kettengeschichten eine dankbare Vorlage.

5. Gedanken zum Probenprozess

Für den Probenprozess einer jeden Inszenierung gilt dasselbe wie für jede Theaterstunde: Bleiben Sie als Spielleitung möglichst entspannt im Spiel und lassen Sie sich nicht von dem Aufführungsziel, das Sie vor Augen haben, stressen. Hier noch einmal mein Rat, Aufführungstermine möglichst erst dann festzulegen, wenn Sie absehen können, dass das Stück auch wirklich zustande kommt. Nicht selten passiert es nämlich, dass Kinder eine Zeit lang sehr motiviert am Proben sind, dann aber plötzlich kein Interesse mehr am bisher Erarbeiteten haben und andere Themen spielen wollen.

Vor vielen Jahren erlebte ich dieses Phänomen erstmals. In einer Gruppe mit sieben Fünf- bis Sechsjährigen erfanden die Kinder mit viel Elan und Ausdauer eine recht komplexe Piratengeschichte mit mehreren Handlungssträngen und anspruchsvollen Zeitsprüngen und spielten sie mit Feuereifer. Ich war immer sehr gespannt auf den weiteren Verlauf und sah schon eine Aufführung vor meinem geistigen Auge. Nach fünf Theaterstunden wollten die Kinder dann von jetzt auf gleich nicht mehr „die blöden Piraten", die ihre eigene Kreation waren, in Szene setzen. Ich warf meine ganze Begeisterung in die Waagschale, aber es war nichts zu machen. Die Kinder erfanden stattdessen einen Babylöwen, der krank war und aus Afrika eingeflogen werden musste, um von ihnen gesund gepflegt zu werden. In diesem Spiel gingen sie komplett auf, waren abwechselnd kranker Löwe und Löwenretter und spielten so drei Wochen lang in jeder Theaterstunde. Ich war etwas frustriert, weil es mir wie ein Rückschritt erschien. Aber da dieses Versorgerthema mit viel körperlicher Nähe offensichtlich wichtig für sie war, gab ich die Piraten verloren und motivierte mich zu dem Löwenbabyspiel, über das ich die Kinder schon hinausgewachsen geglaubt hatte. Drei Theaterstunden später kam aus heiterem Himmel die Frage, wie es denn nun mit den Piraten weitergehe, die doch gegen Krebse am Strand von Amerika gekämpft hätten. Von dem Löwen war keine Rede mehr. Stattdessen erspielten sich die Kinder ein furioses und clever ausgedachtes Ende der Piratengeschichte.

Interessanterweise habe ich diese Art der Unterbrechung einer Szenenentwicklung bei Kindern dieser Altersgruppe seitdem immer wieder erlebt. Sie erfinden Geschichten, spielen sie und sind dabei in den abenteuerlichsten Szenerien unterwegs. Diese unterbrechen sie kollektiv schlagartig, um über einen kürzeren oder längeren Zeitraum hinweg Babytiere zu sein, die Zuwendung brauchen. Es erscheint mir wie eine spielerische Rückkehr in ein kleinkindhafteres Stadium, in dem sie Nähe, Sicherheit und Geborgenheit „auftanken" können. Würde ich dem nicht nachgeben, weil ich eine Geschichte zu Ende bringen will oder gar eine Aufführung im Kopf habe, ginge es zu Lasten eines tiefsitzenden Bedürfnisses der Kinder, für das gerade im Theater Zeit und Platz vorhanden sein sollte.

So bestätigt sich die vielleicht wichtigste Erkenntnis im Theater mit den Allerkleinsten: Wir Spielleiter:innen können darauf vertrauen, dass die Kinder im Möglichkeitsraum Theater ihren Weg suchen und finden, und wir diesen mit ihnen in ihrem Tempo beschreiten können. Begleitet vom Wissen, dass wir unsere Pläne loslassen dürfen und dennoch alles Wichtige zu gegebener Zeit passieren wird.

Spieleregister

1. Spiele numerisch

Ritual – Kennenlernen – Warm-up

1	Guten Morgen	38
2	Namensmuschel	39
3	Wo bist du?	39
4	Die eigensinnige Zaubercreme	40
5	Der Geschmack der Zaubercreme	41
6	Lirum larum lei	42
7	Der goldene Theaterring	42
8	He, hu, ha	43
9	Begrüßung mit Früchtenamen	44
10	Ich heiße und ich mache	44
11	Ein Juckreiz geht um	45
12	Rückwärts spielen	45

Körperausdruck – Körperhaltung – Bewegung

13	Der verflixte Wecker	48
14	Die rote Ampel	49
15	Das Zauberpflaster	49
16	Bei der Feuerwehr	50
17	Die freche Hand	51
18	Oh ja!	52
19	Das Würfelspiel	52
20	Der Zauberstuhl	53
21	Der unbewegte Ball	54
22	In fünf Schritten zum Boden	54
23	Eine menschliche Maschine bauen	55
24	Der magische See	56
25	Der Dino aus dem Ei	56
26	Von Sonnenplatz zu Sonnenplatz	58

27	Im Museum	58
28	Bilderdieb:innen	59
29	Ein Zimmer einrichten	60
30	Der Wunschbrunnen	61
31	Die Alien-Patrouille	61
32	Die Verfolgung	62
33	Der Toaster	63
34	Der Monstertoaster	64

Sprache

35	Ja und Nein	66
36	Eine Kerze auspusten	67
37	Einen Zug fahren lassen	67
38	Der geheimnisvolle Freund	68
39	Feuerspeiender Drache	68
40	Süße Torte – saure Zitrone	69
41	In einem fremden Land	69
42	Ein Gebäude imaginieren	70
43	Das Fahndungsfoto	71
44	Der Lügenbaron	72
45	Frau Gegenteil	72
46	Kleine blaue Maus	73

Emotionen

47	Das große Aua	77
48	Lach- und Weinpulver essen	78
49	Emotionskreis	79
50	Emojis	79
51	Wie geht es dir?	80
52	Kuscheltier mit Knopfdruck	80
53	Fernsehschauen	81

Klang und Rhythmus

54	Klangwelle	83
55	Wechselklang – Gleichklang	83
56	Klänge erraten	84
57	Zeitungsmusik	85
58	Die Klanglandschaft	85
59	Der klingende Wald	86
60	Geräuschegeschichte	87

Gegenstände und Material

61	Papiertiere	89
62	Kein Kochlöffel	90
63	Tuch mit vielen Gesichtern	91
64	Objekte nachbilden	91
65	Auf einem anderen Stern	92
66	Die Geschichte einer Wäscheklammer	92

Bühnenauftritt

67	Sei, wer du willst	95
68	Mach, was du willst	95
69	Die Tasche im Park	96

Spiele zu verschiedenen Themen

Reise

70	Den Reiserucksack packen	99
71	Die defekte Bustür	99
72	Zugfahrt	100
73	Der wilde Ritt	101
74	Reisefotos	102
75	Raketenreise zu fernen Planeten	102
76	Die Höhlenwanderung	104

Tiere

77 Die Fliege 106
78 Die Spinne 106
79 Die Katze aus dem Koffer 107
80 Affenpicknick im Sturm 108
81 Die Fliege ohne Flügel 109
82 Guter Bär – böser Bär 110
83 Der Fisch im Netz 111
84 Der Hai kommt 111
85 Das Aquarium 112
86 Streit im Dschungel 113

Monster

87 Hüpfende Minimonster 116
88 Spaziergang im Monsterwald 116
89 Den Schlaf des Gutselmonsters bewachen 117
90 Das schrecklichste Monster von allen 118
91 Monster-Leckerei 119
92 Das Spielzeugmonster 120
93 Im Schrank des Monsters 120

Ritter:innen, Feen & Co.

94 Was hast du heute gemacht? 123
95 Schmatzende Ritter:innen 123
96 Der Torwächter 124
97 Ritterkampf in Rüstung 125
98 Der Wettstreit der Feen 125

Alltagshandlungen

99 Die Suppe 129
100 Heißer Tee 130
101 Tischlein deck dich 130

102 Die Jagd nach der großen Melone 131
103 Kuchen backen mit Opa Oswald 132
104 Die verhexte Badewanne 133
105 Schau in den Spiegel 134

Jahreszeiten – Jahreskreis – Wetter

106 Im Schnee 137
107 Regen, Blitz und Donner 138
108 Die Frühlingsblume 138
109 Blätter im Herbstwind 139
110 Der Weihnachtsmann kommt 140
111 Geburtstagsfeier für den Floh 141

2. Spiele alphabetisch

80 Affenpicknick im Sturm 108
65 Auf einem anderen Stern 92
9 Begrüßung mit Früchtenamen 44
16 Bei der Feuerwehr 50
28 Bilderdieb:innen 59
109 Blätter im Herbstwind 139
85 Das Aquarium 112
43 Das Fahndungsfoto 71
47 Das große Aua 77
90 Das schrecklichste Monster von allen 118
92 Das Spielzeugmonster 120
19 Das Würfelspiel 52
15 Das Zauberpflaster 49
70 Den Reiserucksack packen 99
89 Den Schlaf des Gutselmonsters bewachen 117
25 Der Dino aus dem Ei 56
83 Der Fisch im Netz 111
38 Der geheimnisvolle Freund 68
5 Der Geschmack der Zaubercreme 41
7 Der goldene Theaterring 42
84 Der Hai kommt 111

59	Der klingende Wald	86
44	Der Lügenbaron	72
24	Der magische See	56
34	Der Monstertoaster	64
33	Der Toaster	63
96	Der Torwächter	124
21	Der unbewegte Ball	54
20	Der Zauberstuhl	53
13	Der verflixte Wecker	48
110	Der Weihnachtsmann kommt	140
98	Der Wettstreit der Feen	125
73	Der wilde Ritt	101
30	Der Wunschbrunnen	61
31	Die Alien-Patrouille	61
71	Die defekte Bustür	99
4	Die eigensinnige Zaubercreme	40
77	Die Fliege	106
81	Die Fliege ohne Flügel	109
17	Die freche Hand	51
108	Die Frühlingsblume	138
66	Die Geschichte einer Wäscheklammer	92
76	Die Höhlenwanderung	104
102	Die Jagd nach der großen Melone	131
79	Die Katze aus dem Koffer	107
58	Die Klanglandschaft	85
14	Die rote Ampel	49
78	Die Spinne	106
99	Die Suppe	129
69	Die Tasche im Park	96
32	Die Verfolgung	62
104	Die verhexte Badewanne	133
42	Ein Gebäude imaginieren	70
11	Ein Juckreiz geht um	45
29	Ein Zimmer einrichten	60
36	Eine Kerze auspusten	67
23	Eine menschliche Maschine bauen	55
37	Einen Zug fahren lassen	67
50	Emojis	79
49	Emotionskreis	79

53	Fernsehschauen	81
39	Feuerspeiender Drache	68
45	Frau Gegenteil	72
111	Geburtstagsfeier für den Floh	141
60	Geräuschegeschichte	87
1	Guten Morgen	38
82	Guter Bär – böser Bär	110
8	He, hu, ha	43
100	Heißer Tee	130
87	Hüpfende Minimonster	116
10	Ich heiße und ich mache	44
27	Im Museum	58
106	Im Schnee	137
93	Im Schrank des Monsters	120
41	In einem fremden Land	69
22	In fünf Schritten zum Boden	54
35	Ja und Nein	66
62	Kein Kochlöffel	90
56	Klänge erraten	84
54	Klangwelle	83
46	Kleine blaue Maus	73
103	Kuchen backen mit Opa Oswald	132
52	Kuscheltier mit Knopfdruck	80
48	Lach- und Weinpulver essen	78
6	Lirum larum lei	42
68	Mach, was du willst	95
91	Monster-Leckerei	119
2	Namensmuschel	39
64	Objekte nachbilden	91
18	Oh ja!	52
61	Papiertiere	89
75	Raketenreise zu fernen Planeten	102
107	Regen, Blitz und Donner	138
74	Reisefotos	102
97	Ritterkampf in Rüstung	125
12	Rückwärts spielen	45
105	Schau in den Spiegel	134
95	Schmatzende Ritter:innen	123
67	Sei, wer du willst	95

88	Spaziergang im Monsterwald	116
86	Streit im Dschungel	113
40	Süße Torte – saure Zitrone	69
101	Tischlein deck dich	130
63	Tuch mit vielen Gesichtern	91
26	Von Sonnenplatz zu Sonnenplatz	58
94	Was hast du heute gemacht?	123
55	Wechselklang – Gleichklang	83
51	Wie geht es dir?	80
3	Wo bist du?	39
57	Zeitungsmusik	85
72	Zugfahrt	100

Literatur

Bentley, Eric (1967): Das lebendige Drama. Eine elementare Dramaturgie. Velber bei Hannover: Friedrich.

Brook, Peter (2001): Das offene Geheimnis. Gedanken über Schauspielerei und Theater. 3. Auflage. Frankfurt a. M.: Fischer.

Carrignon, Christian (2000): Chapitre XIV. Eine kleine Geschichte des Objekttheaters. In: Brendenal, Silvia (Hrsg.): Animation fremder Körper. Über Puppen-, Figuren- und Objekttheater. Arbeitsbuch. Berlin: Theater der Zeit, S. 49–53.

Dan Droste, Gabi (Hrsg.) (2009): Theater von Anfang an! Bildung, Kunst und frühe Kindheit. Bielefeld: Transcript.

Dan Droste, Gabi (Hrsg.) (2011): Theater von Anfang an! Reflexionen und Positionen für die Praxis. Arbeitsheft Nr. 5 Kinder- und Jugendtheaterzentrum in der BRD, Frankfurt a. M. und Berlin.

Drick, Astrid (2016): Erzähl mal was! Kindliche Erzählfähigkeiten in der Kita fördern. www.kita-fachtexte.de/fileadmin/Redaktion/Publikationen/KiTaFT_Drick_Erzaehlfaehigkeit_2016.pdf

Elschenbroich, Donata (2001): Weltwissen der Siebenjährigen. Wie Kinder die Welt entdecken können. München: Kunstmann.

Hauser, Bernhard (2020): Spielen und Lernen. In: Roos, Jeanette/Roux, Susanna (Hrsg.): Das große Handbuch Frühe Bildung in der Kita. Hürth: Wolters Kluwer, S. 69–79.

Herrera, Marcela (2010): Raumgestaltung und Zeiteinteilung. In: Marquardt, Petra Paula/Jerg, Stefanie (Hrsg.): Theaterspielen mit Kindern ab zwei Jahren. Mit 130 Spielen für Krippe und Kindergarten. Berlin: Cornelsen, S. 45–54.

Holl, Edda (2011): Sprachfluss. Theaterübungen für Sprachunterricht und interkulturelles Lernen. Ismaning: Hueber.

Jerg, Stefanie (2010): Theater als gemeinsames Erleben. In: Marquardt, Petra Paula/Jerg, Stefanie (Hrsg.): Theaterspielen mit Kindern ab zwei Jahren. Mit 130 Spielen für Krippe und Kindergarten. Berlin: Cornelsen, S. 75–86.

Jerg Stefanie (2012): Wenn viele eine Reise tun. Das Reisen als Thema und Strukturelement im Theaterspiel. In: Entdeckungskiste. Zeitschrift für die Praxis in Kitas. Heft 6, S. 18–19.

Jerg, Stefanie/Mautz, Susanne (2020): Bildung durch Theater – die Kunst der Verwandlung. In: Roos, Jeanette/Roux, Susanna (Hrsg.): Das große Handbuch Frühe Bildung in der Kita. Hürth: Wolters Kluwer, S. 343–348.

Kotte, Andreas (2013): Theatergeschichte. Eine Einführung. Köln: Böhlau.

Marquardt, Petra Paula (2010): Theaterspielen mit Kindern ab zwei Jahren in der Elementarpädagogik. In: Marquardt, Petra Paula/Jerg, Stefanie (Hrsg.): Theaterspielen mit Kindern ab zwei Jahren. Mit 130 Spielen für Krippe und Kindergarten. Berlin: Cornelsen, S. 11–43.

Nübel, Damaris (2024): Die Kita ins Theater. Theater in der Kita! Über sprachliche, soziale und ästhetische Bildung am Beispiel des Stuttgarter Kita-Abo-Modells. In: Nübel, Damaris (Hrsg.): Theater in der Kita. Die Kita ins Theater! Bildung, Kooperationen, Praxisimpulse. Weinheim und Basel: Beltz Juventa, S. 69–81.

Podehl, Enno (2008): Spiel mit den Dingen. In: Zeitschrift für Theater und ästhetische Bildung. Hrsg. v. Bundesverband Darstellendes Spiel e. V. Hamburg: Edition Körber-Stiftung, S. 8–13.

Rehm, Helena (2024): Theater und Sprache – Ein Gespräch mit Theaterpädagogin Silke Wilhelm und Erzieherin Margret Zschiesche. In: Nübel, Damaris (Hrsg.): Theater in der Kita. Die Kita ins Theater! Bildung, Kooperationen, Praxisimpulse. Weinheim und Basel: Beltz Juventa, S. 61–68.

Roos, Jeanette (2020): Emotionale Entwicklung. In: Roos, Jeanette/Roux, Susanna (Hrsg.): Das große Handbuch Frühe Bildung in der Kita. Hürth: Wolters Kluwer, S. 173–186.

Thomas, Birgit: Theater als pädagogischer Prozess. In: Marquardt, Petra Paula/Jerg, Stefanie (Hrsg.): Theaterspielen mit Kindern ab zwei Jahren. Mit 130 Spielen für Krippe und Kindergarten. Berlin: Cornelsen, S. 87–98.

Wilhelm, Silke (2024): Wer ins Theater geht, spricht besser! Wer Theater spielt, erst recht! Eine Betrachtung des Kita-Abo-Projekts am Jungen Ensemble Stuttgart (JES) unter dem Aspekt der Sprachbildung und -förderung. In: Nübel, Damaris (Hrsg.): Theater in der Kita. Die Kita ins Theater! Bildung, Kooperationen, Praxisimpulse. Weinheim und Basel: Beltz Juventa, S. 36–60.

Dank

Viele Menschen haben mich auf dem langen Weg zu diesem Buch begleitet. Ihnen zu danken, ist mir eine Herzensangelegenheit.

Danke an *Marcela Herrera,* die 2006 ihre gesamte Überredungskunst aufgeboten hat, um mich für das von ihr am Nationaltheater Mannheim initiierte Projekt „Eine gemeinsame Sprache finden – Theater spielen mit Kindern ab zwei Jahren" zu gewinnen. Ihr verdanke ich die Entdeckung meiner Leidenschaft für das Theater mit den Allerkleinsten.

Danke an *Steffi Jerg.* Sie ist der gute Geist dieses Buches. Mit ihrer theaterpädagogischen und dramaturgischen Kompetenz hat sie den gesamten Entstehungsprozess begleitet. Sie war meine wohlwollende Erstleserin, weise Redakteurin und immer zur Stelle, wenn es darum ging, über Inhalte zu diskutieren, um Formulierungen zu ringen und mich zu motivieren, sobald mir der Elan auszugehen drohte.

Danke an *Steffi Bub,* die nicht nur das Manuskript korrigiert, sondern auch mit ihrem Fachwissen, ihrem Esprit und ihrem Scharfsinn für so manchen Geistesblitz und Motivationsschub bei mir gesorgt hat.

Danke an *Iris Hennig.* Sie hat das Manuskript aus überfachlicher Perspektive gelesen und mir mit ihren klugen Einschätzungen, ihrem sprachlichen Feingefühl und ihrer großen Klarheit viele wichtige Hinweise gegeben.

Danke an *Nadja Lorenz,* die mir mit ihrer langjährigen Erfahrung als Erzieherin nicht nur für dieses Buch, sondern auch für meine Workshops wichtige Impulse gegeben hat. Ihr pädagogischer Blick auf das Manuskript war mir eine enorme Hilfe.

Danke an *Monika-Margret Steger.* Sie hat mir während unserer gemeinsamen Theaterprojekte mit Kindern aus Sicht der Schauspielerin neue Perspektiven für meine Arbeit eröffnet und dafür gesorgt, dass sich so manche schwierige Probensituation in schallendes Gelächter aufgelöst hat.

Danke an meinen Mann *Jörg Breitweg,* der nicht müde wird, sich Anekdoten aus dem Kindergarten anzuhören, beim Frühstück Theaterspiele mit mir zu spielen und sprachliche Ungereimtheiten in meinen Texten aufzudecken.

Danke an *alle Erzieher:innen,* die über die Jahre meine Theaterkurse begleitet und mir wertvolle Rückmeldung für meine Arbeit gegeben haben.

Und schließlich danke an *alle Kinder* in meinen Theaterkursen, die mich immer voller Vertrauen an ihren Gedanken, Spielideen und Fantasien teilhaben lassen. Besonderer Dank an Charlotte (4), die mich freundlicherweise an meine Rolle als Spielleiterin erinnerte, wenn ich mal nicht weiterwusste: „Aber DU musst uns doch sagen, was wir jetzt machen."